비즈니스 거장들

리더십을 말하다

비즈니스 거장들

리더십을 말하다

톰 피터스 외 **지음**
유승용 엮음

글로벌 CEO를 위한 지혜의 파트너

"비즈니스의 핵심은 위대한 사람들을 찾아내 성장시키는 것이다."

"위대한 CEO는 항상 직원들과 함께 마술과 같은 끊임없는 변화와 혁신 속에서 비즈니스를 즐긴다."

"위대한 기업은 직원을 사정없이 잘라내지 않는다. 하지만 위대함에 이르지 못한 기업들은 조직개편이나 구조조정의 명목으로 해고를 밥 먹듯이 한다."

톰 피터스, 스티븐 코비, 잭 웰치, 짐 콜린스, 켄 블랜차드, 존 코터, 워런 베니스…. 이름만 들어도 세계적으로 명성이 높은 경영 거장들이다. 이들이 뿜어내는 말들은 위대한 경영사상과 지침이 된다. 그들은 주로 리더십, 변화와 혁신, 조직관리 측면에서 경영자가 추구해야 하는 철학과 이념에 대해 조언한다. 그들은 글로벌 CEO들에게 필요한 '경영의 지혜'를 제공하는 최고의 친구이자 코치이다.

이 책은 이러한 비즈니스 거장들이 지난 1년 동안 미국 경영 전문지인 『Leadership Excellence』에 기고한 칼럼을 엮은 것이다.

『Leadership Excellence』는 리더십 개발, 변화 · 혁신경영 전문출판사인 EEP(Executive Excellence Publishing:www.eep.com)사에서 발행하는 매거진이다.

비즈니스 거장들이 기고한 글은 『Leadership Excellence』의 한국판 라이선스를 보유하고 있는, 엮은이가 편집장으로 일하고 있는 『Excellence Korea』의 온·오프라인(www.excellencekorea.com)을 통해 한국의 CEO들을 만나게 된다.

『Excellence Korea』는 잭 웰치, 톰 피터스, 스티븐 코비, 짐 콜린스, 켄 블랜차드 등 세계적인 경영 거장들을 통해 리더십, 변화·혁신 경영 트렌드를 제공함으로써 CEO및 비즈니스 리더들의 소중한 '경영 파트너' 역할을 하고 있다.

이 책의 제작을 위해 세계적인 비즈니스 거장들의 칼럼을 다시 정리하면서 CEO의 리더십과 변화·혁신의 중요성을 다시 한번 확인할 수 있었다. 그들이 쓴 글은 서로 약속이라도 한 듯 리더십과 변화·혁신에 대한 내용이 주를 이뤘다. 그만큼 기업경영에서 리더십과 변화·혁신의 중요성은 몇 번을 강조해도 모자랄 것이다.

최근 만났던 대기업 CEO와 나눈 대화가 생각이 난다. 그는 많은 CEO들이 지금의 경영환경에서 한치 앞을 내다볼 수 없는 불확실한 미래를 걱정한다고 말했다. 그래서 그들은 불확실한 미래에 대비하기 위해 지속적인 변화와 혁신을 추진하고 있고, 이를 위한 '경영 리더십'을 펼치기 위해 부단히 노력하고 있다고 한다.

하지만 많은 CEO들이 변화와 혁신을 단지 선언적인 수준에서 그치게 되고, 실제 실행하는데 많은 어려움을 겪는다. 그 이유는 기존의 조직 문화나 경영 시스템이 완전히 변화하기에는 상당한 시간과 노력은 물론, 많은 투자가 필요하다 보니, 그 실행 과정에서 중도 포기하거나 처음 계획했던 대로 변화·혁신이 이뤄지지 못하기 때문이다. 더 직접적인 원인은 '사람'의 문제, 즉 변화를 두려워하는 기존 조직 구성원들의 새로움에 대한 두려움과 저항, 중심에 서야 하는 리더의 자신감 부족 때문이다.

이 책은 이러한 문제에 직면해 있는 비즈니스 리더들에게 변화와 혁신의 성공적인 실천을 위한 해법을 제시하고 있다. 특히, 리더가 어떤 철학과 이념으로 리더십을 펼쳐야 하고, 조직 구성원들은 어떤 자세로 임해야 하며, 어떤 경영 시스템과 요소들이 필요한지 다양한 시각에서 '지침'을 제공하고 있다.

이 책이 한국경제를 이끌어가고 있는 CEO를 비롯한 모든 비즈니스 리더들에게 '리더십 코치'이자 '위대한 경영을 위한 지혜의 파트너'가 되어 주기를 바란다.

덧붙여 이 책이 나오기까지 함께 고민하고 힘을 주신 분들께 감사의 마음을 전한다. 먼저 『Excellence Korea』의 큰 기둥이신 민광식

사장님과 권대우 사장님께 감사 드린다. 책을 발행해 주신 늘푸른소나무 임동선 대표님께도 감사 드리고, 가끔은 지치고 힘들어 할 때 '流水不爭先(유수부쟁선)' 이라는 삶의 고귀한 진리를 일깨워주신 박기현 선배님께 큰 고마움을 전한다.

그리고 매달 영문칼럼을 함께 번역한 나의 가장 소중한 친구들; 항상 묵묵하고 성실히 수석기자 역할을 수행하고 있는 김영학 기자, 재미있고 즐거운 팀 분위기를 만드는데 앞장서고 있는 미남기자 서상범, 어리지만 당차고 자신감 넘치는 이윤주 기자, 밤샘작업을 하면서도 지치지 않는 열정으로 멋진 디자인을 해내는 이지은 팀장, 앞으로 함께 할 새로운 친구 조현영 기자 등 『Excellence Korea』 기자들에게 큰 고마움을 전한다. 지난 2005년 편집자문을 해주신 이봉호 대표님, 1년간 함께 일하면서 번역에 많은 도움을 준 권지혜 기자에게도 감사의 마음을 전한다.

그리고 영원한 인생의 코치이자 파트너인 조영미에게 항상 감사하고, 9개월 전 나의 새로운 친구가 되어준 아들 '빈(彬)'에게 행복한 마음으로 이 책을 전한다.

2007년 2월
수서동 사무실에서
유승용

Leadership

Leadership

글로벌 CEO를 위한
지혜의 파트너

LEADER

SHIP

Tom Peters

톰 피터스

톰 피터스 컴퍼니 회장 / Chairman of Tom Peters Company

세계적인 경영 권위자인 그는 톰 피터스사(Tom Peters Company)의 회장으로 현대적인 기업경영의 진정한 창시자로 평가받고 있으며 다수의 경영서적을 집필했다.

비즈니스 전쟁에서
승리하는 리더십

리더는 자신의 지지자들을 스스로 조직해 하나의 사회로 만든다. 당신이 리더라면, 당신은 하루에 한 명씩 지지를 얻어 결국에는 모든 고객들, 하청업자들, 그리고 직원들의 지지를 얻어야 한다. 리더는 자신보다 더 똑똑한 사람들에 둘러싸여 있다. 당신이 모든 문제의 해답을 알고 있다고 기대하지 마라. 어떤 사람도 모든 해답을 다 알 수는 없다. 당신이 할 일은 답을 알고 있는 사람을 고용하는 것이다. 리더는 자신이 누구이며 자신이 말하려는 바가 무엇인지 신경써야 한다. - 톰 피터스 -

Tom Peters

리더십은 비즈니스에서 가장 중요한 요소로 각광 받고 있다. 리더십의 수요는 폭발적인데 공급은 너무 적다. 그러므로 정신을 바짝 차리자. 우리는 마치 전쟁에 발을 담그듯이 더욱 더 혼란스런 시대를 향해 가고 있다. 이런 상황에서는 불확실성이 팽배해 위험도 훨씬 크다. 리더가 이런 전쟁 같은 비즈니스 상황에서 성공을 거두려면 어떻게 해야 할까?

1. 비전 있는 리더가 필요하지만 위대한 매니저도 중요한 바탕이 된다 비전은 훌륭하지만 지속적인 우수함은 높은 성과를 낼 직원들을 이끌 매니저에게서 비롯된다. 비전도 좋고, 전략도 좋지만, 적절한 타이밍에 적재적소에 적절한 인력을 투입할 수 있는 탁월한 사업의 세부계획을 세워 전쟁에서 승리해야 한다.

2. 때때로 리더의 카리스마 넘치는 성격이 통한다 때때로 우리는 활기를 띠게 할 비전을 제시하고 새로운 접근을 상징할 카리스마 넘치는 리더가 필요하다. 다른 사람들을 이끌 책임감을 갖는 것은 진심으로 나설 때만 가능하다. 그것은 사고를 참는 것이 아니다. 그것은 진정한 정치의 세계이며 내부적인 딜을 해가는 것이다. 할 일을 해내는 것이다. 리더는 자신의 운명을 스스로 만들어간다.

3. 리더십은 즉흥 예술이다 리더는 자신의 배짱을 믿는다. 직관은 어려운 결정을 내리는 데 꼭 필요하다. 힘든 시기일수록 리더는 자신의 직관에 의지해야 한다. 세상의 법칙은 계속 변화하고 리더는 자신을 끊임없이 새로운 세상의 룰에 적응시켜 전진해야 한다. 과거를 잊

고 용서하고 새로운 관계와 역할을 정비해야 한다. 리더는 쉽게 잊는다. 기업은 조직에 대해 배우고 또 금방 잊어버려야 할 때도 있다. 새로운 아이디어가 있으면 재빨리 실행해보고 아니면 민첩하게 다른 것들을 시도하라.

4. 리더십은 퍼포먼스다 리더는 자신이 걷고, 말하고, 서 있고, 옷 입는 그런 순간에서 제대로 된 메시지가 나온다는 것을 명심해야 한다. 리더는 그냥 행동을 취하는 것이 아니라 연기를 하는 것이다. 리더는 정말 그렇게 한다. 지난 5년 동안은 아이디어와 침착함이 중요하게 간주되었다. 그러나 요즈음 중요하게 생각되는 것은 바로 퍼포먼스이다.

5. 리더는 신뢰를 신뢰한다 우리는 누군가 의지할 사람이나 무언가 혹은 신뢰를 절실히 원한다. 우리는 나타나서 어려운 결정을 내리고, 흥분하고 시끄러운 속에서도 쉽게 잠들고, 다음날 아침이면 다시 생기 있게 다른 일에 뛰어드는 리더를 믿는다. 리더는 어떠한 상황에서도 약속한 바를 꼭 지킨다. 사람들은 리더가 나타나면 신뢰를 얻기 때문에 위대한 리더에 주목한다.

6. 리더는 타고난 멋진 사람이다 잭 웰치는 어떤 비즈니스 리더들보다 주주를 위해 더 높은 가치를 창출했다. 그러나 그는 또한 많은 리더를 키워냈다. 성공하는 리더는 추종자를 키우는 것이 아니라 리더를 키운다. 위대한 리더는 추종자를 좋아하지 않는다. 그들은 다른 사람들에게 권리를 부여해 자신들의 운명을 스스로 개척하도록 하기

Tom Peters

위해 더 많은 리더를 찾는다.

7. 리더는 다른 멋진 리더를 끌어들인다 성공하는 리더는 새로운 인재풀이 필요하며 신제품에 자신의 마음을 연다. 그것은 리더가 새로운 사람이나 새로운 아이디어로 다른 파트너를 끌어들일 때 나타난다. 리더는 자주 새로운 사고를 함으로써 새로운 사고체계를 얻는다. 리더는 무지개처럼 다양한 색깔을 좋아하며 다양성은 리더에게 꼭 필요하다. 긴박한 변화의 시기에 당신은 다양한 인재풀이 필요하며 다양한 관점을 갖춰야 한다. 리더는 자신이 소속된 회사로 평가된다. 퇴보하는 자는 퇴보하는 사람과 일하고 리더는 다른 리더들과 일한다.

8. 리더는 실수를 하지만 그 실수에 대해 호탕하게 웃어넘긴다 어떤 사람도 처음부터 완벽할 수 없다. 우리 대부분은 두 번째나 세 번째에도 그 일을 제대로 해내지 못한다. 윈스턴 처칠은 "성공은 실패를 거듭하면서도 열정을 잃지 않는 능력"이라고 했다. 당신이 실수를 하면 당신은 그 실수를 재빨리 눈치채고 민첩하게 대처해야 한다. 이런 힘든 시기에 살아남으려면 당신은 주기적으로 바보짓을 하게 된다. 그러나 이럴 때 자신의 바보짓을 웃어넘기지 못하면 당신은 정말 바보가 된다.

9. 리더는 지속성을 추구, 실행해 나가야 한다 남들보다 우수하려면 당신은 지속적으로 노력해 자신의 역량을 키워나가야 한다. 그러나 편협함은 당신으로 하여금 목표를 달성하게 하지만 그 목표의 질은 무시된 경우가 많다. 당신은 어떤 비즈니스에 종사하는가?

당신의 다음 행보는 무엇인가?

10. 리더는 '열정'이라는 옷을 입는다 리더는 총천연색의 팔색조를 꿈꾼다. 그들은 세상을 밝은 예감과 예리한 이미지, 그리고 원활한 문제해결이 이루어지는 곳으로 본다. 리더십은 에너지를 갖고, 에너지를 창출하고, 에너지를 보여주고, 에너지를 퍼뜨리는 것이다. 리더는 감정을 나타내고, 감정을 쏟아내고, 결국에는 활활 타올라 경계 없는 열정을 갖는다.

11. 리더는 자신의 지지자들을 스스로 조직해 하나의 사회로 만든다 당신이 리더라면, 당신은 하루에 한 명씩 지지를 얻어 결국에는 모든 고객들, 하청업자들, 그리고 직원들의 지지를 얻어야 한다. 리더는 자신보다 더 똑똑한 사람들에 둘러싸여 있다. 당신이 모든 문제의 해답을 알고 있다고 기대하지 마라. 어떤 사람도 모든 해답을 다 알 수는 없다. 당신이 할 일은 답을 알고 있는 사람을 고용하는 것이다. 리더는 자신이 누구이며 자신이 말하려는 바가 무엇인지 신경써야 한다.

12. 리더는 의미를 만들어가고, 모든 사람에게 근거를 제시하며, 위대한 이야기를 알고 있다 효과적인 이야기 방법은 리더십의 핵심이다. 이야기는 우리가 기억하고 배우고 형상화할 수 있는 무엇이다. 당신이 당신 비즈니스의 미래 업무에 당신의 직원들을 끌어들이고 싶다면 수치를 가지고 얘기하지 말고 그냥 얘기하라. 수치는 사람을 멍하게 만든다. 이야기는 좀더 개인적이고 열정적이며 그 속에 의도가 담겨 있다. 사람들을 끌어들이고 싶다면 그들이 참여할 수 있는 근거를

Tom Peters

마련해줘라. 당신의 일은 또한 의미를 창출하는 것이다. 사람들, 의미, 캐릭터, 근거 등은 진짜 리더가 제일 먼저 신경 쓰는 부드러운 것들이다. 리더는 기업이 역경에 부딪쳤을 때 힘을 불어넣는다.

13. 리더는 위대한 달변가이지만 항상 주의 깊게 듣는다 리더십은 전화로 얘기하고 메시지에 집중하며 완전히 스며들 때까지 주문을 외는 등 모든 에너지가 언어로 표출된다. 당신은 지칠 줄 모르는 커뮤니케이션 전문가가 돼야 하며 끝없이 떠들 준비를 해야 한다.

그러나 리더는 또한 시장, 고객, 그리고 팀의 의견에 늘 귀를 기울인다. 들음으로써 당신은 존중을 보여주고, 공감대를 형성하고 유대감을 만들어내 친밀감을 형성한다. 들을 수 있을 때 듣고 당신이 리드할 수 있을 때 반드시 리드하라.

14. 리더는 떠날 때를 안다 떠날 시간보다 오래 그 자리에 머물러 있던 사람들은 언제나 해야 할 일이 많다. 당신은 어떻게 당신이 시작도 하기 전에 그 아이디어가 제대로 먹히지 않을 것을 알 것인가? 당신은 똑같은 문제가 닥칠 때 매번 그 문제를 푸는 것에 흥미를 느끼지 못할 것이다. 그럴 때 떠나야 한다.

비즈니스 전쟁에서
필요한 8가지
리더십 요건

성과를 거두기 위해서, 비전은 아주 명확해야 한다. 행동을 위한 공감대가
형성되기 위해서 타협도 필요하지만, 최고의 리더는 결코 핵심적인 테마의
범위가 넓어지거나 희석되어 무미건조해지는 것을 좌시하지 않는다.

- 톰 피터스 -

리더십에 대해 일반적으로 알려져 있는 이야기들을 들
어 보면 대개가 비전의 고취, 추종자들에 대한 권
한위임, 서민적인 자상함 등과 같은 좋은 측면과 관련된 것에 초점이
맞추어져 있다. 물론 이러한 자질들이 중요한 것은 사실이지만 반면
에 리더십은 별로 당당하게 내세울 수 없는 거칠고 험한 측면도 가지
고 있다.

나의 오랜 경험에 의하면 최고의 리더는 다음과 같은 특성이 있다.

Tom Peters

1. 탁월한 조정능력

현명한 리더는 남에게 보여지는 자신의 이미지에 대해 잘 알고 있다. 그들은 포용을 설교하고 다닐지 모르지만, 종종 통제의 괴물이 되어 정밀하게 의도된 이미지를 표현하기 위해 모든 맥락을 조율한다. 오직 리더 자신만이 자신이 전달하고자 하는 이미지에 대해 진정으로 알 수 있다. 최고의 리더는 어떤 것도 그러한 이미지의 표출에 방해되어서는 안 된다고 주장한다.

2. 상징성에 대한 인식

핵심을 지적하는 것은 반드시 해야 하는 일이지만, 사람들로 하여금 움직이지 않을 수 없게 만드는 분위기를 조성해야만 핵심적이고 실용적인 정책을 실행할 수 있다. 효율적인 리더는 그가 취하는 행동의 상징적인 의미에 대하여 명확한 감각을 가지고 있다.

3. 꿈에 대한 신념

성과를 거두기 위해서, 비전은 아주 명확해야 한다. 행동을 위한 공감대가 형성되기 위해서 타협도 필요하지만, 최고의 리더는 결코 핵심적인 테마의 범위가 넓어지거나 희석되어 무미건조해지는 것을 좌시하지 않는다.

4. 집중력

현명한 거물들은 오직 제한된 아젠다만을 성취할 수 있다는 것을 알고 있다. 수많은 중요한 문제들과 기회들이 리더의 방향을 빗나가게 하거나 혼란스럽게 만든다. 최고의 리더는 항상 지그재

그로 나아가더라도 깊숙한 내면에서는 언제나 핵심적인 일에 집중하기 위해 분투하고 있다.

5. 신상필벌의 원칙

당근이 채찍보다는 훨씬 더 동기부여에 좋다. 그건 확실하다. 그럼에도 불구하고 최고의 리더는 그를 무시하는 사람들에 대해서 안일하게 모른체하고 있지만은 않는다. 그는 지휘체계를 깨뜨린 사람들이 응분의 대가를 치러야 한다고 굳게 믿고 있다.

6. 끊임없는 질문

훌륭한 리더는 휴머니스트이다. 그러나, 생존자는 보통 비밀스런 음모론자이기도 하다. 최고경영자에게 접근하는 모든 사람들은 순수한 의도이든 책략을 꾸미고 있든 간에 자신의 논제를 가지고 있다. 성과가 뛰어난 리더는 한번쯤 건강한 의심을 품어보는 경향이 있다. 심지어 웃는 얼굴로 영감을 불어넣는 표정을 하고서도 의심하는 경향이 있다.

7. 철저한 계획성

최고의 리더는 개방적이고, 정직하며, 접근하기 쉽다. 그러나 그 세 가지 모두에 대해 반대적인 요소를 갖고 있기도 하다. 관료주의의 틈바구니에서 무엇이든 성취하고자 한다면 리더는 빈틈없는 전술가여야만 한다. 그것은 사람들에게 그에 대한 접근권한을 골고루 나누어 줘야 한다는 것을 의미한다.

리더에 대한 접근 권한은 권력을 의미하기 때문이다. 또한 늘 언행

Tom Peters

에 조심해야 함을 의미한다. 정직하지 말라는 말은 뭔가? 나는 속임수를 용납하지 않지만, 리더는 종종 누구와 이야기 하고 있는가에 따라 이슈에 대해 생각하는 것과는 다른 방향으로 이야기 하기도 한다. 이런 속임수가 물론 감지될 수도 있다. 그러나 거룩한 일관성만을 기대하는 것은 다양한 구성원들을 연결하는 볼트와 너트의 의미를 제대로 이해하지 못하는 것이다.

8. 권력의 중요성에 대한 확신

권력광신자(Power Mad)라는 단어는 의심에 가득찬 히틀러, 스탈린, 사담 후세인을 떠올리게 만드는 데 부족함이 없다. 그러나 최고의 리더는 젊거나 나이가 많거나 권력을 열망하는 학습자들이라는 것을 놓치지 말아야 한다. 리더는 모두 분간하기 어려운 갖가지 회색 빛의 적과 아군의 그물망 속에 얽힌 가운데 경영을 하고 있다. 경쟁의 본질을 이해하지 못하면 출발도 하기 전에 이미 패한 것과 다름이 없다.

리더십은 오랜 세대에 걸쳐 이루어진 변화를 추인하는 비전에 관련된 것만큼이나 거칠고 험난한 일상의 수행을 필요로 한다. 우리는 리더십이라는 동전의 밝은 면만을 보고 쉽게 간과해 버리는 이면의 수많은 요소에도 주의를 기울일 줄 아는 리더가 필요로 하다.

창조적인
파괴 마니아가 되자

크고 화려한 장미 정원을 갖기를 원한다면 과감한 가지치기를 해야 한다. 그러나 만약 자연재해를 만나면 모든 것을 잃을 수도 있다. 가지치기를 적당히 한다면 최고의 장미는 가질 수는 없지만 환경 변화에 적응하는 능력과 지속적인 발전이라는 두 마리 토끼를 잡을 수 있다. 그리고 결국 장미도 더 튼튼해질 것이다. - 톰 피터스 -

만약 파괴할만한 배짱이 없다면 당신은 절대로 더 큰 창조를 할 수 없다. 그것이 바로 내가 파괴 마니아인 이유다.

미국이라는 나라는 모든 파괴, 끊임 없음, 재(再)발명, 재(再)상상의 나라이다. 우리는 4백 년 전에 살던 영국을 떠나 미지의 대륙에 정착했다. 또한 2백 년 전에 이 미지의 대륙에 뉴 잉글랜드, 즉 신(新)영국을 만들며 서구를 향하고 있다. 따라서 아메리카니즘(미국주의)이라면 이런 '끊임 없음'을 상징한다.

오늘날에도 많은 사람들이 이런 쉴 새 없는 욕망을 갖고 있다. 과

Tom Peters

거의 정체성을 파괴하고 싶은 욕망, 또 다시 탐험가가 되고 싶은 욕망
이다. 답답한 노예제도의 족쇄를 벗겨버리고 싶은 욕망과 삶을 제대
로 살고 싶은 욕망 또한 그것이다.

항상 재발명, 재상상해야

재발명하고 재상상하는 일은 그리 쉬운 일은 아니다. 그것은 마치
지프를 타고 먼지가 휘날리는 건조한 사막을 가로질러 록키 산맥과
뾰족한 산봉우리를 오르는 것처럼 어려운 일이다. 그러나 언제나 똑
같은 결과가 당신을 기다리고 있는 게 아니라면 언제나 재발명의 여
지는 있고 분명히 당신에게 새로운 시작이 될 것이다.

미국에서 우리는 비즈니스, 스포츠, 심지어 정신적인 문제 등 거의
모든 분야에서 경쟁한다. 특히 비즈니스에서 벼락출세한 사람들에게
최고의 찬사를 보낸다. 동시에 누군가 그런 벼락출세를 하면 그를 쓰
러뜨리기 위해 미친 듯이 일한다. 즉, 언제나 어떤 상황에 대해 갖가지
다른 마음을 동시에 갖게 된다. 우리는 항상 경쟁에 몰입하는 것이다.

당신이 만약 그런 상황에 직면하게 되면 그 경쟁은 지배의 문제가
된다. 누가, 어떻게, 얼마만큼 지배하는가 하는 문제이다. 그리고 그
것은 자유와 질서의 대립으로 나타날 것이다.

똑같은 질문이 기업에도 그대로 적용된다. 결국 모든 조직은 국가
처럼 독립적이다. 이런 시대에는 대부분의 산업이 경쟁력 있는 경쟁
자들로 붐비게 되고, 경쟁에서 조용히 승리한 사람들로부터 여러 전
략과 기술을 배워야 한다. 그러면 독과점 체제는 끝난다.

과거의 독과점업체들은 대개 그 시대의 사회주의자들이다. 그러나 새로운 시대에는 대조적으로 더 활발한 기업들과 자유시장 민주주의자들이 필요하다. 나는 오직 자유시장 민주주의자들만이 혼란스런 시대를 헤쳐나갈 수 있을 것이라고 믿는다.

지배구조에 정답은 없다

내가 이런 파괴와 재상상 비즈니스에 관한 논문 작업을 하고 있을 때 지배구조에 대해 새로운 관점을 갖게 해 준 두 권의 책을 접하게 됐다. 첫 번째는 데이비드 맥컬로우가 쓴 『존 아담스의 화려한 삶』이었다. 이 책은 아담스와 그의 동료들이 인간의 본성에 대해 입씨름하는 내용을 담고 있다. 주요 인물들은 다른 견해를 갖고 있었다. 해밀턴은 중앙집중화, 표준화, 안정적인 통화를 이상적인 것으로 봤다. 반면 제퍼슨은 지방자치화와 풀뿌리 민주주의 그리고 기업가적인 이상과 토지균등법을 중요하게 여겼다. 해밀턴 지지자들과 제퍼슨 지지자들은 그 이후 끝없는 싸움을 계속 하고 있다. 참고로 말하면 해밀턴은 결투에서 졌다.

두 번째 책은 개리 윌리스가 쓴 『필요악』이다. 이 책은 정부에 대한 미국의 불신임의 역사를 다루고 있다. 윌리스는 연방제에 대한 기본적인 미국식 사고를 묘사하는 것으로 책을 시작했다. 그는 "정부는 기껏해야 필요악 정도로 받아들여져야 하며 정부의 필요성을 느끼는 한 최대한 참아야 한다. 가능한 한 최소한의 정부기능을 원하는데 이는 최소한의 필요를 넘는 기능을 정부가 갖게 되면 어떤 식으로든 하나 이상의 자유를 빼앗아가기 때문"이라고 쓰고 있다.

나의 태도가 바로 이것이다. 지배의 본질에 대한 논쟁은 사실 이 책을 비롯한 모든 경영학서가 말하고자 하는 바이다. 그것은 어떤 한 국가나 혹은 프로젝트 팀이 겪는 비즈니스 과정의 변화를 기술하는 것과 같다. 우리는 해밀턴 신봉주의자들이 말하는 대로 지금 처한 과정을 그대로 받아들이고 가장 비효율적인 면만 수정해서 좀더 효율적이고 좀더 정제된 체제를 만들 것인가? 아니면 제퍼슨이 말하듯 전체를 처음부터 다시 생각하고 단지 효율성을 재고하는 수준이 아니라 세계를 재발견하는 수준의 변화를 원하는가?

이는 영원히 풀리지 않는 문제이다. 각각 보수와 변화를 지지하는 세력들이 밀고 당기기를 반복하며 그 본질에 대한 논쟁을 끊임없이 할 것이다. 어느 쪽이 궁극적으로 이기겠는가? 그 대답은 아무래도 정답이 없다는 것이다.

장미 정원사의 전략적 메시지

변화는 불가피하며 파괴는 일상의 질서이다. 나는 변화를 일상적인 것으로 받아들인다. 그러나 본질은 풀리지 않는 딜레마로 남는다. 조직 대 무조직, 질서 대 무질서, 즉 혼란 대 자유처럼 말이다.

이 모든 것들을 고려하기 위해 초라한 장미 정원으로 가보자. 쉘 (SHELL)社의 창시자인 아리에 드 제우스는 자신의 저서 『살아있는 기업』에서 다음과 같이 말했다.

"장미 정원사들은 매년 봄마다 장미 가지를 어떻게 칠 것인지 선택해야 한다. 정원의 장기적인 운명은 이 선택에 달려 있다. 당신이 만약 가장 크고 화려한 장미를 갖고 싶다면 무지막지하게 가지를 쳐내야 할 것이다. 모든 장미나무의 줄기가 셋 이상 남지 않도록 해야 한다. 이는 빡빡한 컨트롤과 관대함의 부족을 보여주는 대목이다. 당신은 식물이 가지고 있는 자원을 장미의 핵심에 올인함으로써 최대한 이용해야 한다. 그러나 서리가 내리거나 사슴이나 진딧물이 장미 정원을 덮치는 등 불운이 가득한 해에는 중요한 줄기나 모든 것을 다 잃을 수도 있다. 무지막지한 가지치기는 예측 불가능한 환경에서는 매우 위험한 정책이라고 할 수 있다.

그러므로 당신이 예측 불허의 자연환경에 노출돼 있다면 아마도 좀 더 관대한 정책을 펴는 것이 나을 지도 모른다. 더 많은 줄기를 갖고 있어보라. 그러면 최고로 큰 장미를 얻지는 못하겠지만 매년 장미의 수확량은 좀더 늘어날 것이다. 또한 식물의 점진적 발전을 볼 수 있을 것이다. 다시 말해 좀더 적당한 가지치기는 두 가지 목적을 달성할 수 있다. 하나는 예기치 않은 환경의 변화에 적응하기 용이하다는 것이다. 또 다른 하나는 식물의 지속적인 발전을 이끌 수 있다는 것이다.

반면에 이런 관대한 정책은 또 다른 싹을 틔우기 위해 중요한 줄기로부터 영양분을 앗아갈 수 있기 때문에 때로는 자원을 낭비하기도 한다. 그러나 예측 불가능한 환경에서는 이런 관대한 정책이 장미를 더 건강하게 할 수도 있다. 내부적인 결함에 대한 관대함은 아이러니컬하게도 장미를 더 튼튼하게 할 것이다."

나는 장미 정원사가 아니지만 이 구절을 최소한 세 번 이상 읽었다. 왜냐하면 이 속에는 가장 심오한 전략적 메시지가 숨어 있기 때문이다.

Tom Peters

파괴가 비즈니스를 지배한다

클레이튼 크리스텐슨의 말을 떠올려보라. '좋은 경영'은 대기업들이 실패하는 가장 큰 이유이다. 왜냐하면 '좋은 경영'은 너무나 자주 크고 관료적인 경영, 많은 관료적인 직원들, 크고 관료적인 고객, 또한 크고 관료적인 공급자들을 의미하기 때문이다.

이제 모든 것들을 혁신적으로 바꿀 때가 됐다. 자신을 철저히 파괴할 시간이 됐다. 새로운 기술과 새로운 위협들이 오히려 큰 도움이 된다. 뭔가 새로운 것을 건설할 수 있기 때문이다. 깜짝 놀라게 하면서도 재미있는 시대가 도래한 것이다. 항상 극적인 변화의 순간에 재미와 놀라움은 똑같이 비중을 둬야 할 것이다.

나는 당신이 이 무질서한 시대에 존재하는 질서의 힘에 대한 나의 욕구불만과 분노를 느끼길 바란다. 그리고 당신이 형식적으로든 진심으로든 파괴에 대해 편하게 생각하기 바란다.

그리고 이런 모토를 가져라! 영원한 것은 없다는 사실을 기억하라. 벼락출세를 꿈꾸어라. 무례한 동료, 소비자, 공급자, 직원들을 가슴 깊이 간직하라. 파괴를 마음속에 품어라. 파괴가 지배한다. 창조를 위해 파괴하라. 파괴라는 단어를 사랑해보라.

비즈니스 거장들의
공통점

경영의 거장 잭 웰치(GE), 마이크 월쉬와 펄시 바네빅(ABB), 그리고 샘 월튼(월마트), 빌 맥고완(MCI), 그리고 프레드 스미스(FedEx) 등 위대한 리더들의 한 가지 공통적인 자질은 '무언가를 실제로 행했던' 실행력과 의지다. 이들은 장애물을 염두에 두지 않고 의지가 있다면 무슨 일이든 해낼 수 있다고 생각한다. – 톰 피터스 –

지난 몇 년간 나는 성공한 리더들을 만났다. 그들은 경영의 거장 잭 웰치(GE), 마이크 월쉬(Union Pacific Railroad and Tenneco)와 펄시 바네빅(ABB 아세아 브라운 보버리), 그리고 세계적인 명성을 자랑하는 비즈니스를 창조한 샘 월튼(월마트), 빌 맥고완(MCI), 그리고 프레드 스미스(FedEx) 등이었다.

이들은 여러 공통점을 갖고 있는데 그 중에서도 특히 한 가지가 눈에 띈다. 그것은 바로 '말만 하는 것이 아니라 무언가를 실제로 행했던' 실행력과 의지다.

Tom Peters

이런 리더는 장애물을 염두에 두지 않는다. 리더는 일단 사업성 분석이 끝난 일에 대해서는 해낼 의지가 있다면 어떤 일이든 할 수 있다고 생각한다.

물론 이렇게 실행에 집착하는 리더가 반드시 선견지명이 있다고 할 수는 없을 것이다. 그와 부하직원들이 성취하고자 하는 바는 그가 처음에 상상했던 것과 많이 다를 수도 있다. 하지만 이것이 분명히 배움과 적응을 촉진하며 가치 있는 무언가를 단시간에 얻을 수 있는 '실행파' 다운 사고이다.

이는 현명하고 열정적이며 다른 사람들과 자신이 최선을 다해 헌신할 수 있는 일을 찾는 사람들이 가져야 할 사고다.

토론형 *vs* 현장형

당신은 상사 앞에서 할 45분의 프레젠테이션을 만들기 위해 피땀을 흘렸다. 이 경우 상사는 반드시 다음의 두 가지 중 하나로 반응할 것이다.

시나리오 1 : 그는 당신의 프레젠테이션을 처음부터 끝까지 듣고 "매우 흥미로운 분석이군요. 마케팅 리서치 부서의 직원들, 특히 샐리의 분석은 당신이 그 분석에 살을 붙이는 데 도움이 될 것입니다. 비용은 매우 적게 드는군요. 마티 닛픽은 재무적으로 볼 때 그런 면에서 천재예요. 그가 당신에게 전화하도록 조치하겠습니다. 이리 와서 내 스케줄 좀 체크하죠. 2주 안에 한 번 더 검토해 봅시다"라고 말한다.

상사 1 : 샘은 언제나 조금씩이라도 자신의 목적을 달성한다. 그는 영리하면서도 레이저같이 정확하게 당신의 프레젠테이션의 허점을 발견하고 호통을 친다. 그는 젊고 똑똑한 직원들과 지적인 제안을 놓고 토론하기를 좋아한다.

시나리오 2 : 당신이 프레젠테이션을 절반 정도 진행했을 때 상사가 끼어든다. "자네가 해야 할 일을 하게. 내일 들러서 일을 진행시키는 데 드는 비용을 보고하게. 우리는 예산 여기저기서 조금씩 돈을 빼내서 대충 시제품을 만들 수 있고 그렇게 되면 발 빠르게 시장의 피드백을 얻을 수 있지. 나는 자네가 이 일을 성사시키기 위해 필드 지원을 위해 노력할 수 있을 거라고 믿네"

상사 2 : 조지는 일을 잘할 때도 있고 잘 못할 때도 있다. 그러나 그는 모회사에서 돌파구로 만든 제품의 단물(가장 핵심적인 이익)을 빨아먹을 수 있다. 조지는 똑똑한데다가 조직에 충성한다. 그러나 그는 단순히 프레젠테이션을 위해 앉아 있는 타입은 아니다.
그는 준비성이 철저한 사람들이 사무실에서 나가서 자신의 꿈을 좇는 것을 높이 평가한다. 그는 자유를 주겠지만 당신은 하루에 15시간씩 일해야 원하는 결과를 낼 수 있을 것이다.
당신이 만약 필드에 나갈 직원 리스트에 올라있다면 주의해야 한다. 첫 번째 기회를 놓치면 두 번째 기회를 얻겠지만 두 번 연속으로 실패한다면 난처한 입장에 처할 것이다.

Tom Peters

실행력이 성공과 실패 가른다

조지와 같은 리더는 당신이 영리해서 샐리와 마티를 찾아낼 수 있을 것이라고 가정한다. 반면 샘 같은 리더는 분석을 이용해 경찰처럼 트집을 잡고, 여세를 비난하며 주인의식을 망가뜨린다.

나는 특별히 실행의 광신도는 아니다. 샘은 매력적이다. 그는 아이디어를 곱씹고 질문하는 것을 좋아한다. 반면에 조지는 종종 무뚝뚝하고 심지어 무례하기까지 하다. 조지는 어떤 면에서는 왜 당신이 프레젠테이션을 하는지도 이해하지 못한다. 당신이 그런 타입이라면 이미 필드에 나가서 돈과 지원자들을 빼내 무언가를 해낼지도 모른다.

당신이 토론을 좋아한다면 다른 토론자들의 주의를 끌겠지만, 월튼이나 맥고와 같은 사람들은 그저 묵묵히 일하면서 자신과 같은 부류의 추종자를 만들어낼 것이다. 이런 하나의 자질, '무언가를 실행하는' 힘이 실패와 성공의 차이를 설명한다.

공간도 전략적으로
경영하라

3M의 전자공학 분야의 본거지는 텍사스 주 오스틴에 있는 신규 시설이다. 이 거대한 공간은 디자인의 우수함으로 인해 한 지점에서 다른 지점으로 가는 데 5분 이상 걸리지 않는다. '상호작용의 중심점'이라고 부르는 구역을 전략적으로 화장실 근처에 배치하고, 이 구역에는 칠판을 설치했다. 이런 접근성으로 생산성이 비약적으로 향상됐고 업무상 전혀 공통점이 없는 사람들끼리도 만날 기회를 갖게 됐다. — 톰 피터스 —

사람의 운명은 그가 어디에서 누구와 어울리는지에 의해 상당부분 결정된다. '자리가 사람을 만든다'는 옛 속담이 있다. 대부분의 매니저들이 전략을 검토할 때 물리적 요소를 배제시킨다는 사실은 나에게 충격적이다.

공간 관리 문제들을 다음과 같이 가장 중요한 의제로 채택할 경우에는 기업문화에 극적인 변화를 불러일으킬 수 있다.

Tom Peters

공간경영 이슈 1. 상호작용을 장려하라

3M의 전자공학 분야의 본거지는 텍사스 주 오스틴에 있는 신규 시설이다. 이 거대한 공간은 디자인의 우수함으로 인해 한 지점에서 다른 지점으로 가는 데 5분 이상 걸리지 않는다. '상호작용의 중심점'이라고 부르는 구역을 전략적으로 화장실 근처에 배치하고, 이 구역에는 칠판을 설치했다. 이런 접근성으로 생산성이 비약적으로 향상됐고 업무상 전혀 공통점이 없는 사람들끼리도 만날 기회를 갖게 됐다.

공간경영 이슈 2. 여러 직무를 한 장소에 배치하라

지속적인 직접 교류가 산발적인 전화와 메모를 대신한다. 사무실 가구 제조업체 스틸케이스 사는 1억1천1백만 달러짜리 개발 센터로 이주했다. 스틸케이스 사는 5백75명의 디자이너와 엔지니어, 마케팅과 구매 직원을 여러 전문 분야로 이뤄진 팀으로 구성해, 생산과 개발에 걸리는 시간을 반으로 줄였다.

공간경영 이슈 3. 고객과 함께 생활하라

EDS에서 근무하는 근로자 7만 명의 4분의 3은 고객이 이름을 부르면 들릴 정도로 가까운 곳에서 일한다. 이런 비율은 맥킨지 컨설팅 사의 컨설턴트들도 거의 비슷하다. CRSS에서 근무하는 건축가들은 프로젝트 디자인의 핵심단계 기간 동안 고객과 함께 살고 일하면서 유기적으로 긴밀하게 연결된 의식을 개발했다. 고객과의 이러한 공동 생활은 지식기반 경제에서는 거의 절대적이다.

공간경영 이슈 4. 모든 것을 누구나 손쉽게 얻을 수 있도록 하라

벽이 없거나 벽이 낮은 개방된 사무실을 갖는다는 것과, 팀원들이 하루, 일주일 또는 한 달 동안 함께 일하기 위해 자유롭게 모여드는 개방된 조직을 갖는다는 것은 별개의 문제다. Fitch RS는 오하이오 주 워싱턴 소재의 디자인 회사이다. 이 회사는 '자투리'라고 불리는 여러 개의 친근하고 자유로운 형태의 사무실을 주변에 갖고 있다. 마치 인터체인지처럼 패턴이 형성돼 있어 업무에 효과적이고 풍부한 상상력을 기본으로 한 생산개발을 촉진한다.

공간경영 이슈 5. 본사에서 놀고 있는 식객을 뿌리 뽑아라

ABB(Asea Brown Boveri) 사는 취리히 소재의 입주자가 별로 없고 특징이 없는 건물에서 3백억 달러짜리 기업을 운영한다. 본사 직원 수천 명이 전세계의 조그만 ABB 지점으로 나가 있고 본사에 남은 사람들도 시간을 거의 길에서 보낸다.

공간경영 이슈 6. 문자 그대로 발을 땅에 붙여라

시어스(Sears)사의 1백 층짜리 타워가 월마트 같은 대형 할인점과 리미티드 사 같은 전문점에 완전히 쓰러지고 말았다. 이 두 회사의 본사가 화려하지 않은 2층짜리 사무실이라는 점이 우연의 일치일까? 나는 그렇게 생각하지 않는다. 50층이나 60층에서는 공기가 희박해지는 경향이 있다. 땅에서 가까워야 고객과도 가까워진다.

공간경영 이슈 7. 당신의 사고방식을 바꿔라

뭔가 한창 진행 중인 곳의 주변에 있으면 기업의 사고를 금방 바꿀 수 있다. 즉 분위기 좋은 곳 주변에 있으면 긍정적인 영향을 받는다는 것이다. 창 밖으로 보이는 것이 당신의 전략을 결정한다. 그래서 사우스웨스턴 벨 사는 본사를 세인트루이스에서 진취적인 산 안토니오로 옮기기로 결정했다.

공간경영 이슈 8. 독립형 지사를 위해 근거지를 분리하라

동료 의식은 고유의 시설을 갖는 것에서 비롯된다. 재계의 거물 벤 라이틀은 재정 서비스 회사인 어소시에이티드 그룹을 여러 개의 소규모 아코디아 회사로 나누었다. 아코디아 사의 성공 요인 중 가장 중요한 것은 각자의 건물에 하나씩 입주했던 것이라고 라이틀은 주장한다. 버진 그룹의 리처드 브랜슨 역시 직원이 50명 이상이 되면 회사를 나눠, 전혀 다른 지역에 새로운 업체를 세운다. 디자이너 던컨 서더랜드는 '사무실의 목적은 지식을 창출하기 위한 것이다. 지식 창출은 지적인 과정이지 생산 과정이 아니다!' 라고 강조한다.

평범한 것에서부터 어마어마한 것에 이르기까지 창조적인 공간 관리가 기업의 전략이라는 것을 잊지 말자.

Jim Collins
짐 콜린스
『좋은 기업에서 위대한 기업으로』 저자
Author of 『Good to Great』

『좋은 기업에서 위대한 기업으로 (Good to great)』의 저자인 그는 캘리포니아의 팔로 알토에서 경영 상담 전문회사를 운영하고 있다.

고습도치가
여우를 이기는 이유

위대한 리더는 '무엇'보다는 '누구'를 먼저 생각한다. 리더는 "누구를 버스에 태우고 누구를 버스에서 내리게 하고 누구를 핵심요직에 앉혀야 할 지를 먼저결정해야 한다"고 생각한다. 또한 위대한 리더는 사람들에게 동기를 부여하는 데 시간을 투자하지 않는다. 스스로 동기를 부여하는 사람들을 선택했기 때문이다. – 짐 콜린스 –

좋은 것은 위대한 것의 적이다. 위대함은 처해진 환경의 우연한 작용에 따라 얻어지는것이 아니라 사람들의 선택과 규율에 의해 이뤄진다. 규율이란 규율 있는 사람, 규율 있는 사고, 규율 있는 행동으로 이뤄진다. 위대한 사람들은 스스로를 단련하고 동기를 부여한다.

위대한 회사는 적합한 사람을 적합한 자리에 배치하고 모두가 올바른 방향으로 달려간다. 당신이 운전하는 것이 미니버스든, 거대기업 버스이든 운전석을 포함한 모든 좌석이 적합한 사람들로 채워져 있는지 확인하고 출발해야 한다. 당신은 역량, 헌신, 경쟁력, 효율성을 갖춘 레벨 5의 리더를 필요로 한다. 이들은 문제가 발생했을 때 경영진을 비난하지 않으며 그들의 잘못이 아니라는 것을 알 정도로 겸손한 사람들이다. 리더는 원인에 대해 남다른 생각을 갖고 있다. 일이 잘될 때 레벨 5의 리더는 다른 사람들에게 공을 돌린다. 일이 잘 안될 때에는 자기의 탓으로 돌리고 비난을 감수한다. 우리는 레벨 4세계에 살고 있다. 레벨 4 세계에서는 레벨 5의 리더십을 갖춘 사람들에게 리더를 맡기는 지혜가 부족하다.

레벨 5의 리더는 역동성을 창출하는 사고와 행동의 규율을 갖추고 무엇이 바뀌어야 하고 무엇이 지속돼야 하는지를 아는 지혜도 갖고 있다. 그렇다고 이들이 이상한 사람들은 아니다. 그들은 자신이 사랑하는 것들에 헌신한다. 자문해보라. "나는 좋아하는 일에 헌신하고 있는가?" 냉혹한 현실을 직시하라. 데이터가 말하게 하라. 되지 않는 일은 과감하게 걷어치우라. 어떤 일을 그만둘 수 있는 규율을 만들어라. '무엇을 할 것인가?' 가 아니라 '누구와 일을 할 것인가?' 라는 질문에서 시작하라.

좋은 것은 위대한 것의 적

좋은 것은 위대한 것의 적이다. 그렇기 때문에 극소수만이 진정한 위대함을 달성한다. 위대한 삶을 개척하기 위해서는 위대한 부모 밑에 태어나고 위대하게 양육돼야 한다고 생각한다면 당신은 그런 위대한 출발을 하지 않았으므로 쉽게 자포자기할지도 모른다.

그러나 사람들은 인생의 항로를 변경할 수 있다. 우리는 어려운 산업현장에서 위대함을 달성한 기업들을 검토하며 중요한 교훈을 얻는다. 위대함은 처해진 환경의 우연한 작용이 아니다. 위대함을 달성하는 가장 중요한 문제는 의식적인 선택과 규율이다. 위대함은 규율 있는 사고와 행동을 하는 규율 있는 사람들에 의해 달성된다.

위대한 리더는 '무엇?' 보다는 '누구?' 를 먼저 생각한다. 그들은 "누구를 버스에 태우고 누구를 버스에서 내리게 하고 누구를 핵심요직에 앉혀야 할지를 먼저 결정해야 한다"고 생각한다. 또한 위대한 리더는 사람들에게 동기를 부여하는 데 시간을 투자하지 않는다. 스스로 동기를 부여하는 사람들을 선택했기 때문이다. 그들은 '사람이 우리의 가장 소중한자산' 이라는 생각을 거부한다. 반면에 '적합한 사람만이 우리의 가장 소중한 자산' 이라는 것을 안다.

다음 두 개의 질문에 대답해보라

1)우리 버스의 핵심요직이 무엇인가? 2)그 핵심요직들을 100%적합한 사람들로 채웠는가?

이 질문에 대한 답변이 'Yes' 라면 모든 나머지 것들은 2차적인 것에 불과하다. '누구?' 가 우선이고 그 다음이 '무엇?' 이다. 전략 이전에 '누구' 를 생각해야 하고 전술 이전에 '누구' 를 생각해야 하며 기

043

Jim Collins

술 이전에 '누구'를 생각해야 한다. 가장 중요한 결정은 '무엇'에 대한 결정이 아니라 '누구'에 대한 결정이다.

창문과 거울의 관계를 활용하라

리더십은 무엇을 해야 하는가가 아니라 누구인가에 관한 것이다. 리더는 버스에서 버스 운전사라는 특별한 위치에 있다. 위대한 회사는 레벨 5의 리더를 갖고 있다. 경쟁력 있는 경영자가 되지 않고서는 레벨 5의 리더가 될 수 없다. 경영을 잘한다는 것은 정말로 어렵다. 뛰어난 경영자는 칭찬 받아 마땅하다. 좋은 것에서 위대한 것으로의 전환을 일궈낸 경험을 가진 최고경영자들은 겸손하다. 그러나 그런 리더는 원인, 회사 그리고 일에 대해 남다른 야망을 갖고 있으며 일을 잘해내려는 강력한 의지를 갖고 있다.

레벨 5의 리더는 창문과 거울의 관계를 보여준다. 일이 잘될 때 리더는 창문 밖을 보며 다른 사람들이 잘했다고 칭찬한다. 일이 잘 안될 때 리더는 거울 앞에 서서 문제의 원인을 자신에게 돌린다. 이 글을 읽고 있는 당신은 창문과 거울의 관계를 어떻게 활용하고 있는가? 어떤 환경조건에서나 레벨 5의 리더가 될 수 있는 것은 아니다. 약점이 있는 영역에서 지극히 염려되는, 하고 싶지 않은 일에도 관여해야만 할 때도 있다. 그래야만 레벨 5의 리더가 될 수 있다. 당신은 레벨 5의 결정을 내리는 고통을 감내해야만 할 정도로 고민하며 관심을 집중하고 있는 일이 있는가? 그렇지 않다면 리더로서의 수명은 그리 길지 못할 것이다. 레벨 5의 리더는 냉혹한 현실을 직시하고 고통스러운 결정을 내려야 한다.

팔에 암이 자라고 있다면 팔을 잘라내야 한다. 제대로 되지 않는 영역은 제거해야 한다. 어떤 일을 하지 말자는 결정을 내릴수 있는 규율이 위대한 리더의 특징이다. 다시 말하지만 '어떤 일을 해야 하는가?'에 대한 결정이 아니라 '어떤 일을 하지 말아야 하는가?'에 대한 결정에 차별성이 있다.

레벨 5의 리더는 많이 있다. 문제는 레벨 5의 리더가 부족하다는 것이 아니라 그들에게 리더의 임무를 맡길 수 있는 지혜의 부족이다. 우리는 레벨 4의 리더가 인정 받는 문화 속에 살고 있다. 그러나 필요한 것은 레벨 5의 리더이다.

두 종류의 동물 타입인 고슴도치와 여우가 있다. 여우는 움직임이 많은 신체조직과 복잡성을 가진 동물이다. 반면에 고슴도치는 단순함의 대명사다. 고슴도치는 오직 큰 것 하나만을 안다. 그러나 승리는 언제나 고슴도치의 몫이다. 위대한 기업들은 고슴도치 개념을 발전시켰다. 그들은 열정을 갖고 있는 일, 남보다 뛰어나게 잘할 수 있는 일, 경제 엔진을 가장 잘 돌릴 수 있는 일이라는 세 가지 조건을 만족하는 큰 것 하나에 모든 역량을 집중한다.

045

사우스웨스트 항공의 저력

그만둬야 할 일의 목록이 해야 할 일의 목록보다 중요하다. 그만둬야 할 일 목록을 해야 할 일 목록과 함께 만드는 일부터 시작하라. 큰 것 하나에 집중하는 회사들이 위대한 성장을 창출해낸다.

Jim Collins

1972년부터 2002년까지 최고의 주식가치를 창출해낸 회사는 사우스웨스트 에어라인이다. 동일한 산업분야에서 동일한 조건과 기회와 자원을 가지고 위대함을 달성하는 데 실패한 다른 기업들과 달리 폭풍에 맞서 성장을 달성한 회사들은 어떤 차이가 있는가? 사우스웨스트 에어라인이 저비용 모델을 발명한것은 아니었다. 그들은 저비용 모델을 글로벌 터미널 운영사인 싱가포르항만공사(PSA)로부터 복제했다. 심지어 PSA의 승인을 얻어 운영 매뉴얼까지도 복사했다.

1976년에 사우스웨스트 에어라인은 그들의 사업모델에서 10가지 핵심요소를 갖고 있었다. 현재의 사업모델은 당시와 9가지가 동일하며 단지 1가지 요소만이 수정됐을 뿐이다. 위기가 닥쳐왔을 때 규율을 유지하기 위해서는 자신의 모델을 이해할 필요가 있다. 그래야만 폭풍이 몰아칠 때 자신의 고슴도치 모델을 변화시켜야 하는지 알 수 있다. 이렇게 성공적인 전환을 성취하는 것은 아주 드문 사례이다.

변화해야 할 시기가 아니라면 지속성을 강조해야 한다. 장기간에 걸쳐 역동성을 갖기 위해서는 무엇을 그만 해야 하는지 아는 규율이 필요하다. 그러나 모델을 버리지 않고 유지하고 더욱 발전시키는 규율도 필요하다.

오직 다음에 무엇을 할 것인가와 연관돼 좋은 것이 있을 뿐이다. 핵심가치 위에 사업을 구축하라. 우리들 모두가 하는 일에서 성공할 수 있는 것은 아니다. 당신의 영역에서 위대함을 달성하기 위해 지금 무엇을 하고 있는지 점검해 보라.

엄격한 기업문화 위한
3가지 원칙

위대한 기업의 리더는 성급한 판단을 내리지 않는다. 그들은 버스 안에 잘못된 인력이 있는지 결론 내리기 전에 먼저 자리를 잘못 배치한 것은 아닌지를 결정하는 데 무한한 노력을 투자한다. 그러나 이런 리더는 일단 그 사람이 버스에서 내려야 한다는 결론을 얻는 순간 바로 실행에 옮긴다.

— 짐 콜린스 —

위대하고 좋은 기업을 뛰어넘음은 일하기 힘든 곳일 수 있다. 당신이 만약 기업에서 요구하는 조건을 갖추지 못했다면 오래 버틸 수 없을 것이다. 그렇다고 해서 이런 위대한 기업들이 무자비한 문화를 갖고 있다는 것은 아니다. 단지 엄격한 문화를 갖고 있는 것이다.

무자비하다는 것은 사람들을 매정하게 잘라내고 버리는 것이다. 반면에 엄격하다는 것은 언제나 모든 레벨의 직원들에게 일관된 정확한 기준을 적용하는 것이다. 엄격한 환경에서는 핵심인재가 자신의 위치에 대해 걱정할 필요 없이 단지 자신의 업무에만 충실하면 된다.

좋은 기업을 넘어 위대해진 기업에서의 엄격함은 먼저 최고의 위치에 있는 사람들에게 적용된다. 대부분의 기업에서 가장 큰 책임을 맡고 있는 사람들이다. 사람들의 결정에 엄격하다는 것은 무엇보다 최고 경영진의 결정이 엄격하다는 것이다.

좋은 기업을 넘어 위대해진 기업들이 직원들을 사정없이 잘라내는 것을 전술로 사용하는 일은 거의 없고 이를 주요 전략으로 활용하는 기업은 더더욱 없다. 그러나 위대함에 이르지 못한 일부 기업들은 해고와 조직 재구성을 밥 먹듯이 한다.

다음은 무자비하지 않고 엄격한 기업문화를 만들기 위한 세 가지 실용적인 원칙이다.

원칙 1. 의구심이 든다면 채용하지 마라

경영물리학의 불변의 법칙 중 하나는 휴렛-패커드의 공동 창립자인 데이비드 패커드의 이름을 딴 '패커드의 법칙'이다. 어떤 기업도 성장을 가능하게 하고 궁극적으로 위대한 기업이 되도록 하는 위대한 인력을 충분히 확보하는 능력보다 더 빠른 속도로 매출을 신장시킬 수 없다.

만약 당신 기업의 매출 성장률이 인재 성장률보다 높다면 한마디로 말해 위대한 기업을 만들 수 없다. 기업의 궁극적인 성장은 시장, 기술, 경쟁, 제품 등이 아니라 '유능한 사람들을 채용하고 유지'하는 데서 비롯된다.

원칙 2. 변화가 필요하다고 느낄 땐 바로 실행하라

당신이 어떤 사람을 엄격하게 관리할 필요를 느끼는 순간 이미 채용에 있어 큰 실수를 한 것이다. 최고의 인재들은 관리할 필요가 없다. 길을 이끌어주고 가르치기는 하지만 엄격하게 관리하지는 않는다.

우리는 다음의 시나리오를 많이 봐 왔다. 우리가 버스에 잘못된 사람을 태웠고 그런 사실을 알고 있다고 하자. 그러나 우리는 타이밍을 기다리고 시간을 질질 끌거나 대안을 연구해서 그에게 세 번째, 네 번째 기회까지 준다. 상황이 나아지기를 바라고 시간을 투자해 그 사람을 적절히 관리하려고 하고, 그런 약점을 보완할 수 있는 시스템을 만드는 등의 후속조치를 할 것이다.

그러나 상황은 결코 나아지지 않는다. 집에 돌아가면 그 상황에 대해 골똘히 생각하거나 혹은 배우자에게 그 상황을 얘기하는 데 에너지를 다 써버리는 자신을 발견하게 된다.

더 나쁜 것은 그 한 사람 때문에 내가 써버리는 시간과 에너지가 좋은 인력을 계발하는 데 쓸 에너지마저 다 앗아가 버린다는 것이다. 그런 다음 다행히 그가 스스로 일을 관두거나 우리가 최종 실행에 옮길 때까지 주저주저하면서 망설이게 된다.

잘못된 인력을 기업에 그대로 두는 것은 좋은 인력의 입장에서는 불공평한 일이다. 좋은 인력들은 불가피하게 잘못된 인력으로 인한 공백을 메우는 자신을 발견하게 된다. 더 나쁜 것은 최고의 인재들이 떠나는 것이다. 유능한 사람들에게 성과는 동기부여의 원동력이 된다. 하지만 그들은 불필요한 일에 더 많은 노력을 해야 할 때 좌절하게 된다.

실행에 옮기기 전에 오랫동안 주저하는 것은 버스에서 내려야 할 사람들에게조차 불공평한 일이다. 어떤 사람에게 자리를 내줬으나 그가 결국은 그 자리를 감당하지 못한다면 당신은 그가 다른 더 좋은 직장을 찾는 데 쓸 그의 인생과 시간을 뺏은 셈이 된다.

위대한 기업에서는 사람들이 버스에 오랫동안 머물거나 급히 버스에서 내린다. 위대한 기업의 리더는 '많은 사람들에게 일을 시켜보고 일을 잘하는 사람을 회사에 남기는' 식의 경영방식 대신 시간을 들여 'A+'라는 정말 최고의 성적표를 만들어낸다. 그들이 좋은 인력을 얻었다면 이들을 회사에 잡아두기 위해 가능한 한 모든 것을 동원한다. 반대로 만약 잘못된 인력을 얻었다면 '우리는 우리 버스를 탈 테니 당신들은 당신들 버스를 타라'는 식으로 그들과 대립한다.

또한 위대한 기업의 리더는 성급한 판단을 내리지 않는다. 그들은 버스 내에 잘못된 인력이 있는지 결론 내리기 전에 먼저 자리를 잘못 배치한 것은 아닌지를 결정하는 데 무한한 노력을 투자한다. 그러나 이런 리더는 일단 그 사람이 버스에서 내려야 한다는 결론을 얻는 순간 바로 실행에 옮긴다.

그렇다면 이를 어떻게 알 수 있는가? 자신에게 다음 두 가지 핵심 질문을 해보라. 첫째, 그 사람을 다시 채용할 것인가? 둘째, 만약 그 사람이 당신에게 관두겠다고 말한다면 실망할 것인가 아니면 몰래 안도의 한숨을 내쉴 것인가?

원칙 3. 최고의 기회에 베스트 인력을 투입하라

위대한 기업은 가장 큰 문제보다 최고의 기회에 최고의 인력을 투입한다. 기업의 문제점을 관리하는 것은 단지 좋은 기업이 되는 것에서 끝나겠지만 기회를 만들어내는 것은 위대한 기업이 되는 유일한 길이다.

당신이 기업의 문제점을 헐값에 해결하려고 할 때 최고의 인력을 방출하는 결과를 초래하지 마라. 당신이 핵심인재들이 언제든지 앉을 수 있는 자리를 만들어준다면 그들은 혁신을 위해 열심히 일할 것이다. 즉, 전략이나 비전 등을 위해 일하려 할 것이다.

예를 들어 킴벌리-클라크가 제지 풍차를 팔았을 때, 다윈 스미스는 회사는 제지업을 정리할지도 모르지만 핵심인재는 유지할 것이라는 점을 분명히 했다.

모든 위대한 회사에서 업무 팀의 팀원들은 개인적인 야망을 회사를 위한 야망으로 전환시킨다. 그들은 자신의 권리에 있어서는 강한 리더가지만 각각의 팀원으로서는 자신의 힘을 녹여 기업을 위대하게 만든다.

물론 당신에게는 최고의 해법을 찾기 위해 논쟁을 벌이고 토론하면서도 일단 결정이 내려지면 자신의 편협한 이해관계와는 상관없이 전적으로 동의를 표시하는 임원이 필요하다.

051

위대한 기업
월마트의
3대 경영 진리

모든 위대한 기업은 확고한 기업문화를 갖고 있는데 이는 결국 규율에서 비롯된다. 규율이 제대로 갖춰진 기업에서 일하는 사람들은 규율에 따른 사고와 행동을 한다. 규율의 궁극적 형태는 아무리 성공적인 기업도 스스로 위대하다고 생각하는 대신, 잠재력을 100% 발휘하기 위해 고민을 거듭한다. 월마트의 한 이사는 "우리는 아직 우리의 미래를 걱정하고 있습니다. 우리는 전 세계에서 가장 큰 열등감을 가진 가장 큰 기업입니다."라고 말하기도 한다. - 짐 콜린스 -

2월의 어느 상쾌한 아침 나는 휴스턴에서 커다란 '춤추는 닭'을 만났다. 그 때는 아침 6시30분, Sam's Club과 월마트에서 프레젠테이션을 하기 위해 휴스턴 컨벤션 센터에서 내 차례를 기다리고 있는 중이었다. 백 스테이지에서 3천명의 푸른색, 빨간색,

녹색 등 각기 다른 색상의 매장 매니저들을 보았는데 각 색상은 각기 다른 지역을 대표하고 있었다. 그들은 모두 방울을 흔들며 응원을 하고 있었다.

나의 안내를 맡은 캐서린은 "지금 이야기하는 게 나을 것 같습니다. 조금 있으면 시끄러워지고 그렇게 되면 아무리 큰 소리로 말해도 들리지 않을 겁니다"라고 말했다. 나는 바로 그 때 구석에서 댄스 스텝을 밟으며 워밍업을 하던 커다란 닭을 보았다. 얼마 떨어져 있지 않은 곳에서 록 밴드가 준비를 하고 있었는데 그들은 마치 밤새 연주를 마치고 바로 나온 것처럼 보였다.

"지금 파워포인트 슬라이드로 바로 들어가실 건가요?" 음향 담당자가 나한테 물었다. 나는 3천명의 각기 다른 색상으로 분류된 매장 매니저들과 춤추는 닭, 그리고 록 밴드를 쳐다보며 판단했다. 그리고는 "아뇨, 그래픽은 생략합시다"라고 큰 소리로 말했다.

곧 이어 6시 45분에 록 밴드 연주가 시작됐고 순식간에 그곳은 아수라장으로 변해갔다. 수천 개의 방울이 큰소리를 내면서 울렸고 춤추는 닭이 등장해 꼬리를 흔들며 월마트의 위대함을 축하했다. 노래가 두 곡, 세 곡, 네 곡까지 흘러나왔고, 한 곡 한 곡 넘어갈 때마다 소리는 더욱 열광적으로 커지더니 월마트의 록 송에서 절정에 달했다.

정확히 7시에 록 밴드의 연주가 멈췄고, 닭이 백 스테이지로 뒤뚱거리며 걸어 들어오더니 세 명의 Sam's Club 이사진들에게 뛰어들었고 뒤이어 Sam's Club 응원단의 신명 나는 공연이 이어졌고 방울 소리는 점점 더 커지고 발을 구르는 소리까지 들렸다.

나는 완전히 겁에 질렸다. 커다란 춤추는 닭이 등장하고 난 후 어떻게 위대한 기업에 대한 심각한 메시지를 전달할 수 있을 것인가를 고민했다. 하지만 놀랍게도 내 발표 차례가 되어 '더 나은 기업을 만들기 위해 무엇이 필요한가?' 라는 질문을 던지자 관중들은 놀랍게도 모두 집중을 하며 주의를 기울였다.

창업가 정신 그대로 유지

그 경험을 통해 나는 1백40만 명의 거대기업에서도 생동감 넘치는 문화와 샘 월튼의 창업정신을 상당 부분 그대로 유지하는 것이 가능하다는 것을 배웠다. 대부분의 기업들은 매출이 1백억 혹은 2백억 달러에 도달하면 초기의 고무적인 기업가적 열정을 잃게 된다. 좀더 지나 매출이 5백억 달러에 이르게 되면 이들은 완전히 거인 조직이 돼 자신들의 성공에 안주하고, 점차 무디고 느려진다.

한때 빠른 성장 속도를 유지하던 회사가 태도, 가치, 정신, 실행 등에서 서서히 타성에 젖어 평범한 집단으로 곤두박질하는 것이다. 하지만 월마트는 추진력을 유지하고 있었다. 이 빠른 기업은 더 빨라지고 있고, 기업문화도 어느 때보다 더 강해지고 있다.

월마트는 세계 최초로 매출 규모 1조 달러의 기업이 될 것인가? 확률적으로 말한다면 쉽지 않다. 1조 달러란 단일기업으로서 직원 규모가 5백만 명 이상이고 연간 매출이 영국의 GDP 규모에 맞먹고, 호주, 캐나다, 스페인의 GDP를 초과하고 미국 전체 경제의 GDP의 10%에 달하고 미국 전체 50개 주의 정부 예산에 버금가는 것을 의미한다.(2005년 기준으로 작성된 글입니다 - 편집자 주)

월마트를 포함해 어떤 회사라도 자신의 체중을 늘려 부수지 않고는 이 정도의 규모에 이를 수 없을 것이다. 사실 월마트가 현재 규모의 1/10이었을 때도 2천5백억 달러의 매출 달성은 마찬가지로 불가능한 일로 여겨졌다.

위대한 기업의 세 가지 진리

월마트는 우리에게 소중한 교훈을 가르쳐주고 있다. 이 회사의 성공담은 규모가 항상 속도와 맞물려가지는 않는다는 속설을 뒤엎었을 뿐 아니라 처음부터 기업을 신속하게-위대하게-만드는 시간을 초월하는 몇 가지 원칙을 보여주고 있다.

1. 위대함은 누적되어 이뤄진다

샘 월튼은 1945년 단독 다임 스토어(dime store)로 시작했다. 그는 7년 동안 다른 매장을 오픈하지 않았고 25년 후에도 매장 수는 겨우 38개뿐이었다. 오늘날 월마트는 약 4천 개의 매장을 갖고 있으며 천천히 그러나 확고하게 기반을 다져가고 있다. 샘 월튼이 연간 7만2천 달러의 매출로 시작한 것이 30년 동안 매년 29%의 성장을 거듭해서 꾸준히 속도를 더해가고 있다. 최근 월마트는 16%의 연평균 성장률을 기록하면서 더 큰 성장의 발판을 마련하고 있다.

그러한 점진적인 성장추세로 보면 70년 후에는 7만2천 달러의 다임 스토어가 1조 달러 규모의 기업으로 변하게 될 것이다. 사람들은 누구나 거대한 바퀴를 굴리며 천천히 눈사람처럼 부피를 키워가며 위대함을 손에 넣을 수 있다. 하나가 두 개로 될 때, 두 개가 네 개로 될 때 엄청난 노력이 필요하다. 하지만 계속 일정한 방향으로 밀고 가다 보면 결국 속도가 100이 되고 1,000이 되고 1백만에 이르게 되는 것이다. 일정한 방향이 어느 정도의 속도와 함께 결합되면 상승효과가 생겨 각 요소가 혼자서 작용하는 것보다 훨씬 더 큰 것을 얻을 수 있으며 바로 이것이 추진력이 된다.

2. 일관성은 변화를 가능케 한다

변화의 핵심은 우선 변화시키지 않아야 하는 것이 무엇인지를 파악하고 나머지 모든 것을 마음껏 바꾸는 것이다. 월마트 궤도의 핵심 요소는 한번도 DNA를 바꾸지 않았다는 것이다. 이 핵심 특성의 중심은 뿌리깊은 민주적인 아이디어를 순수하게 고집하는 것이다. 월마트는 과거에는 부자들만 향유하던 것을 보통 사람들도 누릴 수 있게 해주었다. 자신의 영향력으로 납품업체의 납품가를 저가로 끌어내리고 그렇게 절감된 부분을 고객에게 제공한다는 바로 그 핵심원칙에서 나온 것이다.

또한 모든 종류의 새로운 것을 시도했다. 잘되는 아이템과 전략은 그대로 유지하고 반대로 잘 안 되는 것은 과감하게 버리면서도 이 핵심원칙은 고수해 왔다.

3. 활기 넘치는 문화는 자극제로 작용한다

모든 위대한 기업은 매우 팽팽한 문화를 갖고 있으며 거의 컬트(이교도 집단)에 가깝다. 회사의 핵심가치를 공유하지 않는 사람은 기업의 항체에 둘러싸여 있는 자신을 발견할 것이며 결국에는 마치 바이러스처럼 축출된다.

외부인들은 월마트 직원들을 월마트 사마리아인이라고 부른다. 하지만 효과적인 문화는 단순히 록큰롤, 방울 울리기, 그리고 춤추는 닭에 그치는 것이 아니다. 이는 결국 규율이며 규율이 제대로 갖춰진 기업에서 일하는 사람들은 규율적인 사고와 행동을 한다.

그리고 규율의 궁극적 형태는 기업이 아무리 성공하더라도 자신을 위대하다고 생각하지 않는 것이다. 오히려 기업이 가진 잠재력을 100% 발휘하기 위해 극도로 이성적인 고민을 거듭하는 것이다.

월마트의 한 이사는 "우리는 아직 우리의 미래를 걱정하고 있습니다. 우리는 전세계에서 가장 큰 열등감을 가진 가장 큰 기업입니다"라고 말하기도 한다.

이는 샘 월튼이라면 충분히 이해할 수 있는 말이다. 어느 날 아칸소 주의 벤턴빌 부근에서 저녁으로 햄버거를 먹으면서 월튼은 다른 부스에 있는 한 남자를 가리키며 옆자리에 있던 내 동료에게 "저 사람은 조(Joe)인데, 나는 정말 그를 존경합니다. 조는 예전에는 트럭 운전사였는데 양계업을 시작해 크게 성공했죠. 저 친구한테서 한 수 배우고 싶습니다"라고 말했다. 그리고 나서 그 당시 80억 달러의 재산가인 월튼은 햄버거를 다 먹고 자신의 낡은 픽업 트럭으로 걸어가서 월마트의 체인점을 구상하는 일상의 역할로 돌아갔다.

Stephen Covey

스티븐 코비

세계적인 리더십 대가, 프랭클린 코비사 부회장
Vice Chairman of Franklin Covey Company

『성공하는 사람들의 7가지 습관』으로 유명한 세계적인 리더십 대가로서 프랭클린 코
비사 (Franklin Covey Companye)의 설립자이자 부회장이다.

위대함에 이르는
8번째 습관

대부분의 사람들은 자신의 강점을 알고 있다고 생각한다. 그런데 그런 생
각이 틀린 경우가 많다. 사람들은 종종 자신의 강점보다는 재능이 없는 분야
를 알고 있다. 중요한 것은 자신의 강점을 통해서만 훌륭한 성과를 낼 수 있
다는 것이다. 약점이 있는 영역에서 좋은 성과를 낼 수는 없다. 그러므로 잘
할 수 없는 분야는 하지 않는 것이 좋다. - 스티븐 코비-

올해 나는 당신이 조직 내에서의 공헌도에 있어서 '매우 효과적인' 인재를 뛰어넘어 '위대한' 인재가 되는 방법을 찾아내기를 기대한다.

최근 몇 년간 많은 사람들이 일곱 가지 습관이 아직도 유효한지 물어왔다. 나의 대답은 이렇다. 변화가 많을수록, 도전이 힘들수록, 그 법칙은 더 유효하다. 왜냐하면 일곱 가지 습관은 인간의 발전과 개발에 있어 영원불변의 뼈대를 제시하고 있기 때문이다.

게다가 오늘날 개인이나 조직이 효과적으로 된다는 것은 단지 입장료에 불과하다. 생존경쟁에서 살아남아 번창하고, 혁신을 거듭해 우수해지고, 우리 자신이나 타인을 이끄는 리더가 되려면 우리는 효과적인 수준을 뛰어넘어야 한다. 새해에 요청되고 필요한 것은 위대함이다.

나의 책 『성공하는 사람들의 8번째 습관』(김영사, 2005)은 업무 수행, 열정적인 실행, 그리고 중요한 공헌에 경종을 울리는 책이다. 마치 성공의 의미가 정도에서가 아니라 종류가 다른 것처럼 이런 업무 수행이나 실행, 공헌은 종류부터 다르다. 내가 '내면의 소리'라고 부르는 당신의 천재성이나 동기를 더 높은 수준으로 끌어올리기 위해서는 새로운 습관, 즉 새로운 마인드를 가져야 한다.

여덟 번째 습관은 사실 당신의 '내면의 소리'의 힘을 이용해 타인도 당신과 똑같아지도록 만드는 것이다. 즉 여덟 번째 습관은 희망과 지식으로 가득 차있으며 본성적으로 탄력적이고 무한한 잠재력을 가지고 있어 인간의 영혼의 목소리를 대변한다. 이런 목소리는 또한 어떠한 조직이든 둘러싸고 그 조직이 살아남아 번성하도록 만든다.

'내면의 소리'는 독특하면서도 개인적인 중요성을 띤다. 여기서 중요성이란 당신과 내가 함께 가장 힘든 도전을 할 때 우리 모두 똑같아진다는 뜻이다. '내면의 소리'는 당신의 타고난 재능과 장점을 결합시키고, 자연적으로 발생해 당신을 자극시키고 고무시키는 열정과, 세상이 당신에게 충분히 갚아야 하는 욕구와, 당신에게 무슨 일이 옳은지 또한 그런 일을 해야 한다고 말해주는 당신 안의 양심, 그 모든 곳에 존재한다. 당신이 당신의 재능과 양심으로 꽉 채워진 열정을 발휘하는 일을 하고 있을 때, 그곳에 당신의 내면의 소리, 바로 당신의 영혼이 있다.

우리 모두에게는 각자 삶 속에 우리 자신의 '내면의 소리'를 발견하고자 하는 말로 설명할 수 없는 열망이 있다. 나의 목적은 당신을 단지 일에서뿐만 아니라 당신의 개인적인 삶에서도 진정한 의무 이행, 적절함, 의미, 그리고 공헌으로 이끄는 데에 있다.

간단히 말해서 나는 당신이 당신의 '내면의 소리'를 찾도록 고무하고 싶다. 그래서 당신의 현재 지위에 상관없이 당신 삶 속 주변에 있는 사람들을 고무시킬 수 있도록 당신의 영향력이 더 크게 확장되고, 당신의 팀원들이나 조직원들로 하여금 각자의 목소리를 찾아내 다양하게, 즉 그들의 효율성과 성장과 효과까지도 증가시키기를 바란다. 당신은 이런 영향력이 현재 지위나 직함이 아니라 당신의 선택에 의해서 온다는 것을 곧 알게 될 것이다.

나는 당신에게 다음과 같은 것들을 약속할 수 있다. 당신이 인생 전체에 대한 영원불변의 규칙을 세운다면 당신의 영향력은 내부에서 외부로 지속적으로 커질 것이다. 당신은 당신의 '내면의 소리'를 발견할 것이며, 당신의 팀원들에게 그들 자신의 '내면의 소리'를 발견하게 하고 실행하도록 고무시킬 것이다.

현명한 선택

 궁극적으로 당신은 당신이 하는 일에 자신의 얼마만큼을 바칠 수 있는지 결정해야 한다. 당신의 선택은 불합리한 요구에 반항하거나 무시하는 것에서부터 기꺼이 따를 수도 있고, 진심으로 잘 따를 수도 있으며, 즐겁게 협력할 수도, 또한 창조적인 흥분이 될 수도 있다.

 사람들에게 일할 때 그들의 선택에 대해 물어보자. 그들의 답변이 항상 전형적으로 세 가지 경우에 해당된다는 것을 발견할 수 있다. 즉 반항하거나 직장을 그만두는 쪽을 택하는 사람들, 맹종하는 사람들 (일을 하면서도 그 일이 안 되기를 바라는 사람들), 또는 기꺼이 순종하는 사람들.

 오늘날 모든 직업에서 모든 사람에게 존경받는 사람들, 즉 돈도 잘 벌고 직장에서 좋은 대접을 받으며 창조적인 일을 하는 사람들이나, 정식으로 인간의 욕구에 봉사하는 기회를 부여받은 사람들은 한결같이 즐겁게 협력하고 마음에서 우러나오는 헌신을 하며 창조적인 흥분을 선택했다.

 대부분의 장기적인 성장과 번영과 공헌을 지속하고 있는 위대한 문화와 기업들은 한 사람의 선택에서 출발한다. 때때로 그 한 사람이 공식적인 리더이다. 그러나 종종 그 한 사람이 전문가나 매니저 혹은 조수처럼 다른 사람일 때도 있다. 직함에 상관없이 이런 사람들은 자기 자신에서부터 변화하기 시작한다. 그들의 성격, 경쟁력, 동기, 긍정적인 에너지, 그리고 도덕적인 근거 등이 다른 사람들을 고무시키고 고양시킨다.

 그들은 정체성을 지지하는 센스가 있고 자신의 강점과 재능을 발

Stephen Covey

견하며, 그런 장점과 재능을 이용해 욕구를 충족시키고, 결국 결과를 만들어낸다. 다른 사람들이 보기에 그들은 좀더 책임감이 강한 사람일 수도 있다. 그들은 새로운 책임감을 확대해 결과를 재생산해낸다. 더 많은 사람들이 그들을 주시한다. 최고경영자들은 그들이 어떻게 그렇게 많은 것을 성취해내는지 이들의 아이디어를 배우고 싶어한다. 그런 문화는 그들의 비전과 그들 안에 녹아 있다. 그들은 평범한 사람들의 바다 속에서 출중한 섬이 된다.

그들은 자신의 진정한 본성과 재능을 배운다. 그래서 자신들이 성취하고 싶어하는 위대한 일의 비전을 개발해낸다. 지혜를 가지고 그들은 동기를 끌어내고 그들 주위에 있는 기회와 욕구에 대한 위대한 이해를 고양시킨다. 그들은 자신들의 독특한 재능에 맞는, 자신들의 더 높은 동기를 자극하는, 또 다른 것들과는 차원이 다른 자신들의 욕구를 충족시킨다. 다시 말해서, 그들은 자신들의 '내면의 소리'를 발견해 이해한다. 그들은 다른 사람들에게 봉사하고 다른 사람들을 고무시킨다. 그들은 그들의 조직과 사람들을 발전시키고 번영시키는 평범한 진리를 적용한다.

그 진리는 몸과 마음과 심장과 영혼까지 완전한 인간으로부터 나오는 가장 고귀하고 가장 위대한 진리이다. 그들은 이런 진리를 통해 자신들의 '내면의 소리'를 발견해 다른 사람들을 고무시키고 영향력을 미치기를 마다하지 않는다.

평범한 바다에 머물러 있는 좀더 낮은 수준의 사람들은 문화적 소프트웨어 시대를 살아가며 방종, 비교, 경쟁, 그리고 희생을 겪는다. 위대함에 이른 사람들은 이런 부정적인 영향을 받지 않고, 자신들의 삶을 창조적으로 살아갈 수 있게 된다. 이런 위대함으로 가는 길은 한 단어, '내면의 소리'로 표현된다. 이 길 위를 여행하는 사람들은 자신의 '내면의 소리'를 찾아 남들을 고무시킨다.

의미를 찾아서

우리의 깊은 내부에는 위대함과 남에게 공헌하는 삶을 영위하고 싶어 하는 욕구가 있다. 좀더 구체적으로 말하면, 다른 사람들과 다르게 사는 것이다. 당신은 당신 자신에 대해, 혹은 당신 팀이 자신들의 팀에 대해 의구심을 가질지도 모른다. 그러나 나는 당신이 그런 삶을 살 수 있고, 당신의 조직을 변화시켜 좀더 위대한 공헌을 할 수 있다고 믿는다.

우리 모두는 평범한 삶을 뛰어넘어 위대한 삶을 선택할 수 있다. 우리의 환경이 어떻든 간에, 우리 모두가 그러한 결정을 내릴 수 있다. 그 위대함은 명백해질 수 있다. 그것은 불치병 앞에 당당히 맞서는 훌륭한 영혼이 됨으로써, 어린 시절에 이미 다른 사람들보다 뛰어난 사람이 됨으로써, 다른 사람에게 가치와 잠재력의 감각을 일깨워 주는 것으로써, 조직 내에 변화의 촉매제 역할을 하는 것으로써, 혹은 사회에서 위대한 시작의 동기가 되는 것으로써, 분명히 위대해질 수 있다.

우리는 모두 위대한 삶을 선택할 권리가 있다. 그렇지 않더라도 최소한 오늘 하루를 위대하게 살 수 있다. 당신이 이제까지 아무리 평범하게 살아왔더라도, 당신은 당신이 살아온 길을 바꿀 수 있다. 언제든지. 아직 늦지 않았다. 당신은 당신의 '내면의 소리'를 찾을 수 있다.

Stephen Covey

리더십은 사람들과 소통하여 그들의 가치와 잠재력을 찾아서 그들 스스로 볼 수 있도록 하는 것이다. 분명하게, 강력하게, 또 지속적으로 세상과 소통하고 다른 사람의 잠재력을 그들로 하여금 스스로 느끼게 하는 것은 보고, 행하고, 그렇게 되어가는 과정을 만들어주는 것이다.

나는 당신에게 올해 당신의 개인적인 도전과 문제를 해결함으로써 어떻게든 당신이 위대하게 당신의 영향력을 증진시키기를 권장한다. 또한 당신의 가족, 팀, 부서, 혹은 회사 등 조직에서의 영향력을 증진시키기를 기대한다.

전략공유 · 실행
리더십 4대 원칙

미션과 전략적 계획이 공유되면 리더로서 절반은 성공했다. 나머지 절반
은 모두 전략을 실행하는 것이다. 전략의 실행은 발생, 실천, 생산, 배치와
권력을 분산하는 것이다. 당신은 틀을 짜고 제대로 된 지원을 통해 적재적소
에 인력을 배치할 필요가 있다. - 스티븐 코비 -

최고의 리더는 탁월한 성과를 내는 팀을 만든다. 이런 팀은
전략을 실행하고, 사람들의 역할을 잘 분배하고, 이익을
창출해 목표를 달성하기에 적합한 스타일, 시스템, 구조, 그리고 문화
를 갖고 있다.

나는 항상 사명과 목적이라는 큰 명제에 이끌려왔다. 그러나 내가
회사를 처음 설립했던 22년 전에 냉혹한 현실을 깨달았다. 수익이 없
으면 사명도 의미가 없다는 것을. 회사를 운영하면서 수익을 내지 못
하면 당신도 사명을 달성할 수 없다.

대부분의 비즈니스는 매 분기의 수익과 숫자상 실적에 지나치게

Stephen Covey

치중하고 있어 비전이나 사명은 간과되기 십상이다. 직원들, 가족, 커뮤니티, 주주와의 관계가 얼마나 상호 독립적인지조차 간과된다.

사명감은 있으나 수익이 없는 경우와 수익은 있으나 사명감이 없는 경우 모두 부정적인 결과를 낳는다. 둘 중 어떤 경우도 끝까지 지속될 수 없다. 즉 사명과 수익간의 밸런스가 중요하다.

미션과 전략 공유하면 절반은 성공

전략적 계획은 고객에서 시작된다. 진정한 의미에서 두 가지의 역할을 꼽는다면 그것은 바로 고객과 공급자이다. 모든 주주들은 이 두 가지 역할을 다 수행하고 있으며 좋은 비즈니스의 근간은 고객과 공급자간 관계의 질에 달려있다. 공급자인 당신은 재화와 서비스 이상의 무언가를 팔아야 한다. 즉, 솔루션을 공급할 수 있어야 한다는 것이다. 문제 해결을 위해서는 고객의 욕구를 먼저 이해해야 한다. 당신은 그들에게 가장 중요한 것이 무엇인지를 먼저 파악해야 한다.

당신은 모든 직급의 직원들이 각자 조직의 전략적 계획에 공헌하는 바와 그것이 가치로 연결되는지 설명하도록 함으로써 조직에 전략적 계획과 미션이 제대로 자리잡았는지 테스트할 수 있다.

일단 미션과 전략적 계획이 공유되면 절반은 성공했다고 할 수 있다. 나머지 절반은 모두 전략을 실행하는 것이다. 전략의 실행은 발생, 실천, 생산, 배치와 권력을 분산하는 것이다.

당신은 틀을 짜고 제대로 된 도구와 지원을 통해 제자리에 알맞은 사람들을 배치해야 한다. 만약 당신이 이 일을 잘한다면, 직원들이 자신도 계획에 깊이 관련돼 있다고 느끼게 될 것이고 당신은 목적, 가치, 그리고 다른 모든 결정을 달성하기가 더 쉬워질 것이다.

우선순위 명확해야 경쟁력 발휘

리더가 직면하는 하나의 큰 도전은 바로 비전을 중요한 목적을 달성하기 위해 실행할 수 있는 행동으로 옮기는 것이다. 만약 제대로 된 사람들이 제대로 된 타이밍에 가장 중요한 목적과 프로젝트에 착수했다면 당신이 얼마나 생산성이 높은 사람이 될 수 있는지 생각해보라.

리더는 전략을 단기간에 성취해야만 하는 중요한 목적으로 전환하는 데 너무 자주 실패한다. 당신이 우선순위를 두는 전략을 너무 많이 갖고 있다면 결과적으로 단 한 개의 우선순위 전략도 갖고 있지 않는 것과 같다. 당신이 가진 소수의 전략적 목적은 우선순위별로 정리, 측정되고 스코어보드에 기록돼 모든 사람들이 자신의 위치를 정확히 알아야 한다. '엄청나게 중요한 목적' 한두 가지에 초점을 맞춰라.

팀워크를 좋게 하려면 당신 직원들은 반드시 최우선순위가 무엇인지, 구체적인 실행 과정과 팀에 필요한 원칙을 알아야 하며 서로 믿고 협력하며 일할 수 있어야 한다. 대부분의 사람들은 우선순위가 명확하게 정의, 논의되지 않아 자신의 시간과 열정을 어디다 쏟아 부어야 할지 모른다.

사람들이 주인의식을 잃고 전략에 동의하지 않고 경쟁적인 우선순위를 접하거나 그들의 비전과 업무 사이의 연관성을 발견하지 못할 때에는 실행에 어려움이 따른다. 또한 팀워크는 서로간의 불신과 험담, 잘못된 시스템과 실행의 장벽 등으로 난관에 부딪친다.

미션을 공유하고 있는 조직에서는 모든 사람들이 왜 이 일을 해야 하는지 누가 이 일을 해야 하는지에 대해 대의를 갖고 열정을 품으며 조직에서 개인과 팀은 각자의 목적에 초점을 맞추고 우선순위를 기억한다. 이런 조직에서는 각자가 자신의 목소리를 낼 수 있고 강력한 조직문화가 생성된다.

나는 당신이 전략과 비전, 가치가 구체화된 원칙이 공표된 시스템을 만들기를 바란다. 공유된 비전, 가치, 우선순위에 맞는 목적을 세우고 당신 자신의 욕구를 충족시키고 가치 전달에 대한 피드백 체제를 갖기 바란다.

최고의 우선순위와 핵심가치를 강화할 수 있는 시스템과 구조를 계획하고 실행하게 되면 리더 없이도 실행은 계속될 수 있다.

현재의 구조, 시스템과 과정은 최고의 우선순위를 실행할 수 있게 하는가? 그것들은 당신의 가치와 일치하는가? 당신은 장애물을 없애야 한다. 리더는 시스템을 계획하고 모든 조직들은 계획한 대로 움직여야 한다.

리더십의 네 가지 원칙

최고의 리더는 다음 네 가지 원칙을 통해 지속적으로 사람들을 확인한다.

1. 모델링은 신뢰를 자극한다. 신뢰는 신뢰할 만한 것이냐는 데서 시작한다. 모델링은 개인의 도덕적 권위를 생산한다.

2. 개척은 일의 올바른 순서를 만든다. 사람들은 가치, 목적, 우선 순위 등을 결정하는 일을 맡으면 그 일에 감정적으로 연결된다. 동기 부여의 핵심이 외부에서 내부로 이동하는 것이다. 개척은 통찰력 있는 도덕적 권위를 생산한다.

3. 배치 구조·시스템·과정은 신뢰, 비전, 권한 부여를 완벽하게 만든다. 배치는 조직의 도덕적 권위를 생산한다.

4. 권한부여는 모델링, 개척, 배치의 결실이다. 이는 잠재력을 발휘하게 하고 조직문화의 도덕적 권위를 생산한다. 배치는 가장 중요한 전략적 결정과 일치하는 구조, 시스템, 과정을 만들어 사람들이 높은 우선순위 목적을 실행하는 데 초점을 맞추도록 한다.

초점은 가장 중요한 것을 다루고, 실행은 그것을 실제로 일어나게 만드는 활동이다. 리더십의 첫 번째 두 가지 원칙인 모델링과 개척은 초점에 관한 것이고, 나머지 두 가지 원칙인 배치와 권한 부여는 실행을 다룬다. 이는 구조, 시스템, 과정을 생산하는 것(배치)으로, 개인과 팀이 최고의 우선순위나 전략적 목적을 실제 목적으로 전환하게 한다. 사람들이 소수의 필수적인 목적에 초점을 맞출 때까지 시행착오를 겪게 된다.

실행의 네 가지 원칙

다음 네 가지 원칙은 최우선 순위에 초점을 맞추고 실행하는 당신의 능력을 향상시킴으로써 이런 실행의 차이를 메울 수 있다.

1. 중요한 목적에 초점을 맞춰라. 사람들은 한 번에 두서너 가지 일

에만 초점을 맞추도록 돼 있다. 심각한 결과를 초래할 수 있는 극소수의 중요한 목적에 초점을 맞춰라. 그저 그런 일과 매우 중요한 일의 차이를 분명히 파악하라.

2. 스코어보드로 강제성을 따라 사람들은 실적을 남길 때 행동이 달라진다. 그러므로 목적달성을 위해 강제적이면서 가시적인 스코어보드를 만들어라. 우선순위 리스트를 만들어 당신이 이끄는 팀이 반드시 달성해야 하는 목적을 분명하게 하라. 스코어보드에는 현재 결과, 목표 결과와 마감기한까지 적어 넣어라. 스코어보드를 붙여놓고 매주 그것을 점검하라.

3. 고결한 목적을 상세한 실행으로 바꿔라. 고결한 목적을 구체적인 행동지침과 액션으로 바꿔라. 목적은 모든 사람들이 정확하게 무엇을 해야 할지 알기 전에는 달성될 수 없다. 제일 선봉에 있는 사람들이 핵심사항을 만들어낸다.

4. 항상 서로에 대해 책임져라. 효과적인 팀은 정기적으로 만나서 서로 조직에 대한 책임을 체크하고 스코어보드를 점검하고 이슈를 해결하고 어떻게 지원할 것인지 결정한다. 팀원 모두가 서로에 대해 책임지지 않으면 프로젝트는 사라지고 서로 초점과 추진력을 잃어 실행은 언제나 고통스러운 과정이 될 것이다. 이런 원칙을 반복함으로써 당신은 최고의 우선순위를 실행할 수 있다.

Jack Welch

잭 웰치

前 GE 회장

Former Chairman, General Electric Company

1981년 최연소로 GE 회장이 된 잭 웰치는 '고쳐라, 매각하라, 아니면 폐쇄하라'는 경영전략을 통해 '중성자탄'이라는 별명을 얻었고 '6시그마, e비즈니스, 세계화' 등의 혁신전략으로 GE를 세계 최고의 기업으로 성장시켰으며 금세기 최고의 경영대가로 평가받고 있다.

위대한 인재를 골라내라

071

사람들을 위대한 인력으로 키우려면 그들에게 일찌감치 책임을 지우는 위치에 포진시켜라. 그들로 하여금 실수하도록 내버려두고 그 실수를 만회할 수 있도록 코치하라. 그들로 하여금 자신이 제대로 잘할 때 짜릿함을 느끼게 하라. 그들이 무엇을 놓친다고 해서 처벌하는 대신 좀더 나은 방법을 제시하라. - 잭 웰치 -

Jack Welch

리더가 관심을 가져야 하는 대상은 리더 자신이 아니다. 대신 새로운 팀을 구성하고 신규인력을 채용하고 우수인력을 유지하는 데 집중해야 한다. 리더는 항상 직원들에게 신경을 집중해야 한다. 직원들에게 에너지를 불어넣고 자극하고 업무를 수행하게 하고 목표한 일이 제대로 완료되도록 해야 한다. 리더 스스로 더 강한 열정을 보여주고 직원들을 더 잘 보살펴라.

실행하는 것은 호흡과 흡사하다. 직장에서 업무를 해낸다는 것은 우리가 일상생활에서 숨쉬는 것과 같다. 업무는 언제나 스트레스를 주게 마련이다. 경쟁력을 갖추려면 현명한 선택을 하고 혁신적인 제품과 서비스를 제공하라. 나는 거대하고 그럴 듯한 전략을 믿지 않는다. 비즈니스라는 것은 간단하다. 핵심은 어디에 소스가 있느냐는 것이고 날마다 더 나은 가치를 창출하는 것이다. 게임을 재미있게 만들라. 이기는 것이 더 재미있다. 항상 긴장을 늦추지 말고 배움을 멈추지 말라. 조직의 문화는 조직의 심장이자 영혼과 같다.

위대한 인재를 골라내라. 그리고 무능한 직원들은 퇴출시켜라. 그때 조직에 남은 직원들에게 왜 다른 직원들을 해고해야 했는지에 대해 "그들은 우리 회사의 가치를 공유하지 않았다. 그들은 떠나야만 했다"고 분명하게 설명하라. 승자들을 격려하라. 직원들이 자부심을 갖도록 하라. 직원들의 삶을 더 가치 있게 만들고 더 부유하게 만들어라.

그들에게 자신의 현재 위치와 앞으로 노력하면 어떤 위치에 오를 수 있는지 설명해주라. 실수에 대해서도 얘기하라. 다른 회사를 견학하라. 또한 당신이 가치의 '질'을 중요하게 생각한다면 측정하라. 그것을 보상과 연결시키고 보너스로 축하하라. 그들이 이룬 굵직굵직한 성과마다 칭찬하고 축하해주라. 완고한 리더 대신 현실적인 감각을 갖춘 리더가 되라. 직원 한 사람 한 사람을 직접 대면해 동기를 부여하라. 리더가 직원들과 함께 호흡하며 그들을 잘 알고 배려하고 있다는 것을 느끼게 해야 조직을 경영할 수 있다. 솔직한 피드백을 주라. 열정, 지성, 에너지, 모험심, 실행능력 등이 있고 조직에 헌신할 수 있는 인력을 채용하라.

사람들이 자유로운 조직 분위기에서 아이디어를 개진하고 조직에 공헌하도록 하는 것이 좋다. 최상의 아이디어를 이끌어내고 그들과 함께 나누라. 일단 합의를 거치면 빠른 절차를 통해 조직 운영에 반영하라. 명쾌한 비전을 제시하라. 결단력을 갖추라. 깊이 사고하라. 소위 '줄서기'나 파워게임 등을 성과와 분리하라. 모든 조직에는 그런 요소가 있을 수 있지만 이를 배제함으로써 좀더 일관적이고 솔직한 평가가 이뤄질 수 있다. 직원들을 볼 때마다 그의 성과를 칭찬해주라. 솔직하고 공평하고 투명한 팀 운영을 통해 더 많은 옵션을 갖게 된다.

073

줄서기나 파워게임 하는 직원은 해고하라

GE의 가장 핵심적인 아이디어는 위대한 인재를 만들어내는 것이다. 리더로서 내가 하는 일은 최고의 인재를 찾아내 최고의 인물로 키워내는 것이다. 그들이 내가 하고 싶은 일들을 달성할 수 있기 때문이다. 언제나 원하는 것들을 쉽게 얻을 수는 없다. 인재를 얻고 싶다면 직원들을 공정하게 대해야 한다.

사람들을 위대한 인력으로 키우려면 그들에게 일찌감치 책임을 지우는 위치에 포진시켜라. 그들이 실수를 통해 배울 기회를 제공하고 코치하라. 그들이 잘할 때는 위대하다고 느끼게 만들어라. 실수를 저질렀을 때 처벌하는 대신 좀더 나은 방법을 제시하라. 그들 중 무능한 직원들은 솎아내라.

'줄서기'나 파워게임을 하려는 직원들은 이미 자질이 없다는 뜻이다. 어떤 사람에게 보상하느냐에 따라 어떤 인재를 얻을 수 있는지가 결정된다. 다른 이들을 밟고 경쟁에서 승리하려는 직원들에게 보상하면 안 된다. 그런 사람들은 과감히 해고하라. 당신이 하는 모든 행동, 결단, 말 등이 전례가 된다.

그러므로 처음부터 올바른 전례를 만들고 그에 따라 경영하라. 직원들이 하려고 하는 일이나 이미 하고 있는 모든 일에서 위대해지려면 사람들에게 열정을 전파하라. 리더는 투명성 없이는 신뢰를 얻을 수 없고 신뢰를 얻지 못하는 팀은 결코 승리할 수 없다.

Warren Bennis
워런 베니스
USC 경영대학원 교수, 하버드 경영대학원 자문 교수
MBA Professor of USC, Advisor of Harvard Business
School

미국 대통령 4명의 자문위원을 지낸 명망 높은 리더십 전문가인 그는 USC (University of Southern California)에서 경영학을 가르치고 있으며 하버드 비즈니스 스쿨의 자문위원으로 활동 중이다.

신임 CEO가 펼쳐야 할
뉴 리더십 7단계

진정한 리더는 자신처럼 잠재력 있는 부하직원들의 재능을 개발해 그들이 주목의 대상이 되게 한다. 그들은 재능 있는 사람들이 자신을 도와 빛나게 할 것이라는 것을 알기에 훌륭한 인재를 등용하고 싶어한다. 반면 자질이 부족한 리더들은 경쟁을 방해하는 데 자신들의 지위를 이용할 수 밖에 없다.

- 워런 베니스 -

새로운 리더들은 대개 감정이 고조돼 있고 이미 조직 내 인간 관계가 정립돼 있으며 팀원들간의 기대가 정착돼 있는 조직에 들어가게 된다. 하지만 이런 분위기에 대해 리더가 제대로 깨닫지 못하는 경우가 많다. 부하직원들은 새로운 리더가 상황을 제대로 파악하고 있는지 관찰한다.

새로운 리더들은 부하직원들의 불안과 오해, 개인적인 욕구나 목표에 직면하게 된다. 리더가 조직에 들어간 후 처음 행동의 중요성을 과소평가한다면 그러한 리더는 곧 파멸 당할지도 모른다. 이러한 시작은 모든 리더들이 인생에 있어 헤쳐나가야 할 개인적 위기 요소 중 하나가 될 것이다. 당신은 이런 위기에 대처해 대비를 할 순 없어도 어떤 의미심장한 교훈을 얻을 수 있다.

셰익스피어는 '뜻대로 하세요(As you like it)'에서 인간의 7단계에 대해 묘사했다. 그것의 호불호와 상관없이 리더들의 삶 역시 대체로 이와 같은 7단계를 갖는다. 각 단계의 도전을 성공적으로 잘 넘기면 당신은 다음 단계에 도달하게 된다.

뉴 리더십 1단계 : 유아기

리더가 되기 위한 기로에 있는 젊은이들의 앞에 펼쳐진 세상은 신비롭고 심지어는 두려운 곳이다. 대부분의 젊은이는 주저앉기보다는 자신의 문제를 해결해 주고 힘든 과도기를 쉽게 넘길 수 있도록 도와줄 지도자를 바란다. 운 좋은 신참 지도자는 멘토를 만난다.

가장 뛰어난 멘토는 대개 리더에 의해 발탁되고 미래의 지도자감은 이런 멘토를 알아보는 안목을 가졌을 뿐 아니라 나중에는 멘토보다 더 훌륭한 리더가 되기도 한다.

뉴 리더십 2단계 : 학생기

첫 번째 리더십 경험은 괴로운 교육과정이다. 다른 사람들을 잘 살게 해야 한다는 책임감만큼 당신을 인생에서 제대로 훈련시킬 것은 없다. 당신은 완벽하게 꼼꼼한 조사를 하겠다는 불안한 마음을 갖고 사람들 앞에서 일하는 방법을 배워야 할지도 모른다. 새로운 리더로서 당신은 언제나 무대 위에 있고, 당신 주변의 모든 것은 논평, 비판, 혹은 해석 등을 위한 장치가 된다. 당신의 옷차림, 배우자, 테이블 매너, 말투, 재치, 친구들, 자녀 등 모든 것이 사람들의 화제거리가 돼 검증, 분석되고 판단될 것이다.

사람들은 새로운 리더의 첫 행동이나 말에 크게 주목한다. 뉴 리더의 미미한 행동 하나하나가 사람들의 판단 대상이 된다. 당신은 첫 행동으로 사람들에게 좋은 평가를 받아 그들의 불만을 잠재우거나 당신을 평가하려 드는 사람들을 꺾어야만 한다. 이런 첫 행동은 많은 사람들의 업무성과에 대한 장기적인 효과를 갖는다. 새로운 리더는 대체로 튀지 않고 조용히 첫 시작을 하는 것이 좋다. 이것은 리더가 정보를 모으고, 인간관계를 발전시키고, 조직의 문화를 배우며, 조직에 속한 사람들의 지혜로부터 영감을 얻을 시간을 벌어준다.

시작단계에서 가장 재능 있고 노련한 부하직원들은 당신을 그 조직에서 살아남게 할 것이다. 당신 조직에는 첫 6개월 내에 시기적으로나 내용에 있어 불가피하게 독단적이고 불공평한 큰 변화가 있을 것이다.

그러나 당신은 다른 사람들에게 어느 정도만 자신의 이미지에 대한 영향을 끼칠 것이다. 어떤 사람들은 당신이 사무실로 걸어 들어가고 나가는 등의 사소한 행동으로 당신에 대한 견해를 굳힐 것이다. 그들은 당신을 좋아하거나 싫어할 것이고 신뢰하거나 불신할 것이다. 그 때 그들의 입장은 당신이 실제로 어떤 사람이라는 것과는 별개의 문제가 된다. 부하직원들은 종종 리더를 통해 권력과 인간관계에 대한 자신들의 판타지를 투영시키게 된다. 모든 리더는 어느 정도 부하직원들의 오랜 욕구, 두려움과 열망에서 창출되는 것이다.

뉴 리더십 3단계 : 연인기

셰익스피어는 이 단계에서 "용광로처럼 탄식하는" 인간을 묘사해 고난과 싸워나가는 많은 리더들을 표현했다. 내부 승진을 통해 리더가 된 사람들의 제일 큰 어려움 중 하나는 그 전 동료들과의 관계를 어떻게 할 것인가 하는 문제이다. 이전 친구들과의 경계를 긋는 것은 어려운 문제이다. 승진하면 관계에서의 변화는 불가피해진다. 더 이상 공개적으로 편하게 얘기할 수 없어지거나 친구들이 주변에 있는 것을 어색하거나 꺼려할 것이다.

또 다른 힘든 점은 누구 말에 귀를 기울이고 누구를 믿어야 하느냐 하는 문제다. 리더들은 자신의 시간과 배려에 대한 요구로 정신을 차릴 수가 없다. 종종 잡음을 일으키는 사람들은 가장 곤궁한 사람들이고 당신이 가장 세심한 배려를 해야 하는 이들이다. 당신이 가장 요란스러운 곳에 집중하면 화를 불러일으킬 뿐 아니라 좋은 사람들과의 괴리가 생길 것이며 결국은 업무를 성취하는데 있어 사람들과 협력이 곤란해질 것이다.

관심사를 어디에 둬야 할 것인지를 잘 아는 것은 그만큼 중요하고 또 어려운 문제이다. 끊임없이 발생하는 문제를 모두 관리하고 보호하려 들면 그만큼 당신의 과제로부터 멀어지고 진정 중요한 일들로부터 소원해질 수 있다. 뚜렷한 비전을 세우고 다른 사람들로 하여금 그 비전을 그 자신들의 것으로 소화하게 설득하는 것. 이 단계에서 제대로 일을 위임하지 못하면 무시무시한 결과를 초래할 수도 있다.

한편 리더는 어떤 상태에서는 다른 사람들으로에게 퇴직을 종용해야 할 것이다. 이 일은 참으로 고통스럽다. 당신은 사람들의 감정을 좋게도 나쁘게도 할 수 있다는 사실을 명심해야 한다.

뉴 리더십 4단계 : 군인기

시간이 지날수록 뉴 리더는 그 역할에 편안함을 느끼게 된다. 이런 편안함은 리더에게 자신감과 확신을 가져다 줄 수 있지만 한편으로는 리더와 부하직원 간 연결고리를 끊기도 한다. 리더는 자신의 말과 행동의 엄청난 파장을 간과할 수 있다. 또한 부하직원들이 하는 모든 얘기가 리더에게 꼭 필요한 것이라고 생각할 수도 있다. 부하직원들은 리더의 즉각적인 주의에도 예민하게 생각하고 리더에게 모든 것을 사실대로 말하지 않는다.

진정한 리더는 자신처럼 잠재력 있는 부하직원들의 재능을 개발해 그들이 주목의 대상이 되게 한다. 그들은 재능 있는 사람들이 자신을 도와 빛나게 할 것이라는 것을 알기에 훌륭한 인재를 등용하고 싶어 한다. 반면 자질이 부족한 리더는 경쟁을 방해하는 데 자신들의 지위를 이용할 수 밖에 없다.

뉴 리더십 5단계 : 장군기

리더가 자신의 커리어에서 직면하게 되는 또 하나의 큰 도전은 사람들에게 진실을 말하도록 하는 것이 아니라 들어주는 것이다. 리더가 교만해지면 어떠한 진실한 소리도 들을 수 없게 된다. 영화 '무굴 황제 데릴 자국'을 보면 황제는 불쾌한 진실을 듣기 싫어하는 것으로 악명 높다. 그는 "내가 말을 끝마칠 때까지 예라고 대답하지 말라"고 소리지른다. 진짜 리더는 이와 반대로 어떤 진실도 들을 준비가 돼 있다. 그들의 자존심은 가혹한 진실을 받아 넘기지 못할 만큼 약하지 않다. 왜냐하면 진실에 귀 기울이는 것이 그들이 성인(聖人)이라서가 아니라 그렇게 하는 것이 성공하는 가장 확실한 길이기 때문이다.

많은 리더는 사람들이 업무 내용을 이해하거나 어떤 행동을 취하기 전에 부하직원들의 사기와 열의를 이해하는데 실패한다. 혹은 사람들의 지지를 얻는데 실패한다.

뉴 리더십 6단계 : 정치가기

이 단계에서는 리더의 힘이 쇠퇴하기 시작한다. 그러나 익살스런 광대가 되는 것이 아니라 이 단계의 리더는 종종 일에 있어 자신의 지혜를 전달해 일을 준비하는데 어려움이 생긴다. 리더는 초심이 아니라 경험과 연륜에서 오는 지식, 사고에 근거한 과도기적인 역할을 해야 한다. 그들은 단지 연륜 때문만이 아니라 정치적인 음모로 인한 시간 낭비를 하지 않기 때문에 젊은 사람들보다 뛰어난 성과를 보일 수도 있다.

뉴 리더십 7단계 : 현자(賢者)기

성숙한 커리어의 즐거움 중 하나는 멘토 역할을 하는 것이다. 다음 세대를 준비해야 하는 스트레스는 분명히 고통스러운 일이다. 당신은 멘토링의 역할을 할 때 이제까지 이뤄낸 업적이 헛되지 않았음을 알게 될 것이고 당신이 얼마나 위대한 유산을 남기고 가는지를 알게 될 것이다. 이러한 상호간의 유대로 얻는 결과는 대단하다. 연장자 파트너가 계속 변하는 기업 환경에서 일하는 동안 젊은 파트너는 해야 할 일과 하지 말아야 할 일을 관찰한다.

이 단계의 이치를 수용하는 포용력으로 리더는 영특한 결정을 하게 되고, 나이가 들면서 생기는 상실감이나 퇴보를 초월해 자신을 재개발할 수 있다. 오늘날 나이가 든다는 것은 종착역이나 세상에서 망각되는 것을 의미하는 것이 아니다. 오히려, 최고의 정점에서 자신의 유아기를 재발견하는 즐거운 경험이 될 것이다. 그것은 매일 아침 일어나 희망과 장래성으로 가득 찬 세상을 꿰뚫는 일이다. 나이가 든다는 것은 하루하루가 지남에 따라 값싼 야망이 줄어드는 것뿐이다.

081

Warren Bennis

신념은 성과 높이는
촉진제

신념은 덜 중요한 일에는 과감하게 'No'라고 말하고, 중요한 일에는 무조건 'Yes'라고 말하게 만들 것이다. 또한 당신을 최상으로 발전하게 할 것이며 당신을 더 좋은 사람, 가능한 한 최고의 사람이 되게 할 것이다. 신념은 당신을 책임과 혁신적인 선택에 고무돼 살도록 할 것이다. - 워런 베니스 -

피트 캐롤 코치는 내가 오래 전부터 존경해온 남 캘리포니아 대학(USC) 동료이다. 그는 일관성 있는 리더로서 USC MBA 코스와 효과적인 조직운영 센터 교수들이 학생들에게 가르치고자 하는 리더상으로 놀라울 정도로 꼭 들어맞는다. 그는 위대한 교육자이자 필드의 지도자로서 "누구나 할 수 있다. 할 수 없는 사람들은 가르쳐라"라는 격언을 보기 좋게 증명해낸다.

이 카리스마 넘치는 미식축구 수석 코치가 USC를 미국 대학의 선두로 끌어올리는 데 걸린 시간은 얼마 되지 않았다. 그는 '2승 5패'의 기존 팀 전적을 '40승 4패'로 끌어올렸고, 팀은 연전에 오렌지 보울 스타디움에서 열린 결승전에서 승리함으로써 두 번째로 전국 챔피언이 됐다. 그 경기는 22경기 연속 승리였다.

나는 '팀 리더십' 수업시간에 그를 초청해 신념에 대한 강의를 듣다가 그의 팀이 천하무적 최강이 된 이유를 알게 됐다. 아이러니컬하게도 그들은 다른 팀을 '무찌르기 위해' 경기를 한 것이 아니었다. 상대 선수들에게 모욕감을 주기 위해 게임을 하는 것이 아니라 그들이 해낼 수 있다는 것을 증명하고 가능한 한 멀리 앞으로 나아가고자 했다.

그들에게 게임은 단순한 현장학습이 아니라 최선을 다하는 과정이 영웅적으로 보였을 뿐이다. 그 팀은 이런 경쟁에 훈련이 매우 잘 돼 있어 공포나 두려움 없이 완전히 자신만의 재미를 위해 맘껏 게임을 즐겼다. 비즈니스 리더들이여, 이 점에 주목하라!

그러나 솔직히 나는 지금 단순히 피트 캐롤을 칭찬하기 위해 이 글을 쓰는 것은 아니다. 그는 이런 소박한 칭찬을 달가워하지도 않을 것이다. 게다가 그는 승리로 인해 자신에게 쏟아지는 스포트라이트와 갈채를 다른 코치들과 선수들의 공으로 돌릴 사람이다.

나는 리더십의 힘이 자신의 생활이나 팀, 그리고 조직까지 변화시킬 수 있다는 신념을 전달하기 위해 이 글을 쓰는 것이다.

나는 특별히 그의 신간 『리더십은 행위예술이다』(Leadership is a Performance Art)에서 루 타이스와 함께 쓴 '행위에 있어 신념은 높은 성과를 가져오는 촉진제로도, 두려움을 없애주는 해독제로도 작용한다' 라는 장(章)을 읽어보기를 권한다.

사실 우리 모두는 두려움을 안고 살아가고 있다. 두려움은 인기 TV 시리즈인 '서바이버(Survivor)', '피어 팩터(Fear Factor)', '디 어프렌티스(The Apprentice)' 등에서 볼 수 있듯이 실제로 우리의

Warren Bennis

경쟁자이다. 우리가 가장 듣기 두려워하는 말은 "당신은 해고야!"라는 한 마디가 아닌가.

그가 두려움에 대처하는 방법은 매우 긍정적이면서도 엉뚱했다. 다시 말하면 다른 코치들과 선수들이 평화로운 상태를 즐길 수 있도록 함으로써 팀에 위대한 공헌을 하도록 놔둔 셈이다. 공포로부터 자유로운 사람들은 자연스럽게 진보한다. 조심스럽게 준비하고 우연히 계획하다 보면 의혹과 두려움으로부터 자유롭게 된다. 시간이 지날수록 신념은 당신이 추구하고 있는 과정이 승리로 귀결될 것이라는 확신으로 바뀐다.

두려움을 쫓는 긍정적 기대

나는 인생의 마지막 쿼터, 즉 80의 나이에 접어들자 우리가 엄청난 진보의 시대를 살아왔다는 사실을 뚜렷하게 깨달을 수 있었다. 수 많은 예언자들과 시인들이 말했듯이 이 시대는 우리가 태어나기도 전에 시작됐고 우리가 죽은 후에도 계속될 것이다. 그래서 우리는 인생과 비즈니스에서 더 높은 배팅을 하면서 살아가고 모든 계절과 분기마다 갖가지 두려움에 직면하게 된다.

우리는 안전한 어머니의 뱃속에서 벗어나 온갖 경쟁, 갈등과 반목으로 가득한 세상에 태어나게 된다. 이런 경쟁은 단순한 견해 차에서부터 원칙, 계획, 파벌, 성격, 그리고 쟁쟁한 라이벌(전쟁이나 전쟁에 대한 이데올로기) 등에 대한 장시간의 토론에 이르기까지 매우 다양하다. 실제로 인생, 자유, 행복 추구 등과 같은 정체성은 전쟁에서 큰 문제가 된다. 이런 리더십 영역에서 우리는 분명한 선택을 하게 된다. 즉 우리는 다른 사람의 희생이라는 대가를 치르면서 자신을 유명하고 부유하게 만들 '가짜 리더십'을 계획할 수도 있고 아니면 정정당당하게 경쟁하고 그로 인해 얻는 모든 것을 사람들과 나눌 수도 있다.

이런 맥락에서 피트 캐롤은 완벽하게 경쟁자로 '페어 플레이' 하는 리더다. 그는 잘못된 동기나 수단이 아니라 정정당당한 경쟁을 통해 이기려 한다. 반대로 그가 계획하는 것들은 저명한 컨설턴트인 에드워즈 데밍(Edwards Deming)도 좋아할 만큼 지속적인 향상과 진보를 지향하기 때문에 때로는 심한 반대에 부딪친다. 하지만 그때마다 현명한 선택을 하게 된다. 그는 선수들이 가끔 실수를 저지르기도 하고 상대 팀들도 가끔 노력해서 점수를 올린다는 사실을 염두에 두고 모든 경우의 수에 대비한다. 그런 준비성과 긍정적인 기대가 두려움을 쫓는 방법이다.

발전을 막는 두려움

나는 6천년 인류 역사를 통틀어 지금이 가장 행복한 시대라고 믿는다. 캐롤과 같은 뛰어난 리더들의 능력은 우리에게도 영향을 미친다. 즉, 우리가 훌륭한 능력, 기질, 재능 등을 발휘하도록 만든다. 뛰어난 리더들을 보면 두려워해야 할 것보다 싸워 이길 수 있는 신나는 게임이 훨씬 많다는 것을 알 수 있다. 그래서 우리가 얼마나 효과적인 선택을 할 수 있는지, 전쟁과 같은 순간에 얼마나 용기있게 대처할 수 있는지 증명하게 한다.

Warren Bennis

나는 '결과를 충분히 인지하면서 실행' 하는 용기를 좋아한다. 용기는 때로는 현명한 사람들의 어리석은 행동을 막아준다.

그래서 리더는 '두려움' 과 '신념' 을 다음과 같이 정의한다:

"두려움은 우리를 무능력하게 만들고 자연스런 창조력과 동기를 좌절시키고 우리가 해야 할 일이나 할 수 있는 일을 하지 못하게 만든다. 이는 실패, 도전, 헌신, 위험, 또는 비난 등을 두려워하거나 우리 자신이 최고가 되는 것을 스스로 두려워하기 때문에 생기는 현상이다. 두려움은 최고 수준이 되는 것과 잠재력 발휘를 막으며 비약적인 발전을 저해한다. 그것은 서비스, 희생, 위험 등과 같은 상황에서 안전을 지나치게 중시하거나 안이하고 소극적이 되도록 만든다."

"신념은 우리 자신, 다른 사람들, 팀, 조직, 좋은 의도, 그리고 더 나은 미래를 건설하기 위한 자신감을 갖도록 한다."

신념은 능력을 최고로 만든다

두려움을 현명하게 관리, 극복하고 신념을 재확인할 때, 특히 우리의 노력이 성취하고자 하는 목표나 목적과 맞물려 있을 때 우리는 놀라운 일을 해낼 수 있다.

신념은 당신을 지지하고, 필요한 자원을 찾아 목표 달성을 도울 것이며, 끝까지 분투할 수 있는 힘을 줄 것이다. 또한 신념은 모든 장벽을 깨부수는 힘을 갖도록 할 것이다. 이는 당신의 자기 다짐이나 긍정적인 사고를 통해 더욱 명백해질 것이다.

신념은 당신에게 인생의 덜 중요한 일에는 과감하게 'No' 라고 말하고 중요한 일에는 무조건 'Yes'라고 말하게 만들 것이다. 또한 당신을 좋은 수준에서 더 좋은 최상의 수준으로 발전하게 할 것이다. 당신이 다양한 사고를 통해 더 좋은 사람, 당신이 될 수 있는 최고의 사람이 되도록 할 것이다. 이는 당신이 조건, 환경에 반응하며 사는 것이 아니라 책임감 있고 혁신적인 선택을 하는 인생을 이어가게 할 것이다.

나는 당신에게 한 가지 묻겠다. 두려움이 당신의 재능이나 능력을 최고로, 최상으로 발휘하지 못하게 하는가? 당신이 팀을 승리로 이끄는 데 장애가 되는가? 혹은 신념은 당신이 목표를 설정하고 그 목표를 향해 나가도록 하는가?

셰익스피어는 "의심은 배신자와 같아 두려움을 갖게 해 우리가 성취할 수 있는 것도 시도조차 할 수 없게 만든다"고 말했다. 나는 당신이 신념을 갖고 앞으로 나아가고, 때로는 한 단계 건너뛰어 더 높은 수준에 도달하고, 그 수준에 계속 머무르기 바란다.

이런 과정을 거치다보면 당신은 대다수 사람들이 걸어보지 못한 길을 걷게 될 것이며 개척자의 길을 가게 될 것이다.

Warren Bennis

Ken Blanchard
켄 블랜차드
켄 블랜차드 컴퍼니 회장
Chief Spiritual Officer, Ken Blanchard Company

세계적인 경영 컨설턴트인 그는 켄 블랜차드사(Ken Blanchard Company)의 회장
으로서 『경호』, 『칭찬은 고래도 춤추게 한다』, 『하이파이브』 등 다수의 베스트셀러를
펴냈다.

유능한 리더는
상황 리더십 펼친다

대부분의 리더들은 지시형, 코치형, 지원형, 위임형의 네 가지 리더십 스
타일을 유연하게 활용하지 못한다. 전체 리더의 1%만이 이 네 가지 리더십
스타일을 다 구사할 수 있다. 그러나 '상황에 맞는 리더십'을 구사하는 것은
조직문화에 결정적인 영향을 미친다. 리더가 직원들과 대화를 통해 그들의
니즈를 정확히 파악하면 그에 맞는 리더십 스타일을 구사해 직원들의 성과
를 더 잘 관리할 수 있게 된다. - 켄 블랜차드 -

지난 몇 년간 리더십 계발은 기업의 투자에서 필수조건으로 여겨졌다. 지난 20년간 우리는 인력계발을 통해 직원들이 다른 사람들이 따르고 싶어하는 효과적이고 영감 있는 리더로 변신하는 과정을 지켜봤다. 그리고 효과적인 리더십의 본질적인 효과를 평가해왔다.

효과적인 리더십의 결과로 조직의 생산성이 증가하고 직원들의 업무성가(成價)도가 향상됐다. 그러나 대부분의 직원들은 회사에 입사한 이래 자신의 잠재력을 100%이끌어내지 못했다. 대부분은 평균적인 성과를 내는 데 그쳤고 일부는 제대로 된 성과를 내지 못하고 단기간 내 직장을 그만뒀다. 이는 생산성을 떨어뜨렸고 신입사원 모집과 채용, 직원 훈련 등에 드는 비용을 증가시켰다.

자신의 수준에 꼭 맞는 코칭, 성과 관리 시스템, 리더십 스타일 등의 교육을 지원받은 사람들은 자신감과 경쟁력이 크게 향상됐고 생산성과 효율성이 증가해 조직 내에서 최고의 성과를 내는 사람이 됐다. 반면 철저한 리더십 계발 전략 없이 최고의 성과를 내는 사람은 거의 없었다.

직원들의 업무성과를 극대화하기 위해 리더들은 반드시 직원들 개개인이 자신의 계발 수준을 조절하는 데 즉각적인 도움을 줘야 한다. 그러나 이런 업무를 맡을 준비가 돼 있는 매니저는 거의 없다. 대부분은 지시형, 코치형, 지원형, 위임형의 네 가지 리더십 스타일을 유연하게 활용하지 못한다. 리더들의 54%정도는 전형적으로 오직 한 가지 리더십 스타일을 활용하며, 25%는 두 가지, 20%정도만이 세 가지를 적절하게 배합할 줄 안다. 전체 리더의 단 1%만이 위에서 언급한 네 가지 리더십 스타일을 다 구사할 수 있다.

'상황에 맞는 리더십'(이하 상황 리더십)을 구사하는 것은 조직문화에 결정적인 영향을 미친다. 네 명의 매니저 중 세 명 정도가 직원들과의 대화가 도움이 된다는 것을 인지하고 있으며 그들은 직원들의 니즈를 정확히 파악해 개발한다. 그들은 여러 가지 리더십 스타일을 능수능란하게 구사할 수 있기 때문에 직원들의 성과를 더 잘 관리할 수 있게 된다.

이처럼 상황 리더십은 간결하면서도 실용적인 방법으로 효과적인 인력시간자원 관리와 개발을 할 수 있다. 또 리더들이 특정 리더십 행동에 초점을 맞춤으로써 직원들이 리더에게 직접 하는 보고를 통해 자립적으로 성과를 낼 수 있도록 돕는다. 상황 리더십은 또한 개개인의 목적과 조직의 목적을 하나로 일치시키는 전략을 제공한다. 이는 매니저들이 주어진 상황에 어떤 리더십 스타일을 활용하게 될지 결정하는 것을 돕는다.

그렇게 함으로써 그들은 좀더 사람들의 니즈에 유연하게 잘 반응할 수 있게 된다. 관리자들이나 리더들 각자는 현재 맡고 있는 업무에 숙련돼 있어 리더십의 네 단계를 자유자재로 오갈 수 있기 때문에 반드시 생산성을 극대화시키고 사기를 높이고 장기적인 결과를 도출해 낼 수 있는 적절한 리더십 스타일을 활용해야 한다.

성가도와 계발 수준이 올라갈수록 사람들은 좀더 직접적이고 확실하게 조직에 기여할 수 있게 된다. 이 기여는 사람들이 핵심 업무에 대해 좀더 자립적으로 성과를 내는 수준에 도달할수록 높아진다. 그 결과 조직에서 사람들은 각자 권한을 부여 받았다고 느끼게 되고 기꺼이 자신의 아이디어와 에너지를 조직에 쏟아 붓는다.

대부분의 매니저와 리더는 인력 채용과 인재관리를 최우선 과제로 여기고 있지만 이를 잘하는 것은 매우 힘들다.

모든 조직에는 교육이 필요한 사람들이 있다. 그들은 조직에 새로
영입됐거나 업무에 처음 투입돼 자신감과 조직 참여도가 낮거나 변할
수 있는 사람들이다. 이런 사람들에게는 시간과 리더십 교육이 필요
하다. 그러나 사람들이 점점 더 자립적으로 업무를 성취해 나갈수록
조직의 재정적 이익과 생산성은 기하급수적으로 향상될 것이다.

Jeffrey R. Immelt

제프리 이멜트

GE 회장 겸 CEO
CEO and Chairman of General Electric

제프리 이멜트는 지난 2001년 제너럴 일렉트릭(GE)의 회장으로 임명됐다. 1982년
GE에 입사한 그는 다트머스 대학에서 응용수학을 전공했고 하버드대에서 MBA를 취
득했다. 잭 웰치 전 회장은 이멜트를 "명석한 두뇌와 강한 리더십을 가진 천성적인
지도자"로 평가했다.

'Great & Good 기업'의 10계명

강한 회사는 사람들이 미래를 만들어가는 것을 도울 수 있다. 본질적으로
이 여행은 말보다는 행동에 관한 것이다. 행동은 더 크게 말을 한다. 에머슨
이 지적했듯이, "당신이 하는 일은 아무도 당신이 하는 말을 들을 수 없도록
천둥이 더욱 크게 울리도록 하는 것이다." 이 말은 바로 행동에 관한 이야기
이다. - 제프리 이멜트 -

우리는 개인주의의 시대에서 개인과 기업의 책임과 시민정신의 시대로 이동해왔다. 오늘날 위대한 기업, 존경 받는 기업이 되길 원한다면 먼저 좋은 기업이 되어야 한다.

위대하면서도 훌륭한 기업을 만들기 위해서 비즈니스 리더들은 무엇을 해야 할까? 위대한 기업은 투자자와 고객들에 대한 굉장한 성과라는 측면에서 뛰어난 성장성과 수익성을 갖춘 기업을 의미한다. 좋은 기업은 세계와 연결된 관점에서 직원, 고객, 커뮤니티의 삶의 질을 개선하는 기업을 말한다. 수익만으로는 좋은 평판을 쌓을 수 없기 때문이다.

10가지 리더십 원칙

나는 위대하면서도 훌륭한 기업을 만들기 위한 10개의 리더십 원칙을 제시하고자 한다. 앞의 5개는 기업의 기반을 형성하고 뒤의 5개는 기업의 행동을 묘사한다. 그 원칙들이 상호 작용해 건강한 문화를 창출한다.

리더십 원칙 1〉 성과에 대해 높은 기준을 설정하라

뛰어난 성과를 내는 기업들이 최고의 기업시민이 될 수 있다. 최근에 나는 워싱턴에서 캘리포니아 주의 유력 정치인을 만나서 저녁을 같이 했다. 그 정치인은 기업들이 캘리포니아에서 더 이상 어떤 좋은 일도 하지 않는다고 불평했다. 그는 과거에 지역사회에 좋은 일을 많이 했지만 지금은 아무것도 하지 않는 10개 회사를 거명했다. 왜 이 회사들이 아무 일도 하지 않는 것일까?

Jeffrey R. Immelt

왜냐하면, 사실 이 회사들은 더 이상 존재하지 않기 때문이다. 그 10개 회사들은 모두 시장에서 실패한 회사들이었다. 그래서 냉소주의가 광범위하게 번져나갔다.

리더십 원칙 2〉 업무표준 관리를 핵심 운영 프로세스로 만들라

일을 하는 방법이 핵심 경쟁력이 될 수 있다. 기업 내부에 존재하는 모든 최고의 프로세스를 활용하여 업무표준을 관리하면, 어려운 일도 잘 해결할 수 있다. 그러기 위해서는 규칙을 명확하게 하는 데서 시작해야 한다. 강력하고 명확한 프로세스들을 가져야 하며, 투명성을 갖추고, 개방적이어야 한다. 사람은 완벽하지 않기 때문에, 업무표준을 관리하는 데에 보다 신중을 기해야 한다. 그러나 업무표준 관리를 회사의 핵심 프로세스로 만들어 경쟁력을 강화할 수 있다.

리더십 원칙 3〉 강력한 이사회를 통해 뛰어난 지배력을 구축하라

회사에는 투자자들이나 모든 구성원들이 신뢰할 수 있는 사람이 지휘하는 강력한 감독체계가 필요하다. 종종 이사회는 어떤 개별 주제에 대하여 전문적인 지식이 부족할 수도 있다. 그러나 이사회는 기업의 문화를 파악할 수 있고 어떤 일이 일어나고 있는지 느낄 수 있다. 그러한 개방성을 갖는 것이 매우 중요하다.

리더십 원칙 4〉 개방성에 대한 진지한 의지를 보여줘라

본질적으로 투명성은 기업이 내부에서 경영하는 방법을 공개적으로 이야기하는 것을 의미한다. 사람들이 내부를 확인할 수 있도록, 무슨 일이 일어나고 있는지 만져보고, 느낄 수 있게 하고 그들이 목소리를 낼 수 있도록 하는 것이다.

리더십 원칙 5〉 항상 회사가 최우선인 문화를 조성하라

위대한 인물을 믿는 것을 배우라. 공통의 가치를 통해 사람들이 합심하도록 할 수 있다. 우리 회사에는 가치를 기록한 카드가 있는데 '상상하라. 해결하라. 건설하라. 그리고 리드하라' 라는 4개의 단어를 써 놓았다. 이 단어들은 사람들을 한데 모으고 그들을 한데 묶는 영감을 주는 것이다. 이것이 사람들에게 자유를 주지만, 우리가 소중히 간직해야 할 가치에 대한 결연한 의지도 제공해준다. 그러므로 기업시민정신을 원한다면, 다른 모든 것에 앞서 회사가 훌륭하게 되는 것을 최우선으로 하는 문화를 가져야만 한다.

리더십 원칙 6〉 올바른 열정을 가진 위대한 리더들을 육성하라

GE에서는 올바른 열정을 가진 사람들이 승진한다는 믿음이 있다. GE의 상위 600여 명의 리더들은 평균적으로 19년 정도를 근속했다. 그리고 최상위 30여 명의 리더 들 중 13명은 감사로 일했다. 즉, 최상위 30명의 리더들 중 거의 절반이 프로세스를 구축하고, 회사에서 어떤 일들이 일어나고 있는지를 관리했던 500여 명 중에서 선택된 사람들이다.

이런 경력이 그들에게 뛰어난 시야를 갖추게 했다. 나아가 우리 회사의 관리자를 비롯한 모든 직원들은 재무적 성과와 가치라는 두 가치 측면에서 평가된다. 비록 좋은 재무적 성과를 거둔 사람이라도 회사의 좋은 가치를 가지고 있지 못하면 회사를 떠나야 할 것을 요구 받게 된다. 이 두 가지 측면을 동시에 추구하는 것이 우리 회사가 우리

Jeffrey R. Immelt

의 문화를 강화하면서 뛰어난 리더를 육성하는 방법이다.

리더십 원칙 7〉 사람들을 키우고 신뢰를 구축하는 데 열정을 가져라

공로에 초점을 맞추라. 사람들이 타격을 받을 때 동정심을 가져라. 때때로, 경쟁력의 문제로 공장 문을 닫거나, 사업영역을 축소해야 할 경우가 있다. 그런 경우에도 최대한 고용을 유지하기 위해 사람들을 재교육할 수도 있고, 또는 퇴직과정에서 사람들이 무리 없이 위기를 넘길 수 있도록 도울 수도 있다. 직원들의 연금을 보장하고 그들이 장기간 기댈 수 있는 경쟁력을 유지할 수 있도록 도우라. 당신의 직원들이 최고의 외교관들이고 가장 중요한 자산이다.

리더십 원칙 8〉 세계에서 가장 힘든 문제를 해결하는 사업을 하라

어려운 이슈를 해결하는 것을 돕는 데에 사업기회가 있다. 지난 25년은 진정 정보기술 발전의 시대였다. 앞으로 25년은 사람들에게 어떻게 더 나은 건강관리를 제공할 것인가? 어떻게 시스템에 더 많은 에너지를 공급할 것인가? 어떻게 물과 같은 생필품을 제공할 것인가? 어떻게 세계를 더욱 안전하게 만들 것인가? 등 경제적인 희소성과 관련된 기술의 시대가 될 것이다. 희소성의 경제학은 어려운 문제를 해결하는 데 중요하고 큰 수익을 올릴 기회를 제공한다.

리더십 원칙 9〉 박애주의와 자원봉사를 통해 커뮤니티에 이익을 돌려 줘라

기업의 박애정신과 결합된 자원봉사정신은 중요한 원-투 펀치를 기업에 제공해준다. 단지 돈을 주고 마는 것이 아니라 제대로 쓰이도록 해야 한다. 만일 커뮤니티 활동이 정말로 효과가 있기를 바란다면 자원봉사 정신의 요소를 도입하라. 그렇게 하면 직원들도 더 좋은 느낌을 갖게 될 것이다. 커뮤니티에 이익을 돌려주는 것은 기업에게 매우 중요하다.

리더십 원칙 10〉 **사람들이 일을 완수할 수 있도록 가르치는 데 중점을 두라**

사람들이 두려움 대신에 확신을 갖도록 만들라. 확신이 궁극적으로 동정보다 우선이다. 오늘날 미래가 보장된 사람은 아무도 없다. 그러므로 훌륭한 기업시민이 되려면 교육, 자사 제품의 전세계 판매, 뛰어난 능력 갖추기, 영감 불어넣기를 통해 직원들이 미래에 대해 스스로 확신을 갖게 하라. 확신을 가진 사람들은 미래를 생각하고, 미래에 대한 꿈을 꾸고, 회사가 호평을 받게 하며, 커뮤니티에 봉사하며 진정한 차이를 만들어낸다.

기업은 업무표준 관리, 경쟁력, 동정심을 갖추어야 한다. 그러나 궁극적으로는 기업시민 정신이 기업이 올바른 방법으로 일하고 있다는 것에 대한 조직적인 확신을 갖게 한다. 또한 이것이 기업을 장기적으로 운영하게 하며, 직원들이 두려움을 극복할 수 있게 한다. 그러므로 이 10개의 단계에 초점을 맞추라.

확신으로 두려움을 이겨내야

훌륭한 비즈니스 리더는 문제를 어떻게 풀 것인가에 대해 폭넓고

Jeffrey R. Immelt

깊이 있는 지식을 갖추고 있다. 여기서 폭넓음이란 회사가 어떤 제품 영역에 속해 있는지, 어떤 고객들을 갖고 있는지, 어떤 지역에 제품을 팔기를 원하는지를 아는 것을 의미한다. 또 깊이는 어떻게 위기관리와 재무관리를 하고, 어떻게 회사가 돌아가게 하는지, 어떻게 현금을 창출한 것인지를 아는 것을 의미한다.

폭과 깊이를 넘어서, 나는 세 번째 차원을 발견한다. 그것은 맥락을 이해하고, 어떻게 전세계와 함께 호흡할 것인가 하는 점이다. 이런 것은 훈련할 수 없다. 이것은 회사를 운영하는 데(즉, 사람을 리드하는 경우에) 필요한 육감이다. 그리고 이것은 일상생활에서 일을 통해 끊임없이 갈고 닦아야 한다. 어떻게 우리 회사가 세계와 함께 호흡할 것인가?

우리의 위치는 어디인가? 어떻게 하면 더 좋은 회사가 될 것인가? 어떻게 더 많은 돈을 벌 것인가? 어떻게 좋은 인재를 더 잘 구할 수 있는가? 어떻게 우리의 평판을 향상시킬 것인가?

궁극적으로 리더로서의 임무는 두려움과 확신의 대결에서 승리하는 것이다. 가진 자와 못 가진 자의 시대에, 두려움이 거의 모든 나라와 도시에 스며들고 있는 이 시대에, 우리는 확신을 재구축해 위대함과 훌륭함을 모두 달성하고 미래를 창조해야 한다.

강한 회사는 사람들이 미래를 만들어가는 것을 도울 수 있다. 본질적으로 이 여행은 말보다는 행동에 관한 것이다. 행동은 더 크게 말을 한다. 에머슨이 지적했듯이, "당신이 하는 일은 아무도 당신이 하는 말을 들을 수 없도록 천둥이 더욱 크게 울리도록 하는 것이다." 이 말은 바로 행동에 관한 이야기이다.

Marcus Buckingham
마커스 버킹엄

미 국무장관 리더십 자문위원회
Member of the secretary of state's Advisory
Committee on Leadership Management

당신 조직의 영웅은 누구인가

099

부하직원들이 당신을 따르게 하려면 그들에게 창조적인 생각을 계발하고
그것의 현실성을 실험해 볼 적절한 여유와 공간을 줘야 한다. 이때 명확성은
직원들에게 자신감, 창조력, 활기, 그리고 끈기를 심어줄 것이다.

— 마커스 버킹엄 —

Marcus Buckingham

좋은 매니저는 직원 개개인의 특성을 파악하고 이용할 줄 알아야 한다. 회사와 직원간 중간 매개체로서 이런 능력을 수행할 때 자신의 역할을 제대로 수행하는 것이다.

위대한 리더의 역할은 다르다. 직원들의 능력을 결합시키며 중간 매개체 대신 선동자 역할을 한다. 더 나은 미래를 위해 직원들을 협력하게 하고 총력을 기울이는 것이 바로 리더의 역할이자 과제이다. 따라서 리더가 직원들에게 더 나은 미래에 대해 자신감을 심어줬을 때 비로소 역할 수행을 제대로 했다고 할 수 있다. 자신의 말, 행동, 이미지 등을 직원들과 공유한다면 성공하는 리더가 될 것이다.

위대한 매니저들은 개개인에 대한 특성을 발견, 이용하는 반면 위대한 리더들은 오히려 반대다. 위대한 리더는 보편적 가치를 찾아내고 그것을 잘 이용하는 능력을 갖춰야 한다.

유능한 리더는 모든 개개인이 각자 다르다는 사실을 부정하는 것이 아니라 차이점에도 불구하고 같은 목표를 공유해야 한다는 점에 초점을 맞춘다. 또한 이들은 모두가 공유할 만한 가치를 찾기까지 직원들의 수많은 업무사항을 꼼꼼하게 살피고 이렇게 공유된 업무를 심사 숙고한다.

리더는 이 업무를 수행할 직원들을 직접 선택하고 이들의 관심을 끌어내기 위해 업무 수행이 미래에 가져올 긍정적인 효과를 생생하게 전달한다. 또한 이 업무를 맡은 직원들의 업무 진척도를 체크하기 위해 핵심 사항을 정확히 지적한다. 한마디로 유능한 리더는 자신의 희망을 모든 직원들과 공유하고 회사의 밝은 미래를 위해 직원들의 힘을 결집시켜 이용한다.

그리고 이런 업무를 맡은 직원들은 리더와 더 친밀감을 느끼게 되고 리더의 비전이 결국 자신의 비전임을 이해하게 된다. 또한 공유된 비전이 실현될 수 있다는 자신감이 점점 더 강해지게 된다.

다섯 가지 두려움과 욕구, 하나의 초점

유능한 리더가 되기 위해서는 직원들과 비전을 공유하는 것이 매우 중요하다. 이때 "그런데 우리가 공유해야 하는 것은 정확하게 무엇인가?"라는 의문이 생긴다. 그것은 흔히 다섯 가지의 두려움과 욕구로 나타난다.

1. 죽음에 대한 두려움 - 안전에 대한 욕구

모든 사회에서 죽음에 대한 두려움, 장례식, 장수를 축복하는 의식이나 살인, 자살 금지에 대한 의식을 찾을 수 있다. 또한 결혼, 혈연관계, 족벌주의 등을 찾을 수도 있다. 우리의 기본적인 욕구는 이렇게 자신과 사랑하는 사람들의 삶을 안전하게 지키려는 데서 시작한다.

2. 집단으로부터 소외에 대한 두려움 - 커뮤니티에 대한 욕구

모든 사회는 무리를 지어 살고, 이런 그룹들은 혈연관계와 상관없는 경우도 많다. 사회는 그룹에 속한 사람과 그렇지 못한 사람으로 구분되며 사람들은 언제나 어떤 그룹에 속한 사람들에 대해 호감을 갖는 경향이 있다. 법의 중요한 목적은 어떤 그룹의 일원들이 지켜야 할 규칙을 정의하는 것이다.

3. 미래에 대한 두려움 - 명확성에 대한 욕구

모든 사회는 미래를 염두에 두고 가능성을 지켜본다. 희망과 기대를 걸고 가령 '이런 일이 생기면 뒤따라 저런 일이 발생할 것'이라는 추론을 한다. 그러나 모든 사회는 희망과 기대뿐만 아니라 동시에 미래에 대한 두려움을 갖고 있다. 미래는 불안정하고 누구도 미래에 대해 알 수 없으며 위험한 잠재요소를 갖고 있다. 즉, 모두들 어느 정도는 미래를 두려워한다. 예언가나 점술가처럼 미래를 예측한다고 말하는 사람들이 관심을 끄는 것은 이 때문이다.

4. 혼돈에 대한 두려움 - 권위에 대한 욕구

안전에 대한 욕구는 질서에 대한 욕망에서 시작된다. 리더에게 책임을 주면 훨씬 체계적인 삶을 영위할 수 있다. 그렇기 때문에 때로는 리더의 결정을 존중해야 한다. 대부분의 사람들이 이런 맞교환, 즉 체계적인 삶을 영위하는 대신 리더를 따라주는 것을 편하게 느낀다. 따라서 지배와 복종 사이의 균형이 필요하고 모든 사회에는 리더가 필요하다.

5. 무의미함에 대한 두려움 - 존중에 대한 욕구

모든 사회는 개개인을 그 그룹과는 구별해 가치 있는 존재로 여긴다. 사회에는 개개인의 '셀프 이미지(남들에게 비치는 자신의 이미지)'가 있고 긍정적인 셀프 이미지가 부정적인 것보다 훨씬 낫다고 생각한다. 그러나 그것은 다른 사람들에 달려 있다. 즉, 우리는 다른 사람이 자신을 어떻게 생각할지에 대해 신경을 쓰고 있다. 우리는 그들이 우리를 좋지 않게 생각하거나 심지어는 관심조차 없어 사소하고 의미 없는 존재로 치부할지 모른다는 두려움을 갖고 있다.

직원들이 가지고 있는 다섯 가지 두려움과 욕구의 상호작용을 잘 이해할수록 당신은 더욱 더 유능한 리더가 될 것이다.

이런 두려움들을 자신감으로 변화시키는 가장 효과적인 방법은 당신의 행동, 말, 이미지, 당신의 영웅들, 수치와 같은 긍정적인 자료들을 통해 미래를 희망적으로 그려냄으로써 조직원 모두가 당신이 지향하는 바를 깨달아 함께 나아가도록 하는 것이다.

지향하는 바에 대한 명확성은 그것을 추진하는 유일한 방법이 된다. 명확성이라는 것이 꼭 당신이 계획, 전술, 기한 등의 자세한 내용까지 밝혀야 한다는 뜻은 아니다. 오히려 당신의 부하직원들이 당신을 잘 따르게 하려면 그들에게 창조적인 생각을 계발하고 그것의 현실성을 실험해 볼 적절한 여유와 공간을 주어야 한다. 어쨌든 당신이 추구하는 미래를 명확하게 밝히는 것이 직원들의 자신감을 이끌어낸다는 사실은 분명하다.

명확성의 네 가지 핵심사항

부하직원들이 명확성을 절실하게 요구하는 데에는 네 가지 핵심사항이 있다.

1. 누구를 위해 서비스를 실행할 것인가? 리더인 당신은 당신과 직원들이 어떤 사람에게 서비스를 제공할 것인지 분명히 밝혀야 한다. 사람들이 당신을 미래의 지도자로 받아들이면 당신은 우리 모두가 기

103

쁘게 해야 할 사람이 누구인지를 정확히 해둘 필요가 있다. 그러나 모두를 언제나 만족시킨다는 것은 현실적으로 거의 불가능한 일이다. 그러므로 우리의 두려움을 진정시키기 위해서라도 그 서비스 대상이 누군지 제대로 해둘 필요가 있다.

조직원들에게 우리가 가장 가깝게 느껴야 할 사람들이 누구인지 밝혀라. 또 우리의 성공과 업무 실행 여부를 지켜보는 사람이 누구인지 말하라.

2. 우리의 핵심적인 장점은 무엇인가? 부하직원들이 당신이 제시하는 밝은 미래의 비전을 믿고 자신감을 갖고 당신을 따르게 하려면 그들의 핵심적인 장점이 무엇인지 분명하게 밝혀야 한다. 그 장점에 중점을 두고 더 강화함으로써 그들이 더 나은 미래를 실현하게 하라.

3. 우리의 핵심적인 수치는 무엇인가? 제시할 수 있는 모든 수치를 순서대로 정리하고 우리가 서비스를 제공해야 할 사람을 선택하라. 아니면 직원들이 가져야 할 핵심적인 장점 등을 수치화하고 그들이 할 수 있는 일이 무엇인지 말해주라. 그리고 그것을 공표, 선언하고 칭찬하라. 직원들이 더 나은 미래에 얼마나 다가섰는지 알려주고 수치화한 자료를 보여주라. 이때 매출액이나 수익률과 같은 수치보다는 직원들의 참여도와 같은 수치가 오히려 성공을 재는 지표가 될 것이다.

4. 앞으로 우리가 취해야 할 행동 지침은 무엇인가? 이제까지는 체계적인 행동과 상징적 행동, 이 두 가지를 행동방향의 최고라고 생각해왔다. 체계적인 행동은 우리를 일상적인 업무에서 벗어나 새로운

행동을 하도록 이끌고 혼란에 빠뜨린다. 상징적 행동은 우리의 관심을 이끌어낸다. 이 역시 우리를 혼란에 빠뜨리지만, 그럼으로써 새롭고 신나는 무언가에 초점을 맞추도록 도와준다. 유능한 리더라면 이두 가지 행동을 이용해 효과를 극대화하는 방법을 알 것이다.

당신이 더 나은 미래로 직원들을 이끌려고 할 때 명확성과 더불어 어떻게 하면 이 두 가지, 상징적인 행동과 체계적인 행동이 미래에 대한 명확성에 도움이 될 수 있는지를 생각해야 한다. 가능한 모든 행동을 통해 직원들의 관심을 끌거나 일상적인 업무를 바꿀 수 있다면 조직 전체를 이끌 자신감과 더 나은 미래는 더 강해질 수 있을 것이다.

리더의 세 가지 원칙

미래에 대한 명확성을 얻기 위해 노력하는 유능한 리더들은 다음 세 가지 원칙을 중시한다.

원칙 1〉 생각할 시간을 가져라

훌륭한 리더는 심사 숙고할 시간을 갖는다. 지금까지의 상황을 정리하고, 문제점을 짚고 기준을 세워 이제까지의 아이디어를 시험할 수 있다는 점에서 심사 숙고할 시간은 매우 중요하다. 이 시간을 통해 아이디어를 재구성하고 결론을 얻어 명확성을 구체화할 수 있다.

원칙 2〉 조심스럽게 당신의 영웅을 선택하라

유능한 리더들은 영웅들을 조심스럽게 선택한다. 여기서 말하는 것은 역할 모델이나 존경할 인물을 선정하는 것이 아니라 직원들 중 업적이 뛰어난 사람을 선정해 칭찬하는 것을 말한다. 더 나은 미래를 원한다면 조직 내의 영웅을 찾아서 영웅적 행위에 걸맞은 이벤트를 마련하라.

원칙 3〉 반드시 실행하라

가장 훌륭한 리더는 미래를 보다 더 명확하게 구체화할 수 있는 말, 이미지, 스토리 등을 실행에 잘 옮긴다. 가장 유능한 리더는 더 새롭고 좋은 연설을 하려고 노력하는 것이 아니라 자신의 연설을 반복 실행하고 세련되게 갈고 닦아 더 많은 청중들을 끌어들인다. 그들은 어떤 말, 미사여구, 이미지 등이 사람들에게 호소력 있게 다가갈 수 있는지 잘 알고 있다.

유능한 리더라고 해서 열정적이거나 매력적이거나 천재적일 필요는 없다. 대신 명쾌해야 한다. 명확성은 사람들에게 자신감, 창조력, 활기, 그리고 끈기를 심어줄 것이다. 누구를 위해 서비스를 제공해야 하는지를 이해시키고 직원들의 핵심적인 장점을 설명해주고 취해야 할 행동을 보여주라. 그러면 그들도 진심을 다해 열심히 일해 당신과 자신을 위한 더 나은 미래를 실현할 것이다.

Howard M. Guttman
호워드 M. 굿먼

굿먼 전략개발사 사장
Principal of Guttman Development Strategies Inc

'제3의 귀'를 개발하라

107

메시지의 뉘앙스를 이해하려면 '제 3의 귀'로 듣는 능력이 있어야 한다.
좋은 코치나 주재자는 어떤 옷을 입은 사람이 어디에 어떻게 앉아 있으며 어
떻게 생겼는지, 누가 고개를 돌려 외면하고 피하는지, 누가 다른 이들의 시
선을 끌려고 노력하는지 모든 것을 파악한다. 이런 '제 3의 귀'로 알게 된
메시지는 종종 직접적인 말만큼이나 위력적이기도 하다.

- 호워드 M. 굿먼 -

Howard M. Guttman

최근 유럽에서 한 소비재 포장 전문회사의 CEO는 팀장들과 새로운 글로벌 전략회의를 했다. 회의 시작부터 열기가 뜨거웠으나 한 매니저가 일어나 질문을 하기 시작했다. 이때 몇몇 팀원들이 불쑥 끼어들어 "좋은 질문입니다." 혹은 "제대로 지적했습니다." 라고 말했다. 그러나 그 팀원들이 두 귀로 들은 것은 내용 전체가 아니라 단지 단어뿐이었다.

그 회의의 주재자는 그의 '제 3의 귀'로 뭔가 다른 이야기를 들었다. 팀원들의 질문은 CEO와 그의 새로운 전략에 대한 우회적인 도전 같았다. 그래서 주재자는 현명하게 "나는 당신이 새로운 전략을 갖고 있지 않다고 들었습니다. 그러니 반박하기보다는 오히려 질문을 하는 게 좋겠습니다. 왜 여기에 동의하지 않으시죠?"라고 말했다. 그는 또한 다른 팀 멤버들에게 물었다. "다들 짜고 왜 이러시죠? 왜 당신들은 새로운 전략의 시작을 방해하기를 바라면서도 마치 좋은 의도에서 질문을 한 척하시나요?"

주재자의 질문으로 팀장들의 공모가 드러났고 그들은 질문자가 CEO의 의도를 잘 이해한 것으로 믿고 그랬다고 말했다. 의문을 가진 토마스(Thomas)는 어떤 관심사를 갖고 있다고 말했고 CEO와 재토론을 하기로 했다.

대화의 함축적인 메시지를 이해해야

커뮤니케이션은 함축적이면서도 명쾌한 메시지를 동시에 담고 있다. '명쾌한' 메시지는 듣자마자 바로 쉽게 이해되는 반면 '함축적인' 메시지는 행간에 숨은 의미가 있다. 이는 말의 강도나 결심의 정도에 따라 혹은 보디 랭기지, 포즈, 눈동자의 움직임 등을 통해 은밀하게 전달되기 때문에 항상 함축적인 의미를 알아차릴 수 있는 것은 아니다. 이런 함축적인 메시지들은 커뮤니케이션의 외적인 측면에 있다.

이러한 메시지의 뉘앙스를 이해하려면 '제 3의 귀'로 듣는 능력이 있어야 한다. 좋은 코치나 주재자는 어떤 옷을 입은 사람이 어디에 어떻게 앉아 있으며 어떻게 생겼는지, 누가 고개를 돌려 외면하고 피하는지, 누가 다른 이들의 시선을 끌려고 노력하는지 모든 것을 파악한다. 이런 '제 3의 귀'로 알게 된 메시지는 종종 직접적인 말만큼이나 위력적이기도 하다.

■당신의 '제 3의 귀'를 발달시키려면 다음의 충고를 받아들여라.
■다른 팀원들이 걸어다닐 때 당신은 그들 위를 날아다닐 정도로 시야를 넓혀라.
■행동을 함께 하라.
■당신 자신의 어젠다를 제쳐놓고 다른 팀원과 팀에 집중하라.
■팀원들의 상호행동을 관찰하라. 내용보다 흐름이나 분위기에 초점을 맞춰라.
■토론에 너무 깊이 몰입하지 마라. 당신의 견해를 다른 사람들과 나눈 후 민첩하게 관찰자의 역할로 돌아가라.
■사람들을 관찰하라. 종종 사람들의 말보다 행동이나 표정에서 더 많은 것을 읽을 수 있다.
■당신이 리포터이고 헤드라인에 모든 과정을 다 요약해야 한다고 가정하라.

Howard M. Guttman

그렇다면 어떤 메시지를 헤드라인에 넣을 것인가?

사람들이 어떤 주제에 대해 얘기할 때 주재자들은 종종 그 주제를 그대로 두기보다 메시지를 해독하려 노력한다. 그들은 반드시 그렇게 해야 하며 연사의 메시지가 잘 전달되고 있는지에 대해 연사에게 피드백을 줘야 한다.

위 사례에서 CEO가 새로운 전략을 계획할 때 주재자는 메시지의 함축적 의미를 이해하고 토마스와 공모자들에게 CEO가 말한 것의 행간의 의미를 이야기해줬다.

그들은 지금까지 게임을 해왔음을 인정했다. 일단 양쪽의 메시지가 해독되고 피드백을 교환한 후 공모자들이 인정하자 그들은 모두 주제에 대해 공개적이고 효과적으로 다룰 수 있었다.

숙련된 코치는 피드백의 대가

코치를 할 때 당신은 '사실대로' 말해야 하거나 회사의 기능에 장애가 되는 행동을 공모하는 위험을 감수해야 한다. 바로 이때가 진실된 순간이다. 다른 사람들과 직면할 것인가, 피할 것인가를 결정하지 못하고 우유부단한 행동은 마치 고공에서 외줄타기 묘기를 하는 것처럼 위험할 수 있다. 단순히 보고하고 설명하는 것보다 비난함으로써 코치나 주재자는 그들이 돕고자 했던 사람들의 신뢰나 존경심을 잃는 위험을 감수해야 한다.

숙련된 코치나 주재자는 피드백의 대가들이다. 그들은 다음과 같은 특성을 갖고 있다.

우선 그들은 판단하기 이전에 사실을 얘기해 피드백을 객관화한다.

그 다음 그들은 조심스럽게 가치 판단을 배제한 후 체계적으로 그들의 논평을 전개할 것이다. 가능한 한 결론과 관찰 가능한 행동을 연관시킨다. "당신은 동의한다고 말하지만 당신은 화난 목소리에 공격적입니다." 혹은 "당신의 스타일을 변화하고 싶다고 했지만 지난 미팅에서 당신은 여러 차례 토론을 묵살했습니다"

셋째로, 효과적인 코치와 주재자는 사실을 얘기하고 개인과 팀에게 그 사실을 인정할 것인지 반박할 것인지 묻는다. 이는 코치들의 개인적 판단을 막는다.

모든 코치와 주재자가 개인 혹은 팀의 대인관계를 100% 책임지는 것은 쉽지 않은 일이다. 코치는 역할 모델의 정립을 통해 다른 사람들의 능력을 개발함으로써 성과를 가속화하는 상호작용을 책임진다. '제 3의 귀'로 듣는 예리한 능력이 없다면 코치나 주재자는 고객 행동의 변화에 유연하게 대처할 수 없을 것이다.

부메랑식 질문으로
리더를 키워라

리더가 부하직원에게 권한을 위임하면 리더 입장에서도 승인절차가 줄어
들어 결재까지 걸리는 시간이 단축된다. 그리고 의사결정 과정에서 리더에
대한 편견이 없어져 대립이 줄어든다. 이런 위임은 고객에게 유리하게 의사
결정을 할 수 있게 한다. 그리고 어떤 시기가 되면 발탁할 새로운 리더에게
벤치마킹의 기회를 제공한다. - 호워드 M. 굿먼 -

리더와 직원의 바람직한 관계란 어떤 것인가? 리더란 더
이상 전지전능한 의사결정자가 아니다. 대부분의 의
사결정은 팀에서 한다. 효과적인 리더는 팀원과 협조해 다양한 의사
결정의 옵션을 만들어낸다. 중요한 의사결정을 어떻게 할 것인가.

그 방법은 리더의 의사에 따라 일방적으로도, 팀원과의 협조를 통
해서도, 또한 팀원 모두의 합의에 의해서도 이뤄질 수 있을 것이다.
정보나 의견을 구하기 위해 누구에게 조언을 구해야 하는가. 최종 의
사결정은 누가 할 것인가. 의사결정의 집행은 누가 할 것인가. 또한

리더는 어느 단계에서 의사결정의 책임을 팀원에게 부여할 것인가.

리더십의 4가지 유형

치밀한 리더는 팀의 능력에 중점을 두고 각 팀원들의 능력 정도에 따라 의사결정 유형을 조절한다. 팀원에게 언제, 어디서, 무엇을, 어떻게 하라고 지시하는 '지시형 리더', '어떻게'를 강조하는 대신 '왜' 해야 하는지 이유를 설명하면서 팀원을 지도하는 '지도형 리더'도 있다. 팀원들에게 의견에 대한 최대한의 협조를 이끌어내 고참 팀원을 본인과 동등한 파트너처럼 대해주는 '협조형 리더', 또는 다른 팀원에게 권한을 위임하는 '자율형 리더'도 있다.

4가지 유형 모두 각각의 장점이 있다. 언제, 그리고 왜 리더가 각각의 리더십 유형을 선택하게 되는지 살펴보자.

1. 지시형 리더

계급사회에서는 상부의 지시를 군소리 없이 이행해야 한다. 오늘날 실적이 높은 팀의 리더는 '동료가운데 일인자'이다. 이 경우 영향력을 행사할 능력, 즉 다른 사람들을 설득해 자신과 같은 견해를 갖도록 하고 똑같이 행동하게 하는 능력이 제일 중요하다. 하지만 오늘날의 리더는 굳이 명령하지 않고 존경받을 수 있어야 한다.

그러나 지시형 리더가 필요할 때도 분명히 있다. 예를 들어 팀 내에 전략상의 의견대립이 있다면, CEO는 모든 편의 이야기를 들어야 한다. 그러나 상황이 악화되면 CEO는 어려운 선택을 해야 한다. 또는 팀원 한 사람의 역할이 바뀌면 리더가 끼어들어 일천한 지식이나 부족한 경험을 보충하기 위해 지시를 내려야 하는 경우도 있다.

때로는 임무를 수행하거나 결정을 내리기 전에 방향을 먼저 제시해야 할 때도 있다. 리더는 다음과 같은 질문을 통해 부하직원의 능력을 시험해 봐야 할지도 모른다.

어떤 경험이 있는가? 이번 프로젝트와 유사한 임무를 맡은 적이 있다면, 임무 완수를 위해 어떤 방법을 사용했는가? 이 프로젝트를 담당하면 어떻게 진행할 것인가? 전담반을 구성했을 때, 팀원은 어떻게 결정했는가? 이번 프로젝트를 위해서 누구를 포함시키고 싶은가? 정보는 어디에서 찾을 것인가? 이 프로젝트를 위한 정보를 어디에서 찾을 것인가? 팀 내의 갈등은 어떤 방법으로 해결했는가? 이 프로젝트 진행 중에 갈등이 생기면 어떻게 해결할 것인가?

위와 같이 능력 검증 질문에 대한 대답을 통해 리더들은 응답자가 독립적으로 일을 할 수 있는지, 그리고 어느 수준의 지도가 필요한지 알 수 있을 것이다. 그런 상황에서 리더가 업무를 맡길지 말지 여부가 아니라, 언제 그리고 어느 수준까지 맡길 것인가가 문제다.

2. 지도형 리더

부하직원에게 책임을 물으려면 권한 위임의 정도를 단계적으로 증가시켜야 한다. 지도형 리더는 부하직원을 지도해 스스로 업무를 효율적으로 수행할 수 있는 능력을 개발한다.

한 가지 효과적인 지도 방법은 '부메랑' 식 문답을 활용하는 것이다. 부하직원이 한 가지 질문에 대답을 하면, 그 대답에 대해 질문을 하고, 그 대답에 대한 또 다른 질문을 하는 식으로 질문을 계속한다. 이런 질문의 목적은 부하직원이 문제의 근본적인 측면을 볼 수 있도록 해서 모든 문제를 관찰, 결정할 수 있도록 하는 것이다.

리더가 자신 있게 업무를 맡길 수 있는 것 역시 기술이다. 모토롤라에는 능력 있는 매니저가 있었다. 그는 자신의 팀원 한 명이 유럽에 있는 동료와의 문제 해결을 위해 부메랑식 질문을 활용했다.

리더 : 다음 단계는 무엇인가?

팀원 : 제가 알아서 추진하겠습니다.

리더 : 추진하겠다는 말이 정확히 무슨 뜻인가?

팀원 : 기획서를 작성해 유럽의 동료와 상관없이 실행에 옮기기 시작할 것입니다.

리더 : 그렇게 하는 것의 장단점은?

팀원 : 제가 업무를 완수하고, 유럽쪽 사람들을 제외시킬 것입니다.

리더 : 다른 옵션은?

팀원 : 저는 나머지 유럽에 있는 동료들에게 더 이상 기다릴 수 없다고 말할 겁니다. 빨리 일을 진행시켜야 합니다. 그러기 위해서는 그쪽과 전화회의(Conference Call)로 논의하겠습니다.

리더 : 이 선택에 대한 장점과 단점은 무엇이지?

팀원 : 그렇게 되면 유럽 사람들이 참여는 하겠지만 업무 속도가 느려지고, 그 문제를 해결하지 못할 것입니다.

리더 : 다른 대안은 있나?

팀원 : 네. 갈등 해소를 위해 대화를 할 수 있습니다. 제 생각에는 이 문제를 팀 전체로 단계적으로 확대할 필요가 있습니다.

115

Howard M. Guttman

이 매니저는 '소크라테스 역할'을 택했으며 '솔로몬 역할(지혜를 알려주는 역할)'을 거부했다. 매니저는 부메랑식 질문을 통해 팀원이 스스로 문제 해결책을 생각해내도록 했다. 두 팀원 사이의 문제는 다음번 팀 회의에서 해결되었다.

능력 있는 코치는 '만족이라는 함정'에 빠지지 않아야 한다. 일단 세부사항에 얽매이면 충고를 하거나 해결책을 제시하게 된다. 이것은 지도형 리더십의 목적에 반하는 것이다. 부하직원에게 해결책을 알려준다면 부하직원이 이번 문제는 해결할 수 있지만 그에게 '해결책을 찾는 방법'을 가르쳐 준다면 앞으로 닥칠 문제를 스스로 해결할 수 있기 때문이다.

3. 협조형 리더

많은 사람들은 지도를 받은 후에 자신의 능력을 시험하고 싶어한다. 치밀한 리더는 태도를 협조적으로 바꾼다고 분명히 밝힌 후 행동을 바꾼다. 그러나 협조형 리더는 먼저 다음과 같은 질문을 통해 팀원들에게 자신이 그 문제에 관여하는 이유를 분명히 해야 한다.

왜 내가 이 문제의 해결에 협조해야 하는가?
여러분이 이 문제의 해결에 가져올 가치는 무엇인가?
여러분은 내가 어떤 가치를 가져올 것으로 생각하는가?
협조를 위해 여러분이 내게 바라는 것은 무엇인가?
내가 여러분에게 기대할 수 있는 것은 무엇인가?
최종 결정은 누가 내릴 것인가?

문제 해결이나 의사결정 과정에서 협조를 하는 동안 협조형 리더도 관련자들의 기술과 자신감의 향상을 지도할 수 있다.

4. 권한 위임형 리더

권한 위임은 상대에 대한 신뢰도가 최고 수준에 도달했다는 의미다. 권한 위임은 한 분야의 지휘권을 한 명 또는 그 이상의 팀원에게 넘겨준다는 뜻이다. 팀원들은 스스로의 행동에 전적으로 책임을 져야 하고 그럴 능력을 갖춰야 한다.

리더 즉, 결과에 대한 책임을 질 사람은 실패가 아니라 성공을 위해 준비된 자임을 다시 한 번 확실히 해둘 필요가 있다. 다른 사람에게 권한을 위임하기 전에 리더는 다음의 질문을 해야 한다.

- 팀원들은 문제해결을 위해 필요한 모든 정보를 확보하거나 정보원을 이용할 수 있는가?
- 팀원들은 임무수행을 위해 필요한 인원과 예산, 장소 등의 자원을 확보하고 있는가?
- 팀원들은 하드웨어와 소프트웨어, 인쇄물을 포함해 임무 수행에 필요한 모든 장비를 갖추었는가?
- 팀원들은 프로젝트 진행 기간 동안 필요한 도움을 줄 수 있는 다른 사람들과의 관계를 맺었는가? 아니면 내가 그들을 위해 그런 관계를 맺었는가?

권한 위임은 효율적인 리더십 유형이다. 왜냐하면 권한을 위임하면 리더는 전략적인 문제에 쏟아야 할 에너지를 일상적인 관리에 낭비하지 않아도 되기 때문이다. 권한을 위임하면 팀원들 입장에서도 리더에게 승인을 받으러 갈 필요가 없어지기 때문에 시간이 단축된다. 그리고 의사결정 과정에서 리더에 대한 편견이 없어져 대립이 줄어든다. 권한을 위임하면 고객에게 유리하게 의사결정을 할 수 있다. 그리고 어떤 시기가 되면 새로운 리더에게 벤치마킹할 수 있도록 한다.

리더는 사려 깊은 의사결정을 하기 위한 역할 모델이 돼야 한다. 또 부하직원들의 의사결정 능력을 시험해서 성공적인 결정을 내린 부하직원은 보상하고 그렇지 못한 결정에 대해서는 교훈을 제시해야 한다.

Michael Feiner
마이클 파이너

콜럼비아대 경영대학원 교수
Professor at the Columbia Graduate School of Business

빙산의 일각을 보고
리더십을 논하지 말라

119

리더십은 90퍼센트를 물 밑에 숨기고 있는 빙산과 같다. 우리가 겉으로
드러난 활동만을 근거로 리더에 관해 어떤 인상을 갖는 것은 현재 진행되고
있는 것에 대해 편견을 가지고 일부만을 취하는 것과 같다. 불행하게도 이
러한 태도는 대부분의 사람들에게 해당한다. - 마이클 파이너 -

리더들은 매일매일 많은 동일하지 않은 일들을 한다. 그 가운데 몇 가지는 우리의 눈에 보이지만, 대부분은 그렇지 않다. 위대한 리더들을 생각할 때 우리는 눈에 띄는 리더들과 그들이 하는 일 가운데 눈에 보이는 것만 생각하는 경향이 있다.

그래서 우리는 우리가 본 그들이 한 일들과 위대한 리더들이 한 일을 동일시한다. 기본적으로 우리가 보는 것이란 연설, 기고문 그리고 비전과 전략에 관한 인터뷰이다. 이 때문에 우리는 리더들을 미래로 향한 길을 개척해가는 외팔이 연사 정도로 바라본다.

그러나 리더십은 90퍼센트를 물 밑에 숨기고 있는 빙산과 같다. 우리가 겉으로 드러난 활동만을 근거로 리더에 관해 어떤 인상을 갖는 것은 현재 진행되고 있는 것에 대해 편견을 가지고 일부만을 취하는 것과 같다. 불행하게도 이러한 태도는 대부분의 사람들에게 해당한다.

빙산의 아래 부분

빙산의 밑에 존재하는 리더십의 90퍼센트는 전략, 강연 혹은 기술적인 스킬과는 무관하다. 그것은 경영상의 인간관계와 전적으로 관련성이 있다. 리더십은 대부분 우리의 시야에서 벗어난 곳에서 벌어지는 수많은 소규모의 상호작용의 집합체라고 할 수 있다. 한 조직의 성과는 함께 일하는 사람들의 집단에 의해서 이룩된 것이다. 리더는 관계를 통해 그 집단이 성과를 내는 것을 가능하게 한다.

리더십을 다른 사람을 통해서 위대한 성공을 이룩해내는 능력이라고 간주하는 것은 한 개인적으로 뛰어난 천재의 신화를 뛰어 넘게는 하지만 리더들이 그들의 일을 어떻게 하는 지를 드러나도록 하는 데는 부족하다. 우리들은 그 동안 리더가 위대한 집단이나 멋진 팀의 형성, 방향 설정, 시스템 정렬, 동기부여, 권한위임, 그리고 사기고취를 한다는 말을 들어왔다. 그러나 이러한 것은 그들이 한 일의 결과이지 그것을 어떻게 했는지에 대한 것은 아니다. 단지 그것을 이해하는 것만으로 우리의 행동은 달라지지 않는다.

고객사인 펩시에서 경영코치를 했던 사람들과 MBA 코스에 다니는 학생들 모두는 리더십 과제들에 어떻게 대처할 수 있는 지를 알고 싶어한다. 까다롭게 구는 하급자나 비합리적인 보스를 어떻게 상대해야 하는 지, 또 조직 내 갈등을 어떻게 관리해야 하는 지, 변화 프로세스를 어떻게 이끌어야 하는 지 등등에 대해 전술적인 세부사항을 알기 원한다. 리더십의 '실천방법'은 바로 위대한 리더는 무엇이 특별한 지, 그리고 다른 사람들의 의욕을 고취시키는 리더가 되기 위해서 필요한 것은 무엇인지를 알게 해준다.

어떻게 위대한 팀을 만들었는가? 어떻게 사람들에게 동기를 유발시키며 의욕을 고취시키는가? 어떻게 사람들을 내 편으로 끌어들이는가? '리더십을 어떻게 실천할 것인가' 그 방법에 대해 제대로 이해를 한다면 높은 성과를 내는 리더가 될 수 있을 것이다.

바로 이것이 평범한 리더가 보다 더 위대한 리더로 한걸음 더 다가설 수 있게 한다. 바로 이것이 활기가 넘치는 종업원, 효과적인 팀들 그리고 보다 높은 성과를 만들어 내는 것이다. 뿐만 아니라 보다 나은 리더가 되도록 가르치는 유일한 길이다.

리더십 실천방법

리더십의 실천방법의 특징에 대해 언급할 때 반드시 짚어야 할 것은 두 가지이다.

첫째 높은 성과를 내는 리더는(메모나 연설 혹은 사내 비디오 방송 등을 통한 거리를 둔 의사소통이 아니라) 주로 직접적이며 열린 마음으로 개인적인 상호작용을 통해 인간관계를 성공적으로 관리한다는 것이다. 그들은 사람들에게 적극적이며 논의를 하고 설득을 한다. 그들은 피드백을 해주고 피드백을 간청한다. 그들은 함께 일하는 사람들을 인간적으로 알고 있으며 무엇이 그 사람들을 귀찮게 만드는 지를 알고 있다. 그들은 코치를 하며 조언을 한다. 그들은 토론을 장려한다. 그들은 사람들을 책임감이 있도록 해준다. 그들은 듣기에 거북한 진실을 말한다. 그들은 세부사항에 깊숙이 파고든다. 그들은 연합과 협력관계를 구축한다. 사람들이 한 배에 타고 있다는 것을 확신시키기 위해 높은 성과를 내는 리더는 백병전에 직접 뛰어든다. 그들은 공식적이고(스탭 미팅 혹은 일대일 미팅 등) 계획된 상호작용들 속에서만이 아니라 팀 멤버들과의 비공식적이고 일정에 없는 빈번한 업무 속에서도 역시 이러한 일을 매일매일 한다. 끊임없는 의사소통을 통해서 관계가 구축되며 조직원들이 비전을 가슴에 품고 중요한 원칙을 자기 것으로 만든다는 것을 알고 있다.

둘째 뛰어난 리더십을 발휘하는 것은 도전하는 것이다. 왜냐하면 관계를 구축하는 것은 하나의 도전이기 때문이다. 그것은 용기를 요구한다. 그렇지만 용기를 내어 상사에게 커다란 잘못을 하고 있다고 말하거나 동료의 성과에 대해 거리낌 없는 피드백을 주는 것은 매우 어려운 일이다.

그러한 일들은 리더에게 논점과 의미를 제시할 것을 요구한다. 그렇지만 자신이 속한 팀원들이 한 일의 모든 측면을 무시하는 논점을 불어넣는 것은 매우 어려운 일이다. 그러한 일들은 확고한 헌신을 요구한다. 그렇지만 상황이 나빠지고 있는 때 자신들의 이익을 우선시하는 부하 직원들에게 헌신을 하는 것은 매우 어려운 일이다. 그러한 일들은 리더에게 스스로의 성과를 만들어 낼 요구한다.

그렇지만 문제를 일으킨 다른 사람들에 대한 비난을 멈추고 당신이 문제를 해결하기 위해 할 수 있는 일에 집중하기만 하는 것은 매우 어려운 일이다. 그러한 일들은 리더에게 소중한 가치들을 유지할 것을 요구한다. 그렇지만 경쟁자들이 앞서 나가기 위해 모든 규칙을 깨어버릴 때 품위, 존엄 그리고 정직함을 지키는 것은 매우 어려운 일이다.

우리가 보지 못하는 90퍼센트의 리더십은 믿기 어려울 정도의 몰두, 스태미나 그리고 헌신을 요구한다. 유능한 리더는 엄청난 수의 인간관계를 유지해야만 하며 그러기 위해서는 영웅과도 같은 노력이 필요하다. 위대한 성과를 달성하기 위해 리더는 의사결정, 자원배분, 전략수립, 변화와 학습에 프로세스와 시스템을 활용해야 하지만 프로세스 스킬과 시스템만이 리더를 만드는 것은 아니다. 만약 리더가 인간관계를 관리할 수 없다면 프로세스를 디자인하는 재능도 도움이 되지 못한다.

새로운 전략은 일반적으로 모든 측면을 고려하고 모든 것을 알고 있는 리더에 의해서가 아니라 사람들로 구성된 팀에 의해서 개발된다. CEO의 직무는 가장 훌륭한 팀을 실전에 배치하는 것과 인간관계를 관리하는 것 그리고 가능한 가장 훌륭한 결과를 만들어 내는 것이다. 리더십 전략은 인간관계의 기초를 이루는 원칙과 관련이 있어야 하며 리더십 빙산의 숨겨진 밑 부분으로 우리를 이끌고 가는 것이어야 한다.

Gary Bloom
게리 블룸

베리타스 소프트웨어 CEO
CEO of VERITAS Software Corporation

흔들리지 않는 비전과 전략 실행이 성공의 열쇠

전 조직원들을 비전과 전략을 믿도록 만드는 것이야말로 기업경영에서 가장 큰 과제이며 성공적인 실행의 관건이다. 비전을 현실로 만들기 위해서 모든 부서, 기능별 팀 그리고 개개인들은 잘 정렬돼야만 하며 전략과 운영 목표를 뒷받침하는 데 헌신적인 자세를 갖춰야만 한다.

– 게리 블룸 –

많은 기업들은 조직원들에게 억지로 강요하는 비전과 전략을 개발하는데 많은 시간과 돈을 쓰고 있다. 그러나 전략 기획에 대한 투자는 그 전략이 효과적으로 실행되지 않는 한 그리 큰 가치를 가져다 주지 못한다.

적절한 리더십과 자원만이 필요한 것이 아니라 모든 조직원들이 그 전략과 맞는 태도를 취해야만 하며 그들의 역할을 분명하게 이해해야만 한다.

■ 목표를 설정하고 진행상황을 체크하고 생각하지 못한 것을 예상할 것 전략의 실행은 장기간에 걸친 프로세스이기 때문에 진행상황을 체크하기 위해 매트릭스를 활용하여 성공 여부를 측정해야 한다. 이와 함께 언제나 생각하지 못한 일, 방심하는 것을 예상하고 있어야 한다. 2000년 11월 베리타스 소프트웨어의 최고경영자로 취임했을 때 나의 비전을 분명했다. 그것은 세계적 수준의 기업을 만들고 매출액 10억 달러를 달성하여 업계를 주도한다는 것이었다. 나는 이러한 비전이 결코 달성하기 쉽지 않다는 것을 알고 있었다.

■ 집중력을 유지하고 전략을 계속해서 실행할 것 나는 명확한 전략을 가지고 있었으며 그 전략을 위해서 무엇이 필요한 지를 이해하고 있다고 생각했다. 그러나 내가 베리타스에 들어온 바로 직후 중요한 경제적 지리 정치학적인 문제가 발생한 것에 대해서는 잘 알지 못했다. 테크놀러지 산업의 거품의 붕괴, 9.11 테러 그리고 이라크 전쟁은 엄청난 손해와 정부 규제와 감독의 강도를 높게 만들었다. 이러한 사태에 대한 방심은 우리의 사업과 실행 노력에 커다란 압력으로 작

용했다. 그러나 우리는 전략의 실행에 더욱 집중했으며 그 결과 보다 강력한 회사로 발전할 수 있었다.

■미래에 투자할 것 2001년 경기침체가 불어 닥쳤을 때 많은 사람들은 크게 당황하게 되었으며 살아남기 위해 엄격한 지출통제, 예산절감과 생산능력 삭감과 같은 극단적인 조치를 취했다. 몇몇 기업가들은 현실적인 문제에 너무나 집중한 나머지 미래를 보는 눈을 상실하기까지 했다. 그러나 우리는 계속해서 우리의 비전과 전략에서 눈을 떼지 않았다. 경제가 회복의 기미를 보이기 시작했을 때 우리는 시장 기회를 활용할 생산능력을 가지고 있었지만 많은 회사들은 그들의 사업을 다시 구축하는 데 온 신경을 쏟고 있었다.

■기초를 튼튼하게 할 것 적절한 인프라스트럭처와 인재 그리고 자원을 확보하는 것은 성공적인 전략 실행의 관건이다. 전략이 전개되기 전에 그 전략의 실행을 지원하기 위해 적절한 인프라스트럭처는 반드시 갖추어져 있어야만 한다. 많은 기업들은 일정 시점에 도달한 후에 (IT 시스템, 프로세스, 자원 등) 인프라스트럭처가 성장을 뒷받침하지 못해 벽에 부딪히고 만다. 우리의 경우 경기침체는 다음 단계의 성장을 뒷받침하기 위한 내부적인 인프라스트럭처의 강화에 초점을 맞출 수 있도록 해주었다.

■조직을 하나로 정렬할 것 전 조직원들이 비전과 전략을 믿도록 만드는 것이야말로 기업경영에서 가장 큰 과제이며 성공적인 실행의 관건이다. 비전을 현실로 만들기 위해서 모든 부서, 기능별 팀 그리고

Gary Bloom

개개인들은 잘 정렬돼야만 하며 전략과 운영 목표를 뒷받침하는 데 헌신적인 자세를 갖춰야만 한다. 명확한 비전과 계획을 제시하는 것 이외에 경영진은 쌍방 커뮤니케이션과 모든 조직 차원을 관통하는 정보의 흐름을 위한 환경을 창출해야 한다. 그것은 조직원들이 창의적으로 생각하도록 해줄 뿐만 아니라 그들이 회사의 목표에 어떻게 기여하는 지도 알 수 있게 해주기 때문이다.

■성공과 그 과정을 측정할 것 전략의 실행은 장기간에 걸친 프로세스이다. 전략을 작은 단위의 목표로 세분화하는 것은 조직원들이 계속해서 동기유발이 되도록 도와주며 적절한 방향으로 나아갈 수 있게 해준다. 목표가 달성되는 것을 확신시키기려면 진행상황을 추적하기 위한 믿을 만한 시스템과 함께 각 부문, 팀, 개개인에 대한 명확한 측정 매트릭스가 필요하다. 현재 상황에 대한 의사소통과 성공에 대한 축하야말로 전진을 위한 관건이다. 실행파악을 위한 계획은 리더에게 그들이 현재 어떻게 하고 있는 지를 평가하고 그들의 비전을 달성하기 위해 방향을 수정하는 것을 가능하게 해준다. 최고경영자의 성과는 전략의 효과적인 실행과 직결되어 있다. 최고경영자의 비전을 밀고 나아가기 위해서는 조직을 하나의 방향으로 정렬시키고 전략을 실행해나가는 것이 무엇보다 중요하다.

Nicholas G. Carr

니콜라스 카

전 하버드 비즈니스 리뷰 에디터
Former Executive Editor of the Harvard Business Review

IT는 만능이 아니다

IT를 경쟁력 강화 원천에서 사업운용 비용으로 전환하려는 경영자에게는 많은 도전이 기다리고 있다. 경영자는 자신들이 IT에 얼마나 많은 돈을 투자할 수 있는지, 어떻게 그 지출을 분배할 것인지에 대하여 신중한 고민을 해야 한다. — 니콜라스 카 —

정보기술의 기능과 활용이 확대됨에 따라 기업들은 IT를 그들의 성공을 결정하는 가장 중요한 자원으로 인식하기에 이르렀다. 평균적인 미국기업들은 전체 비용지출의 절반에 이를 정도로 IT에 투자하고 있다. 그러나 IT에 대한 경외는 돈보다도 더 깊이 나간 감이 있다. 이런 현상들은 고위 관리자들이 IT에 대한 태도와 행동을 바꾸고 있는 데에서도 잘 나타난다. 사실 IT와 사업전략간의 관계에 대한 잘못된 편견이 비즈니스의 언어에까지 침투해 있어 이를 당연한 것으로 여길 정도가 되었다.

그러한 가식적인 표현의 이면에는 단순한 가정이 깔려있다. 즉, IT의 기능과 유비쿼티(Ubiquity)가 향상됨에 따라 전략적인 중요도도 증가해왔다는 것이다. 그것은 비록 직관적이기는 해도 상당히 이성적인 가정이다. 그러나 그것은 잘못된 판단이다. 비즈니스 자원을 진실로 전략적으로 만들어 주는 것, 즉 지속적인 경쟁력을 제공해 줄 수 있는 것은 유비쿼티가 아니라 희소성이다. 라이벌에 대해 경쟁력을 갖추려면 남들이 가지고 있지 않은 것을 가지고 있거나 남들이 못하는 것을 할 수 있어야 한다.

오늘날 데이터 저장, 데이터 프로세싱, 데이터 전달 등 IT의 핵심적인 기능은 모든 기업이 사용할 수 있고 재정적으로 부담할 수 있게 되었다. IT 시스템의 활용은 잠재적으로 전략적인 자원에서 모든 기업들이 비즈니스를 하기 위해 반드시 지불해야 하는 비용이자, 원자재 투입의 개념으로 변화되어 왔다. 때문에 IT 시스템의 활용은 더 이상 어떤 차별성을 제공해 주지 못하게 되었다.

전략적인 관점

  그래서 어떻다는 얘기인가? IT가 회사를 좀더 효율적으로 운영되도록 하고, 더 좋은 서비스를 제공할 수 있게 하고, 비용을 낮추거나 고객 만족도를 높여줄 수 있다면 충분한 것 아닌가? 차별성을 획득하는 게 뭐 그리 중요한 일인가? 이 같은 질문을 할 수도 있다. 답변은 이렇다. 차별성은 결론적으로 수익성(생존)을 결정한다. 만약 자유시장에서 경쟁하는 한 무리의 기업들이 차별성을 갖추지 못한다면, 다시 말해 그들의 제품이 동일한 방법으로 만들어지고, 유통되며 고객에게 똑같이 보인다면 그 회사들이 갖출 수 있는 경쟁력은 단지 가격 경쟁력뿐이다. 판매를 위한 전장에서 시장의 인정사정 없는 원리에 따라 상대회사 보다 가격을 낮게 할인하다 보면 결국 제품가격은 제조원가에 근접하게 떨어지게 된다. 그렇게 될 경우 모든 회사들은 흑자와 적자 사이를 불안정하게 오가며 빈약한 수익마진으로 근근이 먹고 사는 처지가 될 것이다.

  그러나 그 중 한 기업이 다른 기업들과 자신을 차별화 할 수 있게 되면 가격경쟁의 파멸적인 효과를 피할 수 있게 된다. 만약 기업이 자사의 제품을 경쟁사 보다 고객에게 더 매력적으로 보이게 하는 방법을 찾아내면 회사는 가격을 조금 더 높게 책정하거나 판매 시에 프리미엄을 얻을 수 있게 된다. 또는 제품을 경쟁자보다 싸게 생산할 수 있는 방법을 개발한다면 경쟁자들은 적은 마진이나 전혀 수익을 얻지 못할 시장의 일반 판매가로도 훌륭한 수익을 올릴 수 있을 것이다. 차별화의 달성은 모든 비즈니스 전략의 최종 테스트이다. 장기적 관점에서 차별화는 기업의 이윤을 키우고 미래를 보장 받는 유일한 방법이다.

차별화를 제공하는 자원에 대한 투자는 높은 수익의 형태로 매력적인 보상을 준다. 반면에 일반적으로 공유되는 자원에 대한 투자는 즉 원자재 투입과 같은 그런 보상을 주지 못한다. 원자재류가 산출하는 생산성과 고객가치의 증가는 머지않아 경쟁력으로 작용하지 못하게 된다. 이익은 고객의 손에서 끝나게 되고 근본적인 변화는 찾아오지 않는다. 물론 기업들이 원자재류에 돈을 쓸 수 밖에 없는 경우도 있고 때로는 엄청나게 써야 할 때도 있다. 대부분의 경우 그들은 거기에 돈을 쓰지 않으면 운영이 되지 않는 경우이다. 그리고 때로는 원자재류의 투자가 필수적인 요소가 아닌 경우에도 기업은 단지 경쟁자들이 경쟁력 이익을 보는 측면을 방어하기 위해서 투자하는 경우도 있다. 중요한 것은 원자재류의 투입인지 아니면 경쟁력 강화를 주는 자원에의 투자인지 구별해야 한다는 것이다. 그래야만 자금을 낭비하거나 전략적으로 막다른 길에 다다르는 것을 피할 수 있다.

환상은 없다(No illusions)

IT를 경쟁력강화 원천에서 사업운용 비용으로 전환하려는 경영자에게는 많은 도전이 기다리고 있다. 경영자는 자신이 IT에 얼마나 많은 돈을 투자할 수 있는지, 어떻게 그 지출을 분배할 것인지에 대하여 신중한 고민을 해야 한다. 그들은 IT 자산과 IT와 관련된 직원들을 관리하는 방법을 재평가해야 한다. 그리고 그들은 회사에 하드웨어와 소프트웨어 그리고 유관 서비스를 제공하는 벤더들과의 관계를 다시 한 번 생각해 봐야 할 필요가 있다. 그런 재평가를 통해 기업들은 그들이 사업을 하는 상황, 장점과 약점에 대하여 다른 결론을 도출할 수도 있을 것이다. 그럼에도 불구하고 대부분의 기업들은 IT가 비즈니스 인프라로 변해감에 따라, 리스크를 완화시키는 것이 혁신을 추진하는 것보다 더 중요하며, 비용을 절감하는 것이 새로운 투자를 감행하는 것보다 우선하는 것이라는 것을 알게 될 것이다.

비즈니스 인프라에서의 어떠한 변화도 기업들 간의 경쟁의 성격에 영향을 미치게 된다. 어떤 전통적인 경쟁우위는 시간이 지날수록 덜 중요하거나 덜 지속적이 되게 한다. 반면에 어떤 기업은 새롭거나 향상된 특징을 가지고 고객을 끌어 모은다. IT 관리보다 상위의 차원에서 관리자들은 어려운 전략적 질문들에 답변해야 한다. 우리 회사는 적절하게 포지셔닝되었나? 또는 우리가 맡고 있는 역할을 바꿔야 할 필요가 있는가? 경쟁자들은 과거에 우리를 차별화 시켰던 역량과 프로세스를 쉽게 복제하는 길을 발견할 것인가? 우리 회사의 사업규모나 사업영역을 조정해야 할 필요성은 없는가? 우리를 다른 회사들과 새롭고 다른 관계로 녹여내야 할 필요는 없는가?

경영층들이 이 같은 운영적, 조직적, 전략적인 도전과 씨름하고 있는 동안, 종종 새로운 기술이 불러일으키는 환상을 정리해야 한다. IT가 비즈니스에 경쟁력 이점을 주는 것은 더 이상 기대하기 어렵다. 변화하고 있는 IT의 역할에 대해 안정적이고 정확한 관점을 갖춘 경영자들은 더 현명하고 도움이 되는 선택을 할 수 있을 것이며 이것이 강력하고 오래 지속되는 경쟁력의 기반이 될 수 있을 것이다.

133

Nicholas G. Carr

Carly Fiorina

칼리 피오리나

전 HP CEO
Former CEO of Hewlett-Packard

수익이 경영의
유일한 목적 아니다

HP의 창업자 중의 한명인, 데이브 팩커드(Dave Packard)는 다음과 같이 말했다. "많은 사람들은 기업이 돈을 벌기 위해 존재한다고 잘못 생각하고 있습니다. HP는 인류의 복지를 향상시키는데 기여하기 위해 존재합니다. 수익은 경영의 적절한 목적이 아니고, 다른 모든 목적들을 가능하게 하기 위함입니다." 그의 철학은 여전히 우리가 하는 일의 근본을 이루고 있다.

– 칼리 피오리나 –

오늘날 기술을 제대로 활용하면, 우리는 전세계 어디서든 비즈니스를 할 수 있다. 문제는 단순히 "어디가 사업하기에 최적지인가?"가 아니라 "무엇이 우리가 속할만한 최적의 커뮤니티들인가?"이다. 삶의 질은 혁신, 독창성, 상상력, 창조력을 위한 산소와 같다. 회사의 로고에 'Invent'라는 단어를 포함시킨 우리들에게 있어서-산소가 우리에게 중요한 것처럼-혁신은 우리 삶의 피와 같다.

우리가 삶의 질의 중요성에 대해 교육받은 다양한 사람들과 훌륭한 리서치 기관들과 커뮤니티에 헌신하고 거대한 투자분위기 조성을 위해 애쓰고 있는 비즈니스 리더들을 엮어낼 수 있다면 마술을 빚어내는 비즈니스를 위한 모든 조건들을 갖출 수 있다.

위대함의 3C 법칙

위대한 조직은 3가지 요소로 정의된다.

1. 역량(Capability. 당신이 무엇을 할 수 있는가?)

우리는 과학과 기술에서 엄청난 진보를 목도해 왔다. 그러나 여기까지는 단지 워밍업에 불과했다; 우리는 이제 기술이 비즈니스뿐만 아니라 삶의 형태를 본격적으로 변화시키는 단계에 접어들고 있다. 모든 진보는 물리적인 것, 아날로그, 정적인 것에서 시작하여 디지털, 모바일, 버추얼(가상), 개인화로 나아갈 것이다. 변화는 의료, 금융 서비스, 커뮤니케이션, 교육에 이르기까지 모든 산업의 영역에서 진행 중에 있다. 그리고 모든 산업에서 도전과 기회는 물리적인 것에서

부터 디지털, 모바일, 버추얼, 개인화로 나아가는 변화의 프로세스를 돕는 기술, 솔루션, 서비스의 혁신적인 활용방법을 만들어 낼 수 있는가에 따라 결정될 것이다.

그것이 우리가 독창적인 역량 포트폴리오를 만들어낸 이유이다. 고객들은 더 이상 기술의 활용을 미룰 수 없기 때문에 우리는 이미징, 프린팅, 개인 시스템, 하이엔드 컴퓨팅, 스토리지 시스템, 소프트웨어, 전문 서비스에 열정을 바치고 있다. 고객들은 신뢰성을 원하고 필요로 하는데 그것은 상당한 범위와 규모를 요하는 것이다.

우리는 우리의 기술에 대하여 더 많은 갈증을 내고 있다. 그것이 우리가 할 수 있는 모든 일의 핵심에 있기 때문이다. 적어도 혁신은 믿을 수 있으며, 현실적으로 의미가 있어야 하며, 부담할 수 있을 정도의 적절한 가격에 제공될 수 있어야 한다. 기술은 운명을 결정하는 요소이다.

우리는 오늘날의 정보기술 경쟁에서 선도할 수 없다면 사업에서 승리할 수 없다고 생각한다. 우리는 매일 11개의 특허를 만들고 있으며 전세계에서 톱5에 드는 혁신회사이다. 그러나, 우리는 단순한 혁신이 아니라 고객들이 부담할 수 있는 가격으로 공급할 수 있는 혁신을 이루는 데 초점을 맞추고 있다. 최대한 많은 사람들이 기술을 활용할 수 있도록 하기 위해 고도의 기술을 낮은 가격으로 제공한다.

2. 특징(Character. 당신이 누구인가? 무엇을 믿는가?)

중요한 것은 특징이다. 기술의 새로운 세기에 접어든 것을 넘어, 우리는 새로운 리더십의 시대에 접어들고 있다. 리더로서 우리는 비즈니스를 사람과 커뮤니티와 국가의 삶을 향상시킴으로써 우리의 능력을 돕는 수단으로 재정의할 수 있다. 승리하는 기업들은 주주의 가치를 향상시켜야 할 뿐만 아니라 사회의 가치를 향상시켜야 한다.

HP의 창업자 중의 한명인, 데이브 팩커드(Dave Packard) 다음과 같이 말했다. "많은 사람들은 기업이 돈을 벌기 위해 존재한다고 잘못 생각하고 있습니다. HP는 인류의 복지를 향상시키는데 기여하기 위해 존재합니다. 수익은 경영의 적절한 목적이 아니고, 다른 모든 목적들을 가능하게 하기 위함입니다." 그의 철학은 여전히 우리가 하는 일의 근본을 이루고 있다.

이와 함께 우리가 하는 일들을 인과법칙이 작동하는 더 큰 생태계에 맞춰야 한다는 것을 깨달아야 한다. 우리는 도덕성, 투명성, 책임의 수준을 가능한 최고의 경지로 끌어 올려야 한다. 구체적으로는 환경, 사생활, 인간의 권리, 커뮤니티와 관련된 문제에서 사람들이 최고 수준의 삶을 영위할 수 있도록 해야 한다.

3. 협력(Collaboration. 동료, 고객, 파트너, 커뮤니티간)

우리는 사업을 운영하는 지역사회에서 직접적인 역할을 담당하고 있다. 우리는 178개국에 148,000명의 직원을 고용하고 있고 국내총생산(GDP) 규모로 톱 25에 해당한다. 그것은 우리가 선을 위하여 우리의 존재, 힘, 도움을 사용할 수 있다는 것을 의미한다.

이것이 내가 매일 일을 하는 가장 중요한 이유이다. 매일 나는 과학기술을 사람들의 영감과 역량과 조합하여 진정한 인간의 문제들을 해결하는 데 집중한다면 우리에게 어떤 일이 일어날 수 있는 지 생각한다.

HP에게 이것은 단지 도덕적으로 옳은 일만은 아니다. 그 일을 하는 것이 현명한 것이다. 전세계의 10%만이 우리 제품을 구매할 능력을 갖고 있다. 우리가 성장한다면 미래의 수많은 아이디어들, 고객, 시장, 직원은 나머지 90%에서 얻어야 한다. 커뮤니티 개발의 목적은 비즈니스 목적의 근간이다.

협력은 잠재력을 펼칠 수 있도록 하고 가능성을 현실화하는 가장 좋은 방법이다. 우리 전략의 일부는 의도적으로 우리가 협력자가 될 수 있는 나머지 사람들(90%에 속한 이들)을 위해 독창적인 기여를 할 수 있고 파트너가 될 수 있는 곳에 우리의 혁신역량을 집중하는 것이었다. 물론, 파트너 십과 협력은 우리가 커뮤니티를 위해 노력하고 봉사하는 데 결정적인 역할을 한다. 우리는 단지 돈이나 과학기술만이 아니라 사람들의 재능에 투자할 때 완전한 한 세트의 협력의 일부가 될 수 있다. 커뮤니티 활동에 있어서의 한가지 목표는 혜택 받지 못하고 소외되고 대접 받지 못하는 커뮤니티 멤버들에게 다가가 21세기의 언어인 수학, 과학과 엔지니어링을 가르치도록 돕는 것이다. 단지 기회가 없다는 이유가 그들에게 재능이 없다는 것을 의미하지는 않는다. HP 역할의 일부는 그런 재능 있는 사람들을 찾아 그들이 성공하는 데 필요한 도구들을 그들에게 줄 수 있도록 돕는 것이다.

모든 사람은 커다란 가능성을 가지고 있어 정당한 기회가 적절한 과학기술과 적절한 협력과 함께 제공될 때 그들이 자신의 잠재력의 열쇠를 풀 수 있도록 도울 수 있다. 이 대목에서 현실주의와 낙관주의 적절한 조합이 필요하다.

성공은 선택과 취사선택과 희생을 요구한다. 진보는 현실주의를 요구하며 모든 것은 우리가 원하는 것과 예측한 것, 계획한 것과는 똑같이 일어나지 않는다. 그리고 이것 중 어떤 것도 우리가 혼자서 활동한다고 생겨나지 않는다. 우리는 협력을 해야 하고 현실주의를 채택해야 한다. 우리는 세 걸음 앞으로 나아가고, 세 걸음을 걷기 전에 두 걸음 뒤로 물러나고 그리고 한걸음 물러나야 할 수 도 있다.

창출의 가능성(Inventing Possibilities)

나는 과학기술이 많은 일들을 가능하게 하고 힘을 실어주고 해방시켜주며 변화시켜 더 좋은 상태로 만들 수 있다고 믿는다. 나는 큰 회사가 모두에게 좋은 일을 실천할 수 있는 능력을 가지고 있기 때문에 큰 회사에 끌렸다. 내가 5년 전에 HP로 왔을 때 우리는 87개의 사업부문과 87개의 독립된 공급 채널을 가지고 있었다. 그러나 우리는 그것을 많은 가치의 창출에 활용하지 못했다. 오늘날 우리는 5개 사업부문을 가지고 있으며 500억 달러 규모에 달하는 공급 채널의 힘을 유지할 수 있다. 그것이 가능한 것은 우리가 가치를 수평적으로 창출해 내기 때문이다.

부문과 부서 사이에서 나온 가치가 과거에는 협력하지 않았던 사람들의 그룹 사이의 공백으로부터 창출된 것은 큰 발견이자 뜻밖의 사실이었다. 곧 모든 물리적 컨텐트가, 모든 물리적 프로세스가, 아날로그로 되어있거나 물리적으로 되어 있는 모든 것들이 디지털, 모바일, 버추얼화되며 개인화 될 수 있을 것이다. 디지털, 모바일, 버추얼, 개인화와 가치는 수직적 전문화가 아니라 수평적인 협력에 관한 것이다. 우리는 여전히 전문가를 필요로 하지만 전문성은 다른 것들과 협력하여 새로운 가치를 창출하여야 한다. 그렇게 함으로써, 기술을 사용하여 기회를 민주화할 수 있고, 성가신 문제들을 해결할 수 있다.

진보는 필연적인 것도 아니고 우연적인 것도 아니다. 진보는 진보가 가능하다고 믿고 새로운 기술의 힘을 활용하는 방향으로 협력하는 사람들의 논제이다. 나는 변화를 만들어내는 기업의 힘을 믿는다. 그것은 해야 할 일일 뿐 아니라, 그렇게 하는 것이 현명한 일이기 때문이다. 그것은 우리의 입장에서는 계몽된 이기주의이다. 매 순간 개인들은 글로벌 경제에 관여하고 있고, 매 순간 개인들은 새로운 기회에 의해 새로운 것이 가능해 지는 것을 경험하고 있다. 사람들은 항상 말한다. "나는 내 인생을 바꿀 수 있고 우리의 총체적인 안전과 번영을 증가시키는 변화를 만들어 낼 수 있어요"

Peter Senge
피터 셍게

MIT 교수
Professor of MIT

우리는 길을
잃어버리고 있다

141

우리는 안전에만 너무나 집중해 있는 나머지 학습의 놀라움과 기쁨이 발붙일 수 없는 관료주의 속에서 살면서 지불하고 있는 대가가 얼마나 큰 지를 알지 못하고 있다. – 피터 셍게 –

규형을 회복하기 위해서 우리는 일과 학습 그리고 생활 방법에 있어 새로운 대안을 창출해야만 한다. 내가 학습조직(Learning Organization)을 주장한 이유는 우리가 그 안에서 일하고 싶은 조직, 변화하는 세상에서 성공할 수 있는 조직을 창출하기 위해 관점을 명확하게 표현하고 비전을 위한 기준을 마련하기 위한 것이다.

학습조직 운영을 잘하려면 다섯 가지 원칙에 충실해야 한다.

1. 학습조직은 새로운 능력을 구현해야 한다

학습조직은 사랑, 경탄, 겸손 그리고 동정심과 같은 높은 가치를 기초로 한 문화를 바탕으로 해야 한다. 그것은 일련의 생산적인 대화와 조화를 이룬 행동 그리고 삶의 흐름을 하나의 시스템으로써 이해하고 일할 수 있는 능력과 같은 가치에 근거를 둔 문화를 바탕으로 해야 한다. 이러한 조직에서 문화적 규범은 우리의 비즈니스 전통을 거부한다. 다른 사람들을 합리적인 존재로 인정하는 것(사랑)은 동질성을 향한 의지로 대체된다. 이러한 조직에서 뜻밖의 일은 누군가 비난을 받아야만 하는 실망스러운 잘못이 아니라 성장을 위한 기회로 여겨진다(경탄). 이러한 조직에서 사람들은 삶이 압축되어질 수 없다는 것을 알고 있으며 어떠한 모범이나 귀감도 언제나 개선을 위한 준비가 되어 있는 운영상의 단순화로 생각하고 있다(겸손). 그들은 이해할 수도 용서할 수도 없는 행위에 대해서도 그러한 행위가 어쩔 수 없는 상황 때문에 이루어졌을 것이라는 것을 이해하고 어떤 의미에서는 그들 자신의 행위에도 영향을 미칠 수 있을 만큼 유효한 것이라고 생각한다(동정심).

학습조직은 대화와 협력적인 행동을 위한 공간이다. 학습조직에서 언어는 연결, 창안 그리고 협력을 위한 도구로 기능한다. 사람들은 가슴으로 대화를 하며 상호존중의 대화의 정신을 바탕으로 마치 공동의 직물을 짜듯이 그리고 존재의 깊숙한 차원으로 연결되듯이 서로서로를 이어간다. 이러한 태도로 서로 말하고 듣게 될 때 사람들은 대화 속에서 새로운 현실을 창출하고 그것을 구현해내는 힘을 만들어내는 잘 정렬된 현장을 새로 만들어낼 수 있다.

위대한 리더에 대한 근거 없는 사회적 통념은 리더십의 능력을 보다 광범위하게 개발해야 하는 우리의 책임감을 줄여준다. 학습조직은 그러한 걱정과 부담이 없어진다. 모두들 인식하고 있는 리더십에 대한 필요성은 모든 구성원의 안에 있는 리더십 능력을 개발함으로써 충족될 수 있기 때문이다. 학습조직에서 사람들은 그들의 행동에 대한 체계적인 결과를 파악할 수 있다. 그들은 상호의존적인 관계를 이해한다. 복잡한 상황을 처리하는 능력을 통해 단순히 안정성을 추구하는 것이 아니라 현상을 고수하는 것과 신념, 가정 그리고 확신을 가지고 일을 추진하는 것 사이에서 역동적인 균형 속에서 예방조치를 발견한다. 학습할 수 있는 것이 알고 있는 것보다 앞선다. 극단적으로 단순화한 해답은 언제나 핵심을 꿰뚫는 질문보다 덜 중요하다.

2. 학습조직은 서번트 리더십에 의해 구축된다

새로운 리더는 지위나 권한과는 상관없이 앞서 나아가고 새로운 능력을 창출하는 사람들을 말한다. 그러한 리더십은 필연적으로 집합적일 수 밖에 없다. 리더십에 대한 우리의 일반적인 생각은 결단력과 영민함으로 그들만의 길을 개척해낸 위대한 개인들인 영웅들의 신화에서 생겨난 것이다. 그러나 세상을 구해줄 리더를 기다리기만 한다면 발전에 필요한 파워와 신념을 포기해야 할 것이다. 영웅적인 리더에 대한 신화의 의미가 희미해져 감에 따라 스스로 이끄는 팀과 커뮤니티에 대한 새로운 신화가 시작되고 있다. '통제하는' 사람 혹은 '책임을 지는' 사람이라는 리더십에 대한 전통적인 생각을 버리지 않을 경우 집합적인 리더십과 계급적인 리더십의 충돌은 결코 조화롭게 해결될 수 없다. 양자택일을 해야 하는 딜레마는 에너지와 상상력의 원천이 될 수 있다. 사람들은 서로에게 도움이 되고자 선택을 하고 있으며 보다 높은 목적을 향해 나아가기 때문에 다른 사람을 이끌 수 있다. 서번트 리더십은 이상주의와 현실주의의 절묘한 조화를 제공한다. 서번트 리더십은 모든 사람의 존엄성과 자존심에 대한 믿음에 호소하고 있다는 점과 리더의 파워는 따르는 사람들로부터 흘러나온다는 원리에 호소하고 있다는 점에서 이상주의적이다. 그러나 서번트 리더십은 또한 현실주의적이기도 하다. 사람들이 한 배에 타고 있을 때 확실하게 따르려는 유일한 리더는 한 배에 타고 있는 사람들의 웰빙을 위한 욕구를 충족시킬 수 있으며 그것을 위해 헌신하는 리더이기 때문이다.

3. 학습은 실행과 연습을 통해 이루어진다

학습은 너무나도 중요하기 때문에 결코 기회를 놓쳐서는 안 된다. 훈련을 제공하는 것은 적절하지 않다. 또 사람들이 새로운 통찰력과 방법론을 적용하기를 바라는 것도 적절하지 않다. 컨설턴트들이 생존을 유지하는 데 필요한 새로운 역량인 사고방식과 의사소통을 새롭게 바꾸어 줄 수 있기를 바라는 것도 적절하지 않다. 만약에 혁신적인 아이디어가 경영현장에서 뿌리를 내리려면 가상 학습 공간이나 실행 분야에 따라 일의 방식을 다시 디자인할 필요가 있다. 스포츠 팀과 행위 예술에서 이루어지는 학습은 연습에서 실행으로 옮겨지는 과정에서 사람들에게 체화된다. 그러나 대부분의 사람들은 단지 실행만 하고 있을 뿐이다. 그들의 거의 연습을 하지 않으며 공동연습은 특히 더하지 않는다. 효과적인 연습을 통해 사람들은 배우고 싶은 것을 배우게 된다. 배워야 할 필요가 있는 사람들은 행동으로 옮길 수 있는 힘을 얻게 된다.

학습은 일반적으로 안전하게 실험해보고 잘못된 점을 반성할 수 있는 상호작용을 할 수 있는 "놀이"를 통해 가장 잘 이루어진다. 일반적으로 학습은 비생산적 상호작용 방법에 대한 반성을 할 수 있게 하기 위해 행동을 늦추게 하거나 현재의 의사결정이 어떠한 예상하지 못한 문제를 야기시킬 것인지를 알 수 있도록 진행 속도를 높이는 것이 가능하도록 시간의 흐름을 변화시킬 것을 요구한다. 학습은 사람들이 한 행동이 어떻게 체계적인 효과를 가져오는 지 살펴볼 수 있도록 돕는 것을 의미한다. 연습 공간은 학습자들의 실행공간과 동일하게 보여야만 하며 학습 공간은 지속적인 반성과 실행을 위한 작업공간과 통합되어야만 한다.

4. 절차와 콘텐츠는 분리할 수 없다

고위 경영진들은 흔히 관리자들 사이에서 형성되는 경쟁적 관계를 해결하지 않은 채 단편적인 정책과 전략을 개선할 수 있는 무엇인가를 찾는다. 컨설턴트들은 프로세스보다는 대상에 집중토록 하는 사고방식과 상호작용 방식을 해결하지 않은 채 프로세스에 초점이 맞추어진 새로운 구조를 제안한다. 경영 교육자는 운영, 마케팅 혹은 재무와 같은 '기술적인' 이슈를 처리하며 기업문화, 의사결정, 변화와 같은 행동에 관한 이슈를 다룬다.

우리가 관심을 가지고 있는 이슈와 우리가 학습하기 위해 이용하고 있는 프로세스를 구별하는 것은 흔히 새로운 돌파구를 찾는 것을 불가능하게 한다. 예를 들어 특정 프로젝트에 있어서 팀이 나쁜 소식을 처벌하는 문화를 처리했다고 치자. 그러나 문화 혹은 경영 스타일을 탓하는 대신 그 팀 멤버들은 하위 직급자들로부터 문제에 관해 보고를 받았을 때 자신들의 반응을 조사했다. 그들은 그들이 실수에 대해 두려워 하고 있다는 것과 문제를 덮어버리는 것과 같은 그들의 방어적인 반응을 찾아냈다.

5. 학습은 위험한 것이다

학습은 두려움과 필요 사이에서 나타난다. 우리는 목표를 달성하기 위해 변화할 필요를 느낀다. 그러나 우리는 익숙하지 않은 것에 직면하면 불안감을 느낀다. 무엇인가 변화를 시키는 학습을 이루어내기 위해 우리는 우리 자아를 놀라게 하는 제안과 같은 몇 가지 기본적인 관념을 잠시 보류해야 한다. 전통적인 학습은 처리하는 방법에 관한 것이다. 학습자는 확실한 운영 방법을 가지고 있으며 확실한 지식을 가지고 있다. 만약 그 지식이 불완전하거나 비효과적인 것으로 판명되면 학습자는 그 지식의 일부를 버리거나 일정 부분을 바꿔나 새로운 아이디어를 추가하려 할 것이다. 이러한 반응은 보다 나은 여지를 어떻게 찾아내고 보다 나은 투자를 어떻게 하는가를 잘 보여준다. 그러나 그것은 심오한 믿음과 정신적 모델에 대해 의문을 가지고 있을 때 관련된 학습의 핵심을 짚어내는 데 실패하게 한다. 사람들의 자아는 자아를 형성하는 아이디어와 가정으로부터 분리되지 않는다. 우리의 정신적인 모델은 옷가지처럼 필요할 때 입거나 벗어버릴 수 있는 것이 아니다. 그것은 우리의 개성의 일부이기 때문이다.

그렇게 때문에 우리는 누구인가 라는 정직인 관념을 반드시 체크해야 한다. 우리는 몇 가지 핵심적인 믿음이 작용하도록 하지 못하고 실패에 실패를 반복하는 경향이 있다. 학습을 원한다고 분명히 밝혔을 경우 우리는 몇 가지 새로운 도구와 테크닉을 얻기를 원한다는 것을 의미한다. 학습하기 위해 바보 같은 일을 지켜보아야 하거나 다른 사람으로 하여금 우리를 가르치도록 해야 한다는 것을 생각한다면 학습은 바람직스럽지 않을 지도 모른다.

우리는 안전에만 너무나 집중해 있는 나머지 학습의 놀라움과 기쁨이 발붙일 수 없는 관료주의 속에서 살면서 지불하고 있는 대가가 얼마나 큰 지를 알지 못하고 있다. 우리는 삶의 패턴을 끊임없이 변화시키는 춤의 공간을 잃어버리고 있다. 우리는 새로운 학습모델을 만들어 내야 한다. 그것은 영감과 놀라움을 자극하는 학습 공동체에 대한 힘든 노력으로부터 이루어진다. 이러한 공동체가 출범하게 되면 우리의 자아와 언어의 시적인 본성 그리고 세계에 대한 기억 즉 전체적인 것에 대한 기억을 회복하게 될 것이다.

Peter Senge

Steve Ballmer
스티브 발머

마이크로소프트 CEO
CEO of Microsoft Corporation

혁신은 영원히
계속되어야 한다

지금 우리는 혁신의 새로운 시대의 문턱에 들어서고 있다고 생각한다. 그래서 이전에 이룩되었던 모든 혁신이 복합적으로 작용해 PC의 또 다른 변화나 혁신의 물결이 생겨날 것이고, 이런 새로운 혁신은 우리의 삶을 더 밀접하게 연결시키고 처음 나왔던 PC가 그러했듯이 우리의 삶 속에서 중요하게 쓰여질 것이다.   - 스티브 발머 -

세계의 역사는 혁신의 역사이다. 불의 발견, 원자의 분열에서 부터 새로운 아이디어와 연구, 그리고 공학에 이르기까지 창조적인 혈기가 우리 삶의 중요한 변화를 가져왔다.

혁신이 막다른 골목에 다다른 것처럼 생각되는 시기가 있으며 사람들은 좌절을 경험하기도 한다. 그러나 우리는 좌절하는 이런 시기가 바로 혁신의 시작임을 역사로부터 배운다.

포드 자동차의 헨리 포드는 모델 T를 디자인하고 난 후 포드의 첫 번째 조립라인을 개발해냈다. 그는 인류 최초로 빠르고, 값싼 대량생산 방법을 만들어냈다. 그의 야망은 모든 사람들에게 자동차를 보급하는 것이었다. 그러나 그의 첫 번째 자동차 모델 T가 미국을 비롯한 전세계로 보급되었어도 차세대 자동차 모델에 대한 숙제는 여전히 남아 있었으며 모델 T는 겨우 자동차 혁신의 걸음마 수준에 불과했다.

오늘날 우리는 그 어느 때보다도 더 많은 자동차 혁신을 지켜보고 있다. 첨단 자동차 네이게이션 시스템으로 안전하게 주행할 수 있고, 안전 감지센서는 위험을 감지하여 에어백을 작동하거나 경찰을 부르기도 한다. 물론 오늘날의 자동차에는 단순히 차를 움직이게 하는 기본인 실린더 피스톤 작용을 훨씬 뛰어넘는 컴퓨터 시스템이 내재돼 있다. 이는 내가 유년기를 보낸 1960년대 미시간 주 디트로이트 자동차 산업의 벤치마킹 결과라고 할 수 있다.

우리가 경험하는 개인용 컴퓨터의 진화는 자동차 산업에서 경험한 진화와 비슷한 것이다. MS 도스는 개인용 컴퓨터 시대의 모델 T와 같다. 오늘날 우리는 PC 기술을 통해 전세계 수십억의 사람들과 소통할 수 있고 전세계의 제조 회사, 은행, 병원, 증권거래소, 그리고 심지어는 정부에서도 PC를 통해 주요 업무를 본다.

Steve Ballmer

그럼에도 불구하고 일부 석학들은 IT는 더 이상 중요하지 않다고 말한다. 변화하는 테크놀로지는 혁신의 끝에 도달해서 더 이상 일상적인 정보 프로세스 업무 이상의 가치 있는 일을 제공하지 않게 될 것이며, 소비자들은 비용 문제로 IT기술을 아웃소싱하게 될 것이라고 말한다. 이들은 또한 IT의 장기적인 효율성에 대해서는 완전히 평가를 배제한다. 어떤 사람들은 오늘날 컴퓨터 산업과 IT가 지금까지 가져다준 혁신은 이제 충분해서 더 이상 발전하지 않을 것이라고 생각하고 있다.

혁신의 새 물결

과연 우리는 혁신의 침체기에 들어섰는가? 나는 그렇게 생각하지 않는다. 나는 의미심장한 변화는 계속될 것이라고 믿는다. 또한 지금 우리는 혁신의 새로운 시대의 문턱에 들어서고 있다고 생각한다. 그래서 이전에 이룩되었던 모든 혁신이 복합적으로 작용해 PC의 또 다른 변화나 혁신의 물결이 생겨날 것이고, 이런 새로운 혁신은 우리의 삶을 더 밀접하게 연결시키고 처음 나왔던 PC가 그러했듯이 우리의 삶 속에서 중요하게 쓰여질 것이다.

PC시대의 초반 25년이 개인에게 힘을 부여했다면 앞으로 다가올 25년은 혁신의 물결을 중심으로 개인 간, 단체 간, 또 조직 간의 상호작용이 더욱 탄탄해질 것이다. 나는 혁신으로 인해 우리의 상호작용이 더 많이 중재되고 테크놀로지의 사용이 용이해질수록 우리의 삶과 일과 상호작용에 있어서 수단으로 이용되는 인터넷과 워크스테이션

간의 연결고리를 더욱더 강력하게 묶을 무수한 기회가 생길 것이라고 생각한다.

여전히 우리에게 남아 있는 가장 중요한 과제는 우리의 미래가 어떤 모습이 될 것인가 하는 문제이다. 샘 월튼(Sam Walton)은 "당신이 이 제까지 해온 일을 지속적으로 반복하는 것은 불가능하다. 왜냐하면 당신 주위의 모든 환경이 이미 변하고 있기 때문이다. 성공하기 위해서는 이러한 변화의 숲 바깥에서 숲을 바라볼 수 있어야 한다"고 했다.

이 말은 마이크로소프트 사나 그 외 IT산업의 다른 회사나 직원들, 또한 소비자들에게도 적용될 수 있는 말이다. 우리 산업의 유산은 열정적으로 혁신의 물결을 받아들여왔고 앞으로도 우리는 그래야만 한다.

Steve Ballmer

Bill Davidson
빌 데이비슨

USC 경영대학원 교수
Professor, Marshall School of Business at the USC

'제로섬' 논리를
거부하라

혁신적인 발전은 새로운 사업을 시작하고 핵심사업을 개혁하는 기업 차원의
혁신으로 여겨야 한다. 혁신적인 발전은 핵심제품이나 업무 혁신(PI:Process
Innovation)으로 이뤄질 수 있으며 궁극적으로 탁월한 영업 및 수익 성과를
이룰 수 있는 새 모델이 된다. - 빌 데이비슨 -

모 든 성공 사이클은 최고의 성과를 유발하는 혁신에서 시작한다. 포부가 큰 기업은 에너지를 집중해 성공을 가속화하는 혁신적인 발전을 추구한다. 그러나 혁신적인 발전을 이루어내는 기업은 거의 없다. 극소수의 운 좋은 기업들은 혁신적인 발전과 더불어 성공하게 되며 그때부터 승승장구한다. 그러나 혁신적인 발전에서 시작한 성공 사이클은 추가적인 혁신을 통해 새로운 성과를 일궈내지 못하면 쓸모 없게 될 것이다.

"우리는 혁신적인 변화를 언제 이루어야 하는가? 그 변화는 어떤 것이어야 하는가? 이제 다음 성공 사이클을 시작해보자."

이는 리더들이라면 반드시 생각해야 할 것들이다.

혁신적인 발전은 새로운 사업을 시작하고 핵심사업을 개혁하는 기업 차원의 혁신으로 여겨야 한다. 혁신적인 발전은 핵심제품이나 업무 혁신(PI: Process Innovation)으로 이뤄질 수 있으며 궁극적으로 탁월한 영업 및 수익 성과를 이룰 수 있는 새 모델이 된다. 혁신적인 발전은 혁신하고 있는 기업이나 시장을 재구성하며 주로 4가지 부문, 즉 수익과 영업 성과, 회사 규모, 시장 위치에 영향을 미친다.

혁신적인 기업의 네 가지 공통점

혁신적인 기업은 일반적으로 다음 4가지 태도와 접근 방식을 갖는다.

공통점 1〉 원대한 목표를 세운다

원대한 목표를 세움으로써 우리는 대안적인 업무 과정과 업무 기반을 고려하게 되고 그럼으로써 혁신적인 발전을 불러일으키게 된다. 예를 들어 프로그레시브 보험(Progressive Insurance)사는 오랫동안 고객 불만족 및 고객 이탈의 주요 원인이었던 자동차 손해배상 청구를 신속하게 처리하고 과정을 42일에서 6일로 단축했다. 그러자 고객 만족은 높아지고 고객 이탈은 3분의 2 정도 감소했다. 또한 손해배상 건에 소요되는 비용도 줄었다. 피터 루이스 사장은 처리기간이 빠를수록 고객의 입장에서는 만족도가 높아지고 회사의 입장에서는 비용을 줄일 수 있다는 것을 알고 프로그레시브 사의 손해배상 건을 즉시 처리한다는 원대한 목표를 세웠던 것이다.

기존 처리 방식으로 이런 목표를 달성하는 것이 불가능했기에 일련의 혁신적인 변화가 이뤄졌다. 프로그레시브 사는 현재 사건 대부분을 사건 발생 후 1시간 내에 처리하고 있다.

프로그레시브 사의 목표는 효과적인 고객만족 방법으로 자동차 사고로 인한 비용 절감 및 고객 이탈을 줄임으로써 수익을 창출하는 영속기업이 되는 것이다. 긴급 출동 서비스(Immediate Response Service)가 바로 그 목표를 달성하기 위해 채택한 전략이다.

다른 혁신적인 발전과 마찬가지로 긴급 출동 서비스는 시간 단축과 고객 서비스뿐만 아니라 비용 감축에도 큰 효과가 있었다. 고객이 사고차량을 수리하기 위해 프로그레시브 사를 이용할 때에도 그 회사의 전략은 만족스러운 고객 서비스를 제공하면서도 수리 비용을 반으로 줄였다. 이와 같은 비용 및 고객 서비스에서의 우위를 바탕으로 프로그레시브 사는 이제 세계 제 1의 자동차 보험회사 자리를 노리고 있다.

공통점 2〉 운영 효율성을 높이기 위해 첨단기술 이용

최첨단 기술을 이용하지 않고도 혁신적인 변화를 이루는 것이 가능하지만 그러한 사례를 찾아보기는 힘들다. IT는 혁신적인 변화를 가져다주는 대표적인 첨단 기술이다. 많은 기업들이 이용 가능한 기술을 도입하고 적용하는 데 느린 반면 혁신적인 기업들은 민첩하게 이런 기술을 도입할 뿐만 아니라 종종 직접 신기술을 개발한다. 그들은 신기술을 시험하고 개량하기 위해 기술공급업체와 협력한다. 핵심 전략을 지원하는 최첨단 솔루션에 관한 기술과 시스템에 투자를 집중하고 있다.

CR 잉글랜드(CR England)는 유타 주에 위치한 운송회사로 최첨단 기술을 이용해 운영효율성을 높였다. CR 잉글랜드는 전통적인 관행을 버리고 신기술을 도입하는 첫 번째 기업이 되면서 업계에서 처음으로 트럭에 위성 통신 시스템을 장착해 운송시간, 스케줄 및 고객 서비스를 개선했다. CR 잉글랜드는 또한 EDI(Electric Data Intercharge: 전자상거래에서 기업 간의 거래데이터를 교환하기 위한 표준시스템)를 구축해 고객이 컴퓨터로 서비스를 신청 및 확인하고 대금을 지불할 수 있게 했다. 고객에 대한 서비스가 개선되면서 CR 잉글랜드는 비용을 줄이고 더 좋은 서비스를 제공할 수 있게 됐다. 혁신적인 기업은 기술 그 자체에 관심이 있는 것이 아니라 기술이 기업의 운영 효율성을 높여준다는 점에서 기술에 관심을 가지고 있는 것이다.

공통점 3〉 업무 혁신에서 앞서 나간다

혁신적인 기업은 점진적인 개선보다는 비약적인 발전을 추구한다.

아메리칸 스탠더드(American Standard)사는 엄청난 부채로 인해 부도 위기에 직면해 있었다. 엠마누엘 마노 캠포리스(Emanuel Mano Kampouris)사장은 만기일이 다가오는 채무를 갚기 위해서는 회사 내부에서 비용을 줄이는 방법 밖에 없다는 결론을 내렸다. 운영비 및 재고 감축에 주력하면서 완제품 재고를 없애기 위해 주문생산 모델(Make-to-order Production Model)을 중심으로 한 수요흐름생산기법(DFT. Demand Flow Technology)이라는 혁신적인 프로그램을 도입했다. 즉 아메리칸 스탠더드 사는 고객이 주문한 경우에만 생산하는 시스템으로 전환했다. 또한 사이클 타임을 대폭 단축함으로써 재고를 줄였다. 이와 같은 급진적인 변화는 업무 혁신을 통해서만 가능했다.

공통점 4〉 비용 삭감이 아니라 고객 서비스에 초점을 맞춘다

고객가치제안(CVP: Customer Value Proposition)을 재정립하는 것은 혁신적인 변화를 이루는 데 중요하다. 프로그레시브 사는 우수한 고객 관계 모델을 설정함으로써 고객과의 관계를 재정립했다. 이로 인해 회사의 매출, 시장점유율 및 시장가치가 향상됐다.

군 장교 및 가족을 위한 보험 전문 자동차 보험회사인 USAA는 시장의 90% 이상을 점유하면서 주력상품 판매를 위해 신규시장을 개발하기보다 자사의 일반 보험상품을 핵심 고객에게 판매하는 방식을 채택했다. 탁월한 고객 서비스와 만족도로 USAA는 고객 관계를 자사의 모든 보험 및 재무 서비스로 확대할 수 있었다.

USAA는 고객 요청, 보험금 청구 및 처리를 단 한 차례 상담에서 끝내는 것을 목표로 하고 있으며, 서비스 개선을 통해 고객 관계가 확대되고 회사 수익을 개선하는 방법을 보여주고 있다.

공통점 5〉 업무 분장 및 역할을 재정립한다

새로운 업무에 직원을 배치하면 반드시 재교육을 실시해야 한다. 그러나 일반적으로 새 업무는 대체되는 과거 업무보다 훨씬 가치 있다.

컨추리와이드 크레딧 사의 대부담당자들은 대출승인 여부에 대한 권한을 부여받았다. 직원들은 고객으로부터 직접 긍정적인 호응을 얻고 높은 보수도 받는다. 생산성이 향상되고 업무에 대한 자율성도 증가했으며, 회사가 점점 발전함에 따라 직업적 안정성도 높아졌다. 이 모든 결과가 종업원 만족도에 크게 기여했다. 혁신적인 기업은 업무 활동을 재정립하고 활성화해 직원의 창의력을 개발하고 그들이 기업에 헌신할 수 있게 한다.

157

공통점 6〉 새로운 기회를 이용한다

혁신적인 발전은 새로운 성장 기회를 제공한다. 혁신적인 발전을 근거로 한 과정과 기술이 참신할수록 사업을 강화하고 확장할 수 있는 기회가 생길 가능성은 더 높아진다. 그러나 이러한 기회는 적절한 관심을 기울이지 않으면 개발되지 않을 수도 있다.

프로그레시브 사는 톱 라인(Top Line)과 바텀 라인(Bottom Line)을 개선하는 프런트 라인(Front Line)으로 초점을 전환했다. 프로그레시브 사는 거대한 사업 기회 개발을 주도할 수 있는 좋은 위치를 선점하고 있다. 어떻게 하면 이 기회를 잡을 수 있을까? 신속하고 친절한 보상 결정, 고객 만족에 대한 관심, 첨단 기술 및 업무 혁신에 관한 실험 및 일류 기업이 갖는 기타 특성들이 프로그레시브 보험사에 새로운 기회를 열어주고 있다.

제로섬(Zero-sum) 상황을 거부한다

　대개 고객서비스를 개선하면 항상 비용이 증가하면서 효율성은 떨어진다고 생각한다. 경영진은 서비스 개선과 비용 절감 문제 중 하나를 선택해야 한다고 생각했다. 이러한 가정은 종종 고객 서비스를 줄이고 고객 및 직원의 충성심을 약화시킴으로써 원시적인 비용 절감 프로그램을 실시하게 만든다.

　혁신적인 기업은 이러한 상충관계를 강하게 반박한다. 혁신적인 기업은 일반적으로 효율성을 높이면서 고객 서비스를 강화한다.

　혁신적인 변화는 수익성, 생산성 및 고객 서비스 등 다양한 부문에서 급진적인 발전을 가져다준다. 상품과 서비스의 속도, 정확성, 품질, 정밀성 및 고객화도 개선시켜준다.

　또한 혁신적인 변화는 성장 기회를 창출하며 기존 핵심 사업의 운영 효율성을 향상하는 것이 신규 사업의 성장과 밀접한 관련이 있다는 것을 보여준다. 그런 다음 새로운 기회를 포착하고 이용해 운영 효율성을 향상시키겠다는 근시안적인 접근방식을 극복하면 핵심사업의 주도하에 신규사업을 성장시킬 수 있게 된다.

혁신을 통한 시장 리더십 유지

　혁신적인 기업은 핵심사업과 다각화에 중점을 둔 일반적인 비용 감축과 서비스 간의 상충관계 및 단기 ROI(Return On Investment:

투자수익률)와 중장기 성장을 실현할 수도 있다는 것을 보여준다. 많은 경우 혁신적인 변화의 토대가 되는 인프라에 대한 투자는 즉각적인 수익률 상승이라는 빠른 효과를 내면서 사업 성장을 위한 발판이 된다.

혁신적인 변화는 제로섬 상황에서 혜택을 얻기 위해 이해당사자 간에 서로 뺏고 뺏기는 줄다리기를 벌여야 한다는 생각이 잘못됐음을 보여준다. 혁신적인 변화는 모든 이해당사자의 혜택을 향상시키기 때문이다. 또한 높은 급여의 가치 있는 일자리를 창출하고 고객 서비스와 만족을 개선하며 주가를 높여준다. 완전한 미래를 보장받은 기업은 없지만 혁신적인 기업은 포부가 있는 시장 중심 기업들에게 이상적인 역할모델을 제공한다.

혁신을 통해 기업들은 비용 삭감 및 고객 서비스 개선, 운영 효율성 및 성장, 핵심사업의 활력 및 신규사업 개발, 매출 증가 및 높은 수익률을 실현하고 이해당사자의 혜택을 확대할 수 있게 한다. 혁신은 많은 부문에서 경쟁 우위를 확보하고 시장 리더십을 지속적으로 유지할 수 있도록 한다.

Margaret Kelly
마가렛 켈리

리/맥스 인터내셔널 사장
President and COO of RE/MAX International

위기 속에서
생존해야 할 이유를
제시하라

리더로서 당신은 부하직원들을 제대로 알 필요가 있다. 임무 수행 시 그들의 역할, 그들의 강점과 약점을 어떻게 줄여나가거나 제거할 것인가. 상황이 나빠질 때 사람들은 당신에게서 리더십을 더 찾을 것이다. 그러므로 상황이 문제 없이 돌아가고 있을 때 이런 리더십 지식들을 익히고 자기 자신을 발전시켜라. 그래서 당신이 긍정적 태도, 낙관주의, 동기부여, 팀워크와 탄력성을 갖추고 있다면 당신과 팀이 어떻게든 어려움을 헤쳐나갈 것이다.

– 마가렛 켈리 –

매사가 매끄럽게 진행될 때에는 상황을 자연스럽게 두는 것이 좋다. 그러나 상황이 나빠졌을 때 위대한 리더들이 나타난다. 바로 그런 점에서 리더십은 태도, 낙관주의, 동기부여, 팀워크, 또 탄력성에 관한 것이다. 그룹이나 팀, 또는 회사를 돕는 리더십 요인은 장애를 극복하고 다시 궤도에 오르게 한다. 그 시점이 바로 리더십이 절실히 요구되는 때이고, 또한 운이 좋다면 이런 위대함이 발현되는 순간이다. 지난 몇 년간 내 동료들과 나는 20세기 위대한 리더십의 몇 가지 훌륭한 사례를 연구했다. 탐험가 어니스트 새크레턴 경은 90년 전에 안타르티카에서 언제 재난이 닥칠지 모르는 악천후 속에서 자신의 매사가 매끄럽게 진행될 때에는 상황을 자연스럽게 두는 것이 좋다고 강조했다.

그러나 상황이 나빠졌을 때 위대한 리더들이 나타난다. 바로 그런 점에서 리더십은 태도, 낙관주의, 동기부여, 팀워크, 탄력성 등에 관한 것이다. 그룹이나 팀, 또는 회사를 돕는 리더십 요인은 장애를 극복하고 다시 궤도에 오르게 한다. 그 시점이 바로 리더십이 절실히 요구되는 때이고, 또한 운이 좋다면 이런 위대함이 발현되는 순간이다.

지난 몇 년간 내 동료들과 나는 20세기 위대한 리더십의 몇 가지 훌륭한 사례를 연구했다. 탐험가 어니스트 새크레턴 경은 90년 전에 안타르티카에서 언제 재난이 닥칠지 모르는 악천후 속에서 자신의 부하를 도와 극한 상황의 역경을 이겨냈다.

위기에서의 리더십

1914년 8월 새크레턴 경과 스물일곱 명의 대원은 탐험선 '엔듀런

Margaret Kelly

스' 호를 타고 안타르티카 항해에 나섰다. 그들의 임무는 도보로 1천8백 마일의 안타르티카를 완벽하게 횡단하는 것이었다. 그들은 성공하지 못했다.

'엔듀런스' 호는 웨델 해의 빙하 속에 갇혔다. 대원들은 아무런 통신 도구도 없었으며, 구조될 확률은 극히 낮았다. 그러나 새크레턴 경은 포기하는 대신 그의 부하들과 함께 자신들이 구조될 것이라는 확신과 낙관주의를 믿고 몇 달간을 암흑 속에서 생존했다. 생필품은 점점 떨어져가고 추위는 점점 더 매서워졌다.

이런 상황에서 당신이 리더라면 어떻게 대원들을 리드했겠는가? 거의 2년 동안 새크레턴 경은 자신의 대원들을 황폐해지지 않도록 지켜냈다. 그는 계획을 세우고 다른 대원들의 의견을 수렴했으며 긍정적인 가설을 세웠다. 결국에는 모든 대원들을 마치 집에서 지내는 것처럼 편안하게 만들었다. 그는 그들 앞에 펼쳐진 절망적인 상황에서도 험난하고 기나긴 레이스를 견뎌냈으며 대원들의 버팀목이 되었다. 결국 그가 대원들의 생존의 근거를 제시한 것이다.

오늘날 대부분의 사람들은 생사의 기로에 놓여 있다기보다 성공과 실패의 갈림길에 놓여 있지만, 우리가 조직원들을 위해 세워야 할 근거는 좀더 본질적인 것이다. 사실 이런 근거는 상황이나 경기가 좋을 때 기업들이 번성하게 되는 주요한 이유이다.

한 그룹을 재해로부터 생존할 수 있도록 하는 요소 - 비전, 결의, 리더십, 헌신 - 는 그 그룹이 '정상적인' 시기에 번성케 하는 데 기여한다. 이런 요소들은 앞을 내다볼 줄 아는 기업들에게서는 항상 볼 수 있다. 사실 이런 요소들이 모든 팀 구성원의 몸에 배어 있기 때문에 어떠한 외부의 역경과 상관없이 성공할 수 있는 것이다.

위대한 리더들은 어떤 상황에서도 대처할 수 있는 준비가 돼 있다.

탐험가 새크레턴의 리더십 모델

새크레턴 모델은 영원불변이다. 새크레턴 모델은 나쁜 상황에서도 낙관주의를 조성하고, 사기를 북돋우며, 좋은 예를 들면서 리드한다. 이런 접근방식은 반대의 상황에도 잘 적용된다. 항해하면서 문제가 생겼을 때나 탐험이라는 도전에 나섰을 때 필요한 리더십을 제시해준다.

- 위기 상황에 닥치면 팀 구성원들에게 상황에 대해 설명하라. 그런 다음 상황을 책임지고, 행동계획을 제공하며, 지지를 구하고, 긍정적인 결과에 대한 자신감을 유지하도록 한다.
- 팀 구성원들이 현재 상황을 계속 인지할 수 있도록 때때로 현실인지도를 체크하라.
- 긴장을 완화시켜라. 스트레스가 높을 때는 사람들의 긴장을 풀기 위해서 유머감각을 발휘하라.
- 여러 다양한 소재로부터 정보와 조언을 찾아라.
- 당신 자신의 최고의 판단력에 근거해 결정하라.
- 위기 상황에 봉착한 모든 사람들을 해결책 찾기에 참여시켜라.
- 불평, 불만론자들을 곁에 두라. 그들을 피하지 마라. 대신에 그들을 설득시켜 당신을 지지하게 만들라.

163

리더로서 당신은 부하직원들을 제대로 알 필요가 있다. 임무 수행 시 그들의 역할, 그들의 강점과 약점을 어떻게 줄여나가거나 제거할 것인가. 상황이 나빠질 때 사람들은 당신에게서 리더십을 더 찾을 것이다. 그러므로 상황이 문제 없이 돌아가고 있을 때 이런 리더십 지식들을 익히고 자기 자신을 발전시켜라. 그래서 당신이 긍정적 태도, 낙관주의, 동기부여, 팀워크와 탄력성을 갖추고 있다면 당신과 팀이 어떻게든 어려움을 헤쳐나갈 것이다.

Robert B. Reich

로버트 라이시

前 美 노동부 장관, 브랜다이스대 교수
Former Secretary of Labor, Professor of Brandeis
University

일자리 창출을 위한
조언

　너무나 많은 좋은 일자리가 주변에서 사라지고 있지만, 많은 미국인이 이런 일자리에 준비되지 않은 경우가 많다. 다른 개도국 국민에게 일자리를 많이 뺏기면서 초조해하느니, 차라리 개도국에서　미국의 젊은이들이 점점 발판을 잃어가는 것을 더 초조하게 생각해야 할 것이다.

- 로버트 라이시 -

오늘날 대부분의 정치가나 전문가들은 "미국은 제조업은 중국에, 업무 지원팀은 인도에, 그리고 나머지 대부분은 남미에 직장을 뺏기고 있다"고 말한다. 이런 우려의 목소리는 오히려 직장을 구하려는 사람들의 열기로부터 우리의 관심을 돌려버린다.

미국에서 최근 몇 년간 실직률이 높아진 것은 미국인의 직장을 다른 나라에 빼앗겨서가 아니라 장기적인 침체 때문이다. 취업률은 총수요가 다시 올라가면 결국에는 회복될 것이다.

사실은 이렇다. 미국의 제조업 취업률은 몇 년 동안 감소세를 보이고 있지만, 그것이 외국인 노동자의 공급 때문만은 아니다. 제조업의 노동 수요가 줄어드는 것은 전세계적인 추세이다.

그렇다면 제조업에 무슨 일이 생긴 걸까? 한마디로 말해서 생산성 향상이다. 나는 얼마 전에 단 2명의 근로자와 4백 개의 로봇이 일하는 공장을 시찰한 적이 있다. 이 공장에서 살아 움직이는 유일한 두 사람은 컴퓨터 모니터 앞에 앉아서 로봇들에게 할 일을 지시하고 있었다. 몇 년 후면, 이런 공장에는 로봇의 기능을 업그레이드하거나 로봇을 수리하는 엔지니어 빼고 사람이라고는 찾아볼 수 없을지도 모른다.

제조업은 농업과 똑같은 추세를 나타내고 있다. 생산성이 증가하자 노동 수요가 줄어들어서 결국 취업률은 낮아진다. 1910년에는 미국의 취업 인구 중 3분의 1은 농업에 종사했다. 지금은 미국 인구의 3%만 농업에 종사하고 있다. 1995년 이후 전세계적으로 제조업 종사 인구는 줄어들고 있지만, 생산성은 오히려 30%나 향상되었다.

우리는 개도국 국민이 최저임금을 받으면서 일하는 것을 비난하면 안 된다. 그들은 선진국에 노동력을 수출함으로써 더욱 번성할 것이다. 미국은 수입품에 대한 관세를 높이고, 내수 산업에 지원을 늘림으로써 개도국의 수출을 막으려 한다. 그러나 개도국의 발전은 단지 인류애에서의 관점에서 이루어져야 하는 것이 아니라 세계의 안정성을 더 높여주는 일이다.

무엇을 비난하고 싶은가?

그렇다면 새로운 지식을 비난하라. 지식 때문에 우리의 일상생활에서 필요한 거의 모든 기계와 소프트웨어의 출현이 가능해졌다. 슈퍼마켓에서는 직원을 대신하여 자동스캐너가 물건값을 계산할 수 있다. 인터넷은 여행사 직원들, 부동산 중개인들, 주식 중개인들과 회계사를 대신해서 일하고 있다. 또한 초스피드 데이터 네트워크와 향상된 글로벌 네트워크의 디지털화로 인해 훨씬 싼 비용으로 해외에서 업무 지원을 할 수 있게 됐다.

지난해 미국에 본사를 둔 수많은 기업들은 인도, 중국, 필리핀에서 소비자 담당 서비스 업무와 각종 서류 정리 등을 담당하는 근로자를 고용하는 데 1백억 달러를 썼다. 미국에서는 단순업무가 사라지고 있는 것이다. 그러나 이런 사실이 일자리 수가 줄어들었다는 것을 의미하는 것은 아니다. 이것은 단순업무 일자리 수를 이야기할 뿐이다. 미국 경제가 다시 좋아져도 이런 단순 업무 일자리가 미국에 되돌아오는 대신 새로운 일자리가 그 공백을 메울 것이다. 전체 미국인의 4분의 1은 지금 40년 전에는 존재하지도 않았던 직업에 종사하고 있다.

미국에서의 문제는 일자리의 수가 아니라 일자리의 수준이다. 오늘날 미국 경제에서 일자리를 크게 두 가지 종류로 볼 수 있는데, 그

167

Robert B. Reich

두 가지 중에서 첫 번째 업종이 훨씬 높은 임금에 복지혜택도 좋다.

첫 번째 일자리는 새로운 문제들을 해결하는 일

R&D, 디자인, 공학, 고급 세일즈, 마케팅, 작곡, 저술, 제작 등이 여기에 속한다. 변호사, 뱅커, 저널리스트, 의사 그리고 경영전문 컨설턴트 등이 여기에 해당된다. 대부분은 숫자, 단어, 그리고 아이디어 등을 분석, 조작, 또는 이들을 통해 의사 소통하는 것과 상관 있다. 대부분 이런 일에 종사하는 사람들은 대학졸업자들이다.

시간이 지나면서 이런 기호나 부호를 다루는 분석가들은 그들이 단순 업무에서 벗어나면 날수록 일을 더 잘해낼 것이다. 그들은 경제적인 변화로 인해 혜택을 입을 것이다. 컴퓨터 테크놀로지는 사고, 창조, 그리고 의사 소통하는데 더 유용한 수단이 될 것이다. 또한 글로벌 시장은 더 많은 잠재적 고객을 연결해줄 것이다.

어떤 나라도 이런 분석적인 일을 미국보다 더 잘할 수는 없을 것이다. 미국의 대학들은 전세계의 부러움을 한 몸에 사고 있다. 그리고 어떤 나라도 이런 분석과 관련된 일을 전문화하는 데 있어서 미국만한 경험을 가진 나라가 없다. 게다가 이런 분야에 있어서는 사람들의 욕구나 발명의 가능성이 무한대이기 때문에 관련된 일자리 수도 무한히 생겨날 수 있다.

두 번째 일자리는 더 늘어나는 서비스 업종

컴퓨터나 로봇은 인간의 지속적 관심과 관리가 필요하기 때문에 이런 일을 대신할 수 없다. 개도국에서는 이런 일을 개인적으로 해야 하기 때문에 제대로 할 수 없다. 간호사나, 물리치료사, 혹은 의료 기술진과 같은 업종의 서비스업 근로자들은 고졸 이상의 학력이 필요하다. 그러나 레스토랑 웨이터나 택시 기사, 개인 상점 직원, 경비원처럼 그렇지 않은 경우가 대부분이다. 이 두 번째 직종에 종사하는 사람들의 임금은 분석가들과는 반대로 정체돼 있거나 줄어들고 있다. 그것은 서비스 산업에 공장 근로자가 되었어야 할 인력이 뛰어듦으로써 서비스업 근로자들의 공급이 점점 더 빨리 늘어나고 있기 때문이다. 또한 해외 이민자들도 이 영역에 뛰어들고 있다.

그러나 미국의 장기적인 문제는 적은 수의 일자리 창출에 있지 않다. 그것은 분석가들과 서비스업 근로자들 간에 임금의 격차가 점점 커진다는 것이다. 장기적인 대책은 더 많은 미국인에게 대학교육의 기회를 줌으로써 더 높은 수준으로 올라서는 것이다. 불행하게도 지금 정반대의 경우가 나타나고 있다.

너무나 많은 좋은 일자리가 주변에서 사라지고 있지만, 많은 미국인이 이런 일자리에 준비되지 않은 경우가 많다. 다른 개도국 국민에게 일자리를 많이 뺏기면서 초조해하느니, 차라리 개도국에서 미국의 젊은이들이 점점 발판을 잃어가는 것을 더 초조하게 생각해야 할 것이다.

두려움을 현명하게 관리, 극복하고 신념을 재확인할 때, 특히 우리의 노력이 성취하고자 하는 목표나 목적과 맞물려 있을 때 우리는 놀라운 일을 해낼 수 있다.

신념은 당신을 지지하고, 필요한 자원을 찾아 목표 달성을 도울 것

Robert B. Reich

이며, 끝까지 분투할 수 있는 힘을 줄 것이다. 또한 신념은 모든 장벽을 깨부수는 힘을 갖도록 할 것이다. 이는 당신의 자기 다짐이나 긍정적인 사고를 통해 더욱 명백해질 것이다.

신념은 당신에게 인생의 덜 중요한 일에는 과감하게 'No' 라고 말하고 중요한 일에는 무조건 'Yes' 라고 말하게 만들 것이다. 또한 당신을 좋은 정도에서 더 좋은 최상의 정도로 발전하게 할 것이다. 당신이 다양한 사고를 통해 더 좋은 사람, 당신이 될 수 있는 최고의 사람이 되도록 할 것이다. 이는 당신이 조건, 환경에 반응하며 사는 것이 아니라 책임감 있고 혁신적인 선택을 하는 인생을 이어가게 할 것이다.

나는 당신에게 한 가지 묻겠다. 두려움이 당신의 재능이나 능력을 최고로, 최상으로 발휘하지 못하게 하는가? 당신이 팀을 승리로 이끄는 데 장애가 되는가? 혹은 신념은 당신이 목표를 설정하고 그 목표를 향해 나가도록 하는가?

셰익스피어는 "의심은 배신자와 같아 두려움을 갖게 해 우리가 성취할 수 있는 것도 시도 조차 할 수 없게 만든다"고 말했다. 나는 당신이 신념을 갖고 앞으로 나아가고, 때로는 한 단계 건너뛰어 더 높은 수준에 도달하고, 그 수준에 계속 머무르기 바란다.

이런 과정을 거치다보면 당신은 대다수 사람들이 걸어보지 못한 길을 걷게 될 것이며 개척자의 길을 가게 될 것이다.

Kevin Roberts

케빈 로버츠

싸치 & 싸치 사 CEO
CEO of Saatchi & Saatchi

고객에게
'러브 마크'를 선사하라

171

비즈니스는 인간 진화의 핵심 동력이다. 과학과 결합된 비즈니스는 화려한 가능성과 불안정하게 연결돼 있는 네트워크의 글로벌 시대를 가져왔다. 비즈니스에는 국경도 없고 경계도 없다. 우리는 변화를 느낀다. 꿈을 현실화한다. 우리는 삶을 어루만져 새로운 것으로 탄생시킨다.

– 케빈 로버츠 –

우리는 ROI를 거의 항상 투자수익률(Return Of Investment)의 개념으로 이해하지만 중요한 것을 놓치고 있다. 더 중요한 성공의 척도는 연계수익률(Return Of Investment)이다.

비즈니스는 인간 진화의 핵심 동력이다. 과학과 결합된 비즈니스는 화려한 가능성과 불안정하게 연결돼 있는 네트워크의 글로벌 시대를 가져왔다. 비즈니스에는 국경도 없고 경계도 없다. 우리는 변화를 느낀다. 꿈을 현실화한다. 우리는 삶을 어루만져 새로운 것으로 탄생시킨다.

비즈니스의 역할은 세상 모두를 좀더 살기 좋은 곳으로 만드는 데에 있다. 미래는 생동하는 기업을 향해 손짓한다.

당신의 연계수익률을 확립하라

온라인 상에서의 간단한 클릭 몇 번으로 모든 브랜드는 수십억 인구의 감독 아래 놓인다. 새로운 지식직업은 밤새 부를 창출해내기도 하고 하루아침에 날리기도 한다. 우리는 이런 첫 번째 물결을 경험하고 있다.

두 번째 물결은 파괴이다. 피어 투 피어(peer to peer) 테크놀로지는 경제적인, 그리고 정치적인 선택을 민주화하고 있다. 수동적이었던 소비자들은 좀더 능동적이고 적극적으로 변화하고 있다. 이처럼 고무된 소비자들은 자신이 선택한 브랜드를 지속적으로 소비할 뿐만 아니라 적극적으로 주위에 권하기까지 한다. 이렇게 비즈니스에 도움이 되는 소비자를 확보하면 양적 성장을 이룰 수 있다.

이런 소비자들은 그 이전 각종 소비자들보다 훨씬 더 브랜드에 친숙하게 된다. 그들은 단순히 선택, 사용, 그리고 열광하는 수준을 뛰어넘는다. 이들은 브랜드에 깊이 감성적으로 연결된 느낌을 받고 엄청난 수준의 활동을 통해 자신들이 좋아하는 브랜드에 대한 깊은 호감도를 유지해 나간다.

고무된 소비자들을 찾아내 디자인, 제작, 유통과 세일즈 과정에 그들의 생각을 반영하는 것은 일반 상식과 같은 이야기다. 고무된 소비자는 매체이고 핵심 키워드는 열정이다. 소비자 파워는 시간적 수요, 가치적 수요 등 수요에 달려 있다. 주목을 끌어야 하는 경제 시스템에서 시간은 금이다. 선진국에서 방송광고업은 꽁꽁 얼어서 말라붙은 겨울 같고, 지루하고 시시하기 그지없는 광고로 채워진 TV 프로그램들은 이제 소음 같다.

이런 수동적인 소비에서 능동적인 소비로의 이동은 흥미진진하지만, 위협이 될 수도 있다. 왜냐하면 광고는 사람들의 관심을 끌려고 하는 것이지 관심을 돌리려고 하는 것이 아니기 때문이다.

광고가 사람들에게 놀라움을 주지 못한다면 그것은 공해와 마찬가지일 것이다. 감성은 무한한 힘의 무한한 자원이다. 진실된 순간에 사람들은 이성적으로 사고하지 않기 때문이다. 사람들은 감성적으로 반응한다.

과학자인 도널드 칼니는 "이성이 결론을 도출하는 데 비해, 감성은 행동을 이끈다"고 말한다. 감성이 더 넘쳐날수록 러브마크를 위한 욕구와 같이 보다 적극적인 행동을 취한다는 것이다.

Kevin Roberts

러브마크 만들어 내기

러브마크는 사랑과 존중 위에서 자라나고, 이성을 뛰어넘는 충성심과도 같은 감성을 고취시킨다. 이런 러브마크를 잘 키우면 기업과 브랜드 간의 연결고리가 될 수 있다. 기업이 아니라 러브마크를 좋아하는 사람들은 변함없이 러브마크를 소유할 수도 있다. 러브마크는 사람들이 그 브랜드 없이 살 수 없는 어떤 브랜드든 간에 사람들이 진심으로 좋아하는 것이라면 어떤 것이든 될 수 있다. 러브마크는 다른 브랜드로 대체할 수도 없고, 그 브랜드를 거부할 수도 없다.

이런 러브마크가 되기 위해서는 세 가지 필수 조건이 있다:

조건 1〉 **신비감**

대부분의 브랜드가 너무나 많은 정보로 신비감이 부족하다. 사람들은 잘 모르는 것에 더 끌리는 법이다. 모든 것을 다 알 때는 더 배울 것이 없기 때문이다.

조건 2〉 **관능성**

우리의 오감이 우리를 일깨우고 끌어올리고 또한 고양시킨다. 오감을 통해 우리는 세상을 경험한다.

조건 3〉 **친밀감**

소비자에게 친숙하게 다가가는 것은 하나의 예술이다. 감정이입이나 헌신, 열정은 물들지 않는 충성심과 밀접한 연관이 있다.

러브마크는 투자수익률 대신에 사람들과 브랜드 간의 관계에 기반을 둔 연계수익률이다.

Jon Spoelstra

존 스포엘스트라

만달레이 엔터테인먼트 프로스포츠 부문 사장
President, Professional Sports Division of Mandalay
Entertainment

돌파구 필요하면
엉뚱한 질문을
던져라

'파격' 마케팅은 아이디어를 제안하고 실행해야만 가능하다. 이를 위해서는 당신의 업무가 훨씬 더 늘어나는 대가를 치러야 할 것이다. 하지만 매출을 약간 늘릴 수 있는 보수적인 마케팅으로 안전하게 하면 경쟁자가 '파격' 마케팅으로 당신을 앞서나가는 결과를 초래할 것이다.

– 존 스포엘스트라 –

파격 마케팅(Marketing Outrageously)은 마케팅을 '제대로' 해서 매출을 올리는 것이다. 많은 기업들이 마케팅에 있어서는 아기 걸음마와 같이 조심스럽다. 파격 마케팅은 안전하게 펼치는 마케팅과 반대 개념이다. 그러나 오히려 이런 방법만이 더 안전하게 마케팅하는 방법일 수도 있다.

이것은 당신의 숱한 가정을 버리고 새로운 관점에서 시작하는 것이다. 이것은 또한 매출만을 우선순위에 두고 나머지 모든 것은 후순위로 간주한다. 물론 파격 마케팅이 때로는 사회적 논란의 여지를 몰고 올 수도 있다. 그러나 파격 마케팅은 당신의 상상력에서 나오는 매우 흥미로운 것이다.

나는 여러 프로 스포츠 팀과 일해 왔으며 대부분 그들의 매출을 신장시켰다. 1990년대 초 NBA의 뉴저지 네츠(New Jersey Nets)는 최악의 팀이었다. 당시 네츠는 궁지에 몰려 있었다. 구단주는 성적이 저조한 선수에게 돈을 퍼부었고 경영상태도 나빴다.

네츠의 상태는 비록 형편없었지만 나는 파격 마케팅을 도입해 매출을 끌어올릴 수 있다고 믿었다. 구단주는 내 계획을 검토한 후 "나는 이 보고서를 읽고 너무 화가 나서 화를 삭히려고 몇 블록을 걸었다"고 말했다.

나는 즉시 구단주들에게 내가 제안한 마케팅이 엉뚱하게 들릴지라도 배짱만 있다면 먹힐 것이라고 설득했다. 다행히도 그들은 배짱이 있었고 세 시즌 만에 입장료 수익이 5백만 달러에서 1천7백만 달러로 올라갔다. 스폰서가 엄청나게 늘어났고 네츠 팀의 가치는 3배나 뛰어올랐다.

나는 비즈니스에서 성공을 측정하는 내 나름의 간단한 방법이 있다. 나는 모든 문제는 매출 부족에서 비롯된다고 믿는다. 거대 매출 기업이 위기에 빠지는 것을 본 적이 없다. 그러나 파격 마케팅은 결론에 도달할 아이디어를 내는 것처럼 간단하지 않다. 당신은 진지한 질문을 자신에게 던져야 할 것이다.

항상 '무엇을 어떻게 해야 할까' 질문하라

이것은 당신이 질문하고 대답할 수 있는 가장 중요한 질문이다. 대부분의 매니저들은 "우리가 어떻게 하면 예산에 맞출 수 있을까?" 혹은 "어떻게 하면 수익을 올릴 수 있을까?"에 대해 생각한다. 그러나 이것은 잘못된 질문이다. 대신 이런 질문을 해보자. "올해 이 분야에서 최고의 회사가 되려면 어떻게 해야 할까?"

이 질문에 대답하는 것은 쉽지 않다. 하지만 이런 질문을 던져야만 파격 마케팅 아이디어가 나올 수 있다. 예를 들어 1980년대 후반 나는 NBA '포틀랜드 트레일 블레이저스(Portland Trail Blazers)'의 총괄감독이었다. 나는 비록 선수들에 대한 감독권은 없었지만, 감독 코치들과 선수들을 한자리에 불러 "올해 우승을 하려면 어떻게 해야 할까?"라고 질문했다. 이는 바보 같은 질문이었다. 결국 매직 존슨과 압둘 자바의 레이커스가 예상대로 우승 트로피를 거머쥐었다. 그리고 레이커스가 우승을 하지 못했다면 래리 버드가 있는 셀틱스나 마이클 조던이 있는 시카고 불스에게로 우승이 돌아갔을 것이다.

그런 의미에서 이 질문은 더욱 더 한심한 것이었을 수도 있다. 그러나 나는 어쨌든 이런 질문을 던져 그들을 당황하게 만들었다. 왜냐하면 나는 우리 모두가 우리의 현재 위치를 뛰어넘는 무언가를 생각하기를 바랐기 때문이다.

선수들은 더 화를 냈고 여기저기서 불평불만이 잇따랐다. 나는 그질문을 다시 했고 침묵이 흘렀다. 결국 한 수석코치가 우리 팀은 외곽슛의 정확도를 더 향상시켜야 한다고 말했다. 다른 코치는 두 명의 슈터가 필요하다고 말했다. 거기서부터 우리는 우리에게 필요한 선수를 채워넣을 전략을 짜기 시작했다. 미팅이 끝난 후 한 코치가 나에게 "나는 수도 없이 미팅에 참석했지만 오늘의 미팅이 최고였습니다. 우리가 우승팀이 되려면 어떻게 해야 하는지에 대해 진지한 미팅을 한 것입니다."

우리가 그 해에 우승할 확률이 있었을까? 아마도 아니었을 것이다. 그러나 나는 우승과 상관없이 우리 팀을 향상시켜야 한다는 것을 알았다. 그러기 위해 우리의 시야를 더 높게 잡아야 했다. 그 후 우리는 2~3년 안에 결승까지 진출했다.

"어떻게 해야 할까?"라는 질문에 대해 거부감을 갖는 사람들이 있을 것이다. 대체로 이런 질문을 피하는 이유는 예산 때문이다. 그러나 그것이 파격 마케팅에 관한 모든 것이다.

적당한 마케팅 예산과 엄청난 효과. 그것은 처음부터 크게 생각하는 것에서 시작한다. 예산 부족에 부딪치면 그때가 바로 창조적인 사고를 할 때다.

1. 기업의 현재 위치와 상관없이 목표를 높게 잡고 업계 최고가 될 전략을 세워라.
2. '파격' 마케팅을 기획하고 부정적 의견에 대해 충분히 검토하며, 대비하라.
3. 보수적인 마케팅을 고집하다가 경쟁기업의 '파격' 마케팅에 밀릴 수 있다.

　　지금 읽는 것을 멈추고 다음과 같은 질문을 작성해보자. "올해 ＿＿＿을 하려면 어떻게 해야 할까?" 그 공란에는 당신만의 '성공 측정 기준'을 기입하라. 당신이 이 질문에 당장 답할 수 없다면 깊이 생각하라. 그러면 대답이 나올 것이다. 일단 답을 적어넣는 순간 봉투에 그 노트를 집어넣고 주머니에 잘 간직하라. 우습게 들릴지 몰라도 이렇게 간직하면 당신은 이 결정적인 질문에 대해 계속 생각할 것이다.

아이디어에 대한 부정적 반응에 대비하라

　　당신의 '파격적' 명제에 대한 '파격적' 대답을 준비하라. 사실 아이디어가 너무나 파격적일 때 사람들은 그 생각이 어처구니없다며 비웃을 것이다. 그러면 당신은 봉투를 내밀고 당신의 아이디어에 대한 답을 보여줘라.

당신이 봉투를 어떻게 내밀 것인가? 그것은 당신의 사무실에서 시작된다. 당신의 '파격적인' 아이디어를 종이에 적고 그것을 봉투에 넣어 책상 위에 올려놓아라. 봉투를 당신의 바로 몇 센티 떨어진 곳에 놓아라. 어느 누구도 당신의 아이디어를 비웃을 수 없을 것이다. 어떻게 그럴 수 있겠는가? 당신은 사무실에 편하게 앉아 자유롭게 자신의 아이디어를 검토한다. 그리고 봉투를 앞으로 조금 더 내밀어보자. 이제 그 아이디어에 대한 부정적인 시각에 대한 이유를 생각해 보자.

실제로 봉투를 작성해 사무실에 앉아 편안하게 내밀어보는 것은 당신이 '파격' 발상을 검토하는 것을 돕는다. 당신의 아이디어에 대한 추종자와 회의론자의 역할을 모두 리허설해 보는 셈 치자. 그 '파격' 마케팅을 할 이유와 정당한 반대 이유를 생각해 보라. 그리고 반대 이유에 대한 합당한 해결책을 함께 내놓자. 즉 당신의 아이디어가 성공할 것인지, 아니면 별로 좋지 않은 아이디어라고 결정할 때까지 봉투를 조금씩 앞으로 더 내밀어보는 것이다.

봉투를 쭉 내밀어본 후에 당신은 동료들과 그 아이디어에 대해 검토해 볼 수 있을 것이다. 그러나 당신에게 돌아올 부정적인 반응들에 대해 단단히 대비하라.

보수적인 마케팅이 더 위험

'파격' 마케팅은 당신에게 더 높은 수익을 내는 아이디어 그 이상의 결과를 가져올 것이다. 아이디어를 디자인하고 실행하며 그것이 완성될 때까지 지켜보는 것은 추가적으로 할 일이다.

당신은 "오늘 내가 회사의 수익을 위해 무엇을 했지?"라는 질문에 대답하면서 다음 세 가지 항목과 관련한 대답을 할 수 있을 것이다. 1)나는 미래의 수익에 기여했다. 2)나는 세일즈 팀의 팀원이 아니기에 내 역할이 아니다. 3)나는 오늘 회사 수익에 직접적으로 기여했다. 분명 세 번째 대답이 정답이지만 첫 번째와 두 번째 대답도 나쁘지 않다. 결국 시간과 의무, 그리고 다른 문제들이 어떻게 당신 회사의 수익에 기여하는지를 볼 수 있기 때문이다.

이것은 자연스러운 문제다. 결국 세일즈 팀이 무엇을 해야 하는가 하는 얘기다. 하지만 회사의 수익에 매일 당신이 기여함으로써 당신이 그 회사에서 창조력을 키우고 시장의 현장감을 유지하고 있다는 사실을 더욱 공고히 한다. 다음의 서약을 하자. 내 직무와 책임이 아무리 더 커져도, 내 커리어가 어떻게 변할지라도 나는 매일 최소한 한 가지의 세일즈 노력을 한다.

'파격' 마케팅은 당신이 아이디어를 제안하고 실행해야만 가능하다. 이를 위해서는 당신의 업무가 훨씬 더 늘어나는 대가를 치러야 할 것이다. 하지만 매출을 약간 늘릴 수 있는 보수적인 마케팅으로 안전하게 하면 당신의 경쟁자가 파격 마케팅으로 당신을 앞서나가는 결과를 초래할 것이다.

그래서 보수적 마케팅이 더 위험한 것이다. 파격 마케팅의 결과는 불확실하다. 하지만 첫 충격만 잘 극복할 수 있다면 파격 마케팅을 하는 원리를 확실히 배워 당신은 마케팅의 천재로 불릴 것이다.

Rudy Giuliani
루디 줄리아니

前 美 뉴욕시장
Former Mayor of New York City

리더로 태어나기위한
6가지 원칙

리더십을 배우는 방법으로 훌륭한 인물의 자서전이나 전기를 읽는 것이
큰 도움이 된다. 레이건 전 대통령은 자신이 그린 미래상에 근거를 둔 강한
신념체계를 갖고 있었다. 당장 눈 앞의 성과에 신경 쓰는 사람들은 먼 장래
를 바라보기 힘들다. 신념, 원칙, 그리고 목표는 사람들을 모으고 결합시킨
다. - 루디 줄리아니 -

나는 "리더는 태어나는 것인가, 양성되는 것인가?"라는 질문을 자주 받는다. 그러면 나는 "리더는 양성될 수 있지만 먼저 그 이전에 리더로 태어나야 한다"고 대답한다.

우리가 배우는 리더십은 대부분 대단한 사례들이다. 부모로부터, 학교에서, 당신이 모시는 사람으로부터, 그리고 책을 통해 그런 사례들을 접하게 된다. 당신이 만약 대단한 코치를 만나게 되면 그 역시 다른 5명 이상의 훌륭한 코치로부터 지도를 받았다는 것을 알게 될 것이다.

리더십이 단지 기업경영에만 관련되는 것은 아니다. 동일한 기본 원칙을 인생의 위기를 극복하는 데에도 적용할 수 있다. 내가 전립선암 진단을 받았을 때 나는 며칠 간 두문불출했다. 그러나 나는 결국 어떤 조치를 취할 수 있는 상태에서 암을 발견한 사실이 다행스럽다는 것을 깨달았다.

나는 검사 시절과 뉴욕시장 시절에 배웠던 6가지 원칙들을 내 투병기에 그대로 적용했다.

강한 신념체계를 구축하라. 자신이 무엇을 믿는지 알아야 하고 인생의 지침을 가져야한다. 당신의 삶에 가장 중요한 것이 무엇인지 발견하는 데 초점을 맞춰라. 그렇게 해서 좀더 집중할 수 있고 더욱 강한 사람이 될 수 있다. 강한 신념체계을 갖기 전에는 리더가 될 수 없다.

리더십을 배우는 방법으로 훌륭한 인물의 자서전이나 전기를 읽는 것이 큰 도움이 된다. 예를 들면 레이건 전 대통령은 자신이 그린 미래상에 근거를 둔 강한 신념체계를 갖고 있었다.

당장 눈 앞의 성과에 신경 쓰는 사람들은 먼 장래를 바라보기 힘들다. 신념, 원칙, 그리고 목표는 사람들을 모으고 결합시킨다.

Rudy Giuliani

낙천주의자가 되라. 올바른 동기, 희망, 꿈, 비전, 열망을 갖고 문제를 해결할 수 있는 그런 낙천주의자가 되라. "나를 따르라"고 말할 수 있는 사람이 되라. 사람들은 낙천주의자를 좋아한다. 어떤 사람이 비관주의자와 저녁식사를 하고 싶어하겠는가? 낙천주의를 사람들로 하여금 당신에게 끌어당기는 자석으로 여겨도 좋다.

대통령 선거에서는 가장 미래를 낙관하는 후보가 대통령으로 당선되는 경우가 허다하다. 당신이 만약 장미 빛 미래를 확신하지 않으면 더 나은 미래는 도래하지 않을 것이다. 킹 목사는 꿈을 갖고 있었다. 그는 이제까지 어떤 나쁜 일들이 행해졌는지를 이야기하는 것이 아니라 미래가 어떻게 좋아질 것인지 복음을 전파함으로써 리드했다. 낙천주의는 삶과 인생의 너무나 중요한 일부이다.

용기를 보여라

용기는 두려움이 없는 상태가 아니라 당신이 반드시 해야 하는 일에 대한 두려움과 위험을 잘 관리하는 것이다. 두려움은 경고의 메시지를 준다는 장점이 있다. 미국 9.11의 소방관이나 경찰관들처럼 영웅적인 행동을 하는 사람들조차도 두려움이 있다. 두려움은 반드시 가져야 하는 것이다. 아무것도 두려울 일이 없다면 용기를 보여줄 일도 없는 것이다. 우리는 모두 용기를 가질 수 있다.

사람들은 나에게 "우리는 또 다른 테러를 두려워해야 합니까?"라는 질문을 한다. 물론이다. 테러를 두려워하지 않는다면 이성적이지 못하다는 것을 의미한다. 문제는 우리가 두려워하고 있는가의 여부가 아니다. 문제는 그런 두려움을 활용해서 어떻게 우리 자신을 더욱 안전하게 만들 수 있는가에 있다. 두려움이 있기에 우리는 준비할 수 있다. 두려움이 우리에게 위험을 알려주고 거기에 대응해야 할 수 있게 해준다.

완벽하게 준비하라

모든 경우의 수를 생각하라. 당신이 위기 상황에 놓이면 모든 변수에 대해 대비하고 결정을 내려야 한다. 팀이 잘 준비됐는지 확인하라. 뭔가 예기치 못한 일이 발생한다 해도 그것은 단지 예측한 많은 상황들 중의 변종일 뿐이다.

9.11 테러가 발생한 날 월드트레이드센터(WTC)에 갔을 때 나는 상황이 전해들은 것보다 훨씬 더 참혹하다는 것을 깨달았다. 그 때까지 나는 대략 1백 건의 위급상황을 겪었고 모든 종류의 위급상황을 다 겪었다고 생각하고 있었다. 그러나 9.11 테러는 그 어느 것보다도 참혹했다. 이것은 미증유의 영역이었다. 비행기가 건물을 들이받는 상황에 대한 계획 같은 것이 있을 리 없었다. 그래서 다른 테러 상황에 대한 계획에 근거해 결정을 내려야만 했다. 만약 예상 가능한 모든 변수에 대해 준비돼 있으려 한다면 예상조차 못한 것에 대해서도 준비돼 있어야 한다.

팀워크를 강조하라

어느 누구도 적합한 사람들과 팀이 없이 뛰어난 일을 해낼 수 없다. 또한 다른 사람들의 도움 없이 위대한 일을 해낼 수 없다. 어떤 일을 책임지고 있다면 스스로에게 물어보자. "내 단점이 무엇이었지?" 자신의 단점을 알아내고 그 단점을 다른 사람의 강점으로 보완해 균형을 맞추고 있다면 위대한 팀워크를 다져가고 있는 것이다. 당신의 단점을 커버할 수 있는 장점을 가진 사람들을 고용하라.

효과적인 커뮤니케이션을 하라

　사람들에게 당신이 무슨 일을 왜 하는지 말해주라. 당신이 알거나 기대하는 것을 다른 사람들과 공유할 수 없다면 리더가 될 수 없다. 리더들이 실무를 담당하는 경우는 드물기 때문이다. 리더들은 다른 사람들에 의존한다. 조 토레 뉴욕 양키스 감독이 공을 던지지는 않는다. 그들은 동기를 부여하는 사람이자 스승이며 코치이다. 당신의 역할은 사람들이 어떻게 비즈니스를 수행하고 더 잘할 수 있는지 가르치는 것이다.

Nido Qubein
니도 쿠베인

하이 포인트 대학 총장
Nido Qubein / President of High Point University

성공을 위한
네 가지 핵심 포인트

아이디어의 가치는 희소성에 있다. 당신과 같은 일을 하는 사람이 많을수록 당신 비전의 시장 가치는 그만큼 줄어들 것이다. 그렇다면 무엇이 당신을 다른 사람들의 비교우위에 있게 할 것인가? 당신이 이루고자 하는 바를 명확하고 구체적인 비전으로 표현하라. – 니도 쿠베인 –

나는 전문가로서 성공으로 이르는 네 가지 핵심 포인트를 발견했다.

핵심 포인트 1〉 성공은 뚜렷한 비전에서 나온다

비전은 마음속이나 상상 속 아이디어에서 시작해 꿈이 되는데, 때로는 집념이 되기도 한다. 이렇게 아이디어를 꿈으로 키워내려면 당신의 비전은 매우 명쾌하고 뚜렷해야 한다. 막연한 비전은 실행 과정의 혼란을 가져오거나 실행 자체를 무너뜨린다.

당신의 비전을 스무 단어 내외의 독특하면서도 분명한 명제로 만들어라. 비전이 구체적일수록 당신의 성공확률은 높아진다. 비전은 또한 실용적이면서 실행에 옮길 수 있는 것이어야 한다. 즉 당신은 실행에 착수할 수 있는 일을 찾아야 한다. 당신의 비전은 당신의 열의와 부합하고 다른 사람을 고무시킬 수 있어야 한다. 당신은 비전을 실현하기 전에 그것을 가슴속에 품어야 한다.

당신의 비전은 당신이 갖고 있는 기술이나 자원, 능력에 맞아야 한다. 만약 그렇지 않다면 당신은 잘못된 꿈을 좇게 될 것이다. 당신의 독특한 기술과 자원에 잘 맞는 틈새를 찾아라. 당신의 비전은 새로운 환경과 변화에 잘 적용할 수 있어야 한다. 그리고 당신의 비전은 시장성이 높아야 한다. 아이디어의 가치는 희소성에 있다. 당신과 같은 일을 하는 사람이 많을수록 당신 비전의 시장 가치는 그만큼 줄어들 것이다. 그렇다면 무엇이 당신을 다른 사람들의 비교우위에 있게 할 것인가? 당신이 이루고자 하는 바를 명확하고 구체적인 비전으로 표현하라.

핵심 포인트 2〉 성공은 단단한 전략에서 비롯된다

아무리 위대한 비전이라도 실용적이고 실행할 만한 활동계획이 뒷받침되지 않으면 가치가 없다. 좋은 전략계획의 수립은 당신으로 하여금 당신의 비전을 측정할 만한 목표로 전환시키도록 할 것이다.

5년 내 당신이 성취하고자 하는 바(장기적 목표)를 결정하고 그 목표를 당신이 6개월 내 혹은 1년 내에 성취해야 할 목표(중기 목표)로, 다시 1개월 내 성취해야 할 목표(단기적 목표)로 세분화하라.

당신의 목표를 성취 가능한 목적으로 분류하라. 로버트 슐러 박사는 "인생은 조금씩 힘들어져서 결국은 점점 더 꽉 조여올 것이다"라고 말했다. 목적은 당신의 활동에 의도와 방향을 더해줄 것이다. 목적을 이룰 구체적인 방안을 확립하라. 그리고 목적을 이루기 위해 그날그날 할 일을 정하라. 일을 제대로 하기 위해서는 열심히 일하는 것을 넘어서 적절한 일을 할 필요가 있다. 이런 일들을 스케줄에 넣고 성취하는 과정을 체크하라.

핵심 포인트 3〉 실용적인 시스템은 성공의 중심이다

지속적으로 원하는 결과를 얻기 위해 간단한 시스템을 개발, 사용하라. 운전할 때마다 운전대를 새로운 것으로 바꿀 수 없으며 그렇게 하지 않는 것이 최선이다. 시스템을 제대로 이용하지 않으면 업무에서 당연히 돼야 할 일이 제대로 되지 않는다.

일상의 기능을 간소화해서 시스템화하라. 시스템을 잘 고안, 효율적으로 운영되는지 점검해야 하며, 때에 맞춰 업그레이드해 목적 달성을 용이하도록 해야 한다.

189

Nido Qubein

핵심 포인트 4〉 성공은 지속적인 실행을 통해 나온다

당신이 아무리 좋은 계획을 세워도 그것을 실행에 옮기기 전에는 별 의미가 없다. 많은 사람들은 공들여 계획을 수립하지만 그것을 실행하지 않는 경우가 대부분이다. 공들여 계획을 하는 것은 결국 낭비가 된다. 그러므로 당신 자신을 어떤 일에 반응하기 보다 사전에 준비하는 쪽이 되도록 연마하고 효과적인 실행을 위한 네 가지 요소에 주의를 집중하라.

1)항상 실행의 시기와 무엇을 실행할지를 인지하라(긴급한 문제는 항상 더 중요한 일을 해야 할 때 그 일에 장애가 될 순간에 발생할 것이다). 항상 가장 중요한 문제는 "내가 다음에 할 일은 무엇인가" 하는 것이다. 다음에 할 일을 아는 것은 시간과 노력의 낭비를 막아줄 것이다.

2)실행을 잘할 수 있는 기술과 지식을 갖추어라. 가장 성공한 사람들의 행동 패턴을 연구, 그대로 모방하라.

3)실행을 완수하기 위해 할 일은 신속하고 전략적으로 하라. 자가훈련의 핵심은 욕구다. 당신이 가장 즐길 수 있고 가장 당신에게 맞는 계획을 세워라. 그렇지 않으면 자가훈련은 고역이 될 것이다.

4)지속적으로 하라. 실행의 핵심은 적절한 수행을 지속적으로 하는 데 있다. 당신의 계획이 바라던 결과를 도출해 내지 못한다고 해서 바로 계획을 위한 수행을 멈춰서는 안 된다. 지속적으로 수행할 수 있는 새로운 계획을 만들어라. 당신의 습관이 당신의 비전을 성취하는 데 도움이 되도록 하라.

성공으로 가는 열쇠

당신이 일에서 성공으로 가는 열쇠는 당신 스스로를 위한 비즈니스를 하고 있는 것처럼 행동하는 것이다. 즉 비즈니스의 직감과 통찰력을 개발하라. 인재가 기술이나 재무보다 비즈니스의 수익률이나 이윤에 훨씬 중요하다. 인재관리 능력은 그 어느 때보다 중요하게 거론된다. 그러므로 당신이 원하는 인재를 가려내는 창의적인 방법을 고안하라. 당신의 일을 제대로 관리할 좀 더 정확한 방법을 찾아내라. 당신이 취하는 방법, 수행을 장기적으로 관리하라.

장기적인 관점으로 계획이나 목표를 확립하라. 트렌드를 예측하고 이를 이용할 전략을 개발하라. 당신 자신을 시장에서 상품화시킬 방법에 대해 전념하라. 일을 제대로 하고 제대로 된 일을 하라. 시간을 효과적으로 관리하고 협상 기술을 갈고 닦으라. 그리고 지속적으로 당신의 발전을 체크하라.

오늘날 성공적인 전문가가 되는 것은 다음의 다섯 가지 이유 때문에 더 힘들다.

첫째, 프로페셔널의 전문성에 대한 요구가 예전보다 훨씬 높다. 세상이 더 복잡해지고, 사람들은 자신들이 할 수 없는 많은 일에 대해 전문가에게 더 많이 의존하게 된다.

둘째, 프로페셔널의 공급이 예전보다 훨씬 더 높아졌다. 최근 몇 년간 많은 직업이 많은 새로운 전문직 종사자를 끌어들여 과열되었다.

셋째, 비즈니스를 하는 데 비용과 리스크가 엄청나게 높아졌다. 그의 모든 직업에 있어 채무보험은 그 대가가 얼마가 되든 간에 당연한

Nido Qubein

필수품으로 간주된다.

넷째, 좀 더 넓은 의미의 지식과 기술이 요구된다. 이는 2차적 의견의 시대이다. 우리의 모든 제안이나 추천은 다른 데이터에 의해 뒷받침, 추론될 수 있어야 한다. 즉 우리가 오늘 배운 지식이 내일이면 무용지물이 될 수 있다.

마지막으로 시장이 달라졌다. 이는 소비의 시대에 우리가 살고 있기 때문이다. 우리 고객은 더 높은 교육 수준의 더 세련된 감각을 갖고 있으며 가치의식적이다. 그들은 단순히 정보나 동기부여가 아니라 측정 가능한 결과를 원한다.

Michael Porter

마이클 포터

하버드 비즈니스 스쿨 교수
Professor at the Harvard Business School

최고의 CEO는
전략의 스승

많은 기업들이 벤치마킹을 하고 더 경쟁적 융합을 할수록 기업들간 비차별성은 점점 더 심화된다. 전략적 포지셔닝은 기업이 차별성을 유지함으로써 지속할 수 있는 경쟁우위를 차지하게 해준다. 이는 경쟁사와 다른 활동을 하고 비록 유사한 활동이라도 다른 방식으로 이행하는 것을 의미한다.

– 마이클 포터 –

Michael Porter

위 대한 전략은 명분이며 최고경영자는 이 명분을 이끌어 최고 전략가가 돼야 한다.

많은 사람들을 끌어들이고 추진하고 권한을 부여하는 의지는 중요하지만 궁극적으로 이런 활동은 선택의 행위는 아니다. 강력한 리더는 선택을 하고 그에 따르는 반대급부를 규정해야 한다. 위대한 전략과 강력한 리더는 밀접한 관계가 있다.

그렇다고 해서 반드시 리더가 전략을 창조해야 한다는 의미는 아니다. 리더는 어떤 시점에서 그 누구도 하지 않은 새로운 행동을 예측해야 한다. 어떤 리더는 이를 능숙하게 잘하지만 리더의 핵심적업무는 그러한 독특한 포지션을 장기간에 걸쳐 유지할 수 있는 기강을 세우는 것이다.

리더는 어떤 선택을 하고 그에 따르는 반대급부를 파악하고 실행을 선도해야 한다. 사원의 제안서부터 고객의 목소리, 납품업체의 의견까지 매일 수천 가지의 아이디어가 쏟아져 나온다. 이러한 아이디어 중 99%는 전략과 일치하지 않는다.

위대한 리더는 다음의 말에서처럼 선택 후의 반대급부를 파악하고 추진한다. "그렇다. 사우스웨스트 항공사에 기내식을 제공한다면 멋질 것이다. 하지만 이는 우리의 저가전략에 부합하지 않는다." 이와 동시에 위대한 리더는 전략에 대해 융통성이 없거나 수동적이어서는 안 된다는 것을 안다. 이들은 지속적으로 이를 시정하기 위해 명확한 방향을 고수하면서 긴장감을 조성하며 일을 추진해 나간다.

위대한 리더는 또한 조직의 전 임직원이 전략을 이해하도록 만든다. 전략은 최고 경영진만이 점유하는 신비로운 비전이 아니다. 이런 생각은 전략의 기본 목적에서 벗어난다. 매일 시행해야 할 수천 가지

사항을 개개인에게 알려주고 그러한 것들이 동일한 방향으로 모두 연결되게 해야 한다.

직원들이 자신의 회사가 경쟁사와 어떻게 다른지, 즉 어떻게 가치를 창출하는지 알지 못한다면 자신이 내려야 할 수많은 결정을 과연 할 수 있을까? 세일즈맨들은 회사의 전략을 알아야 한다. 그렇지 않으면 누구를 찾아가야 할지 모를 것이다. 엔지니어들도 이를 알아야 한다. 그렇지 않으면 무엇을 만들어야 할지 알지 못한다.

최상의 CEO는 전략을 가르치는 스승이다. 이들은 사원, 납품업체와 고객에게 가서 "이것이 우리의 대표 제품(서비스)입니다"라고 그들이 이해할 때까지 강조한다. 위대한 기업에서 전략은 주요 명분이 된다. 전략은 '달라지는 것'에 관한 것이다. 뛰어난 전략이 있다면 사람들은 에너지를 얻게 된다. "우리는 다른 항공사와 다릅니다. 뭔가 새로운 것을 전해드리겠습니다."

전략적 포지셔닝의 3대 원칙

제품 서비스를 창조, 생산, 판매, 전달하는 수많은 활동은 경쟁우위의 기본단위이다. 운영의 효율성은 이러한 활동을 경쟁자보다 더 우수하고, 더 신속하고, 더 적은 노력으로, 혹은 더 작은 결함으로 시행하는 것이다

기업은 전사적 품질관리를 통해 이익을 얻을 수 있는 것과 마찬가지로 운영의 효율성에서도 엄청난 이득을 얻을 수 있다. 그러나 이런 효율성 역시 다른 기업이 쉽게 모방할 수 있다. 경쟁사가 이를 채택하

Michael Porter

면 생산성의 한계치기업이 주어진 비용, 주어진 최상의 가용기술숙련
도 및 관리기술로 얻는 최대의 가치는 더 높아져 비용을 절감하는 동
시에 가치를 증대시킨다. 이런 경쟁은 운영의 효율성 측면에서 절대
적 향상을 가져오지만 상대적으로는 어느 누구도 향상을 보지 못할
수 있다. 그리고 더 많은 기업들이 벤치마킹을 할수록, 더 경쟁적 융
합을 할수록 기업들간 비차별성은 점점 더 심화된다.

전략적 포지셔닝은 기업이 차별성을 유지함으로써 지속할 수 있는
경쟁우위를 차지하게 해준다. 이는 경쟁사와 다른 활동을 하고, 비록
유사한 활동이라도 다른 방식으로 이행하는 것을 의미한다.

전략적 포지셔닝의 중요한 기본원칙 세 가지를 살펴보자.
첫째, 전략은 다른 활동과 연관되는 독특하고 가치 있는 포지션의
창출이다.
전략적 포지션은 세 가지 원천에서 나온다. 1)많은 고객들의 소수
니즈를 충족시킨다 - 지피 루브 사는 자동차 윤활유라는 한 가지 품
목만 내놓는다. 2)소수 고객의 폭넓은 니즈를 충족시킨다 - 베세머
트러스트 사는 최고 부유층 고객만을 대상으로 한다. 3)좁은 시장에
서 많은 고객들의 폭넓은 니즈를 충족시킨다 - 카마이크 시네마 사는
인구 20만 명 이하의 도시에서만 운영한다.

둘째, 전략은 선택 후 생기는 반대급부를 파악하고 실행하게 만들
어 무엇을 하지 않을지 선택하게 한다.
경쟁적인 활동 중에는 양립할 수 없는 것이 있다. 따라서 한 부분
에서 우위를 확보하려면 다른 분야를 희생해야 한다. 예를 들면 뉴트

로지나 비누는 씻는 기능보다는 의약품 쪽으로 포지셔닝했다. 이 업체는 대량 판매를 포기하고 제조 효율성을 희생했다.

셋째, 전략은 적합성을 만들어내는 것이다.

적합성은 기업의 활동이 상호작용하는 방법과 연관되며 서로를 보강할 수 있어야 한다. 예를 들면, 뱅가드 그룹은 모든 활동을 저가정책과 연계시켰다. 소비자에게 직접 자금을 배분하고 포트폴리오 매출을 최소화했다. 적합성은 경쟁우위와 지속가능성이라는 두 가지 목표를 모두 추구한다. 기업의 개별 활동이 서로를 보강할 때 경쟁사는 이를 쉽게 모방할 수 없다.

사람들은 전략적 포지션을 확장하는 것보다 심화시키고 싶어한다. 그리고 기업의 활동에서 적합성을 강화하면서 동시에 독특함을 확장하는 방법 즉, 어떤 타깃 그룹의 소비자와 그들의 니즈를 정확히 파악하기 위해서는 원칙과 한계를 설정하는 능력과 솔직한 커뮤니케이션이 있어야 한다. 전략과 리더십은 서로 얽혀 있다.

Anne Mulcahy
앤 멀커히

제록스 CEO겸 회장
Chairman and CEO of Xerox.

고객을 神으로
대하는 이유

고객 중심으로 탈바꿈하려면 어떻게 해야 하는가? 긍정적 사고를 갖고 직원들과 커뮤니케이션하는 법을 배워라. 단기간에 엄청난 업무량을 소화해내라. 회사의 득실을 따져 의사결정을 하라. 고객과의 관계에 초점을 맞춰라. 고객이 회사의 존속을 결정지을 것이며 그들의 태도가 우리의 성공을 결정할 것이다. – 앤 멀커히 –

제 록스의 회생은 고객과의 관계를 더 확고히 한 결과였다. 우리는 고객의 사랑을 받기 위해 다음의 여섯 가지를 해 왔다.

1) 우리는 고객의 의견에 귀를 기울이고 배웠다.
2) 우리는 고객 중심의 비전을 새롭게 만들어냈다.
3) 우리의 원래 고객을 회복하고 전 방위적으로 고객과의 경험을 늘렸다.
4) 말단직원부터 임원에 이르기까지 모든 인력이 핵심 고객과 만나 새로운 제품을 공동 개발했다. 그래서 지금도 직원들의 80%는 고객과 직접 연락을 주고받는다.
5) 세일즈/솔루션 조직으로 변신했다.
6) 우리 회사가 잘하는 점과 못하는 점에 대해 정직하고 지속적인 자체평가를 실시하고 있다.

그렇다면 고객 중심으로 탈바꿈하려면 어떻게 해야 하는가? 긍정적 사고를 갖고 직원들과 커뮤니케이션하는 법을 배워라. 단 기간에 엄청난 업무량을 소화해내라. 회사의 득실을 따져 의사결정을 하라. 고객과의 관계에 초점을 맞춰라. 그들이 회사의 존속을 결정지을 것이며 그들의 태도가 우리의 성공을 결정할 것이다.

제록스는 고객과 멀어짐으로써 큰 문제가 생겼고 다시 한 번 고객에 초점을 맞추자 문제가 해결됐다. 내가 CEO가 됐을 때 나는 워렌 버펫에게 전화를 했다. 그는 "당신이 시작하지 않은 전쟁에 용병으로 투입된 셈이군요. 이제 당신이 회사를 승리로 이끌어야 할 때입니다" 라고 충고했다.

Anne Mulcahy

제록스 강점은 고객 기반과 헌신적 노동력

내가 제록스의 최고경영자가 됐을 때 회사를 살아남게 한 고객 기반과 헌신적인 노동력이라는 두 가지 장점을 갖고 있었다. 우리는 위대한 기술을 갖고 있다는 평가를 받았지만 고객에 초점을 맞추지 않았다.

직원들은 명백한 방향이 필요했다. 일반적인 목표를 갖고 있는 좋은 직원들은 무슨 일이든 해낼 수 있다. 고객은 반드시 세계의 중심이어야 한다. 만일 당신이 고객을 지금보다 5% 더 확보한다면 수익률은 25%가 늘어날 것이다. 그렇기 때문에 고객에 초점을 맞춰야 한다.

우리는 경영진이 직접 고객과의 관계에 관여해 핵심 고객과 같은 태도를 취하도록 했다. 우리는 회사가 어려울 때도 R&D 부문 투자를 계속했다. 우리는 고객센터에서 임원 미팅을 열었다. 고객센터에서는 고객과 관련된 주제가 아니면 미팅을 주재하기 어려운 곳이다. 그렇게 함으로써 고객에게 가장 중요한 것이 무엇인지에 대해 좀더 잘 알게 됐다.

고객들 역시 우리와 파트너가 될 때 그들 자신도 더 성장한다는 것을 인지할 필요가 있다. 예전에 우리의 한 핵심 고객이 우리와 관계를 청산했을 때 나는 20년간 거래를 해줘서 감사하다는 뜻으로 "모든 것이 저희의 잘못임을 잘 알고 있습니다. 귀하께서 다른 곳과 거래하려 하신다면 귀하의 결정에 따를 것입니다. 저희는 거래 이관 작업을 신속히 처리할 것이며 귀하의 사업에 무궁한 발전이 있기를 기원합니다"라는 감사 편지를 보냈다. 우리는 고객에 대한 모든 대응을 신속히 처리했고 그런 고객 중심 사고는 고객과의 경험을 확대하기 위한 것이었다.

이런 것들이 우리의 가치체계 운영방식을 바꿨다. 우리는 고객이 우리 기술로부터 최상의 결과를 얻는 방식에 귀 기울이기 시작했다. 고객중심 문화는 문제해결에 대한 책임과 고객 관점으로부터 비즈니스를 이해하기 위한 것이다. 핵심 고객과 함께 일할 최고의 인력을 얻는다는 것은 큰 문화적 이동이었다.

고객중심 문화 위한 인센티브제 도입

제록스는 고객중심의 문화를 만들기 위해 인센티브제를 도입했다. 고객은 비즈니스에 큰 영향을 미치지 않는 한 거창한 하드웨어를 바라지 않는다. 그들은 솔루션을 원하며 진정한 가치는 서비스에 달려 있다. 고객은 좀더 나은 기술을 필요로 하는 것이 아니라 자신이 해야 할 일로부터 좀더 자유로워질 수 있는 기술을 원하는 것이다.

우리는 재정적 어려움에 처한 다른 회사들을 지켜보았다. 기업들은 위기 때 회사를 혁신한다.

당신이 모든 사람들에게 중요한 인물이 될 수는 없다. 그러므로 "그건 안 됩니다"라고 말하는 법을 배워야 한다. 강인한 마음을 갖고 자신을 훈련시켜라. 때로는 힘든 결정을 내릴 수 있어야 한다.

고객중심 사고는 기분 전환용이 아니다. 그것은 놀라운 가치를 부여할 것이다. 고객의 관점에서 비즈니스를 이해하라. 나는 내 시간의 1/3을 고객과 함께 한다. 고객에게 중요한 것이 무엇인지 대화를 통해 알아내라. 고객중심 사고는 우리 모두가 할 수 있는 일이다.

Anne Mulcahy

마이크 패리스

필립모리스 수석 부사장
Senior Vice President of Philip Morris USA.

필립모리스가
금연운동 펼치는
이유

필립모리스는 담배가 건강에 미치는 폐해를 줄이기 위해 다양한 활동을 전
개하고 있다. 책임감 있는 기업활동을 위해 회장이 직접 나서 금연을 권장하
고 청소년 흡연 예방 프로그램을 지원하며 적극적 마케팅 활동을 전면 중단
하고 있다. 또한 흡연자의 금연 노력을 지원하며 식품의약국의 담배에 대한
규제를 적극 지원하는 등 사회적 감시자로서의 노력을 게을리하지 않는다.

－ 마이크 패리스 －

비즈니스 거장들 리더십을 말하다

필]립모리스는 중독성이 강하며 심각한 질병을 유발하는 위험
한 제품을 생산한다. 담배는 폐암과 심장 질환, 폐기종과 다
른 심각한 질병의 원인이며 세상에 안전한 담배란 존재하지 않는다.
따라서 담배에 대해 이런 모든 사실이 알려진 시장에서 담배에 대한
책임감 있는 마케팅을 하기란 불가능해 보인다.

나는 우리 회사가 겪은 실패의 일부와 더불어 우리 제품의 책임 있
는 마케팅 접근법을 증명해 보이기 위해 현재 실시하고 있는 활동 등
을 소개하고자 한다. 혹자는 우리 제품이 건강에 미치는 영향 때문에
우리의 경험이 독특한 것이라고 말할지도 모른다. 사실, 우리는 늘 독
특한 도전에 직면해왔다. 그러나 오늘날 많은 산업들이 같은 종류의
도전에 직면하고 있다. 말하자면 자신들의 활동이나 제품에 대한 사
회의 걱정에 대처해야 하는 도전 말이다. 그런 취지에서 우리 회사가
얻은 교훈이 당신에게도 도움이 될 것이다.

수년 간 필립모리스는 성공을 법 준수, 내부 목표 달성, 직원 존중,
그리고 사회 환원 등으로 정의하고 있다. 이런 것들은 오랫동안 지속
돼 왔으나 시간이 지나면서 사회의 기대치가 변하고 우리는 페이스를
유지하는 데 실패했다. 사회는 그런 산업과 기업에 강한 메시지를 보
냈던 것이다.

우리는 이런 현상을 더 많은 소송과 입법, 규제 그리고 세금 등의
여러 측면에서 바라본다. 늘어나는 부담에 직면해 우리는 정신적 '벙
커' 상태에 빠져들고 말았다. 흡연과 질병, 중독 사이의 정확한 상관
관계를 논하는 토론에 너무 많은 시간을 소비하면서 정작 사람들의
관점이나 염려에 귀 기울이는 데 실패했다. 대부분 우리 제품은 잘못
된 제품으로 인식됐고 오해를 받았다.

203

우리가 벙커에서 빠져 나왔을 때 미 대통령들과 미외과의사협회, 식품의약국(FDA)의 위원들, 그리고 여러 건강 단체로부터 수많은 염려와 질타를 받았다.

회사는 힘든 결정을 내려야 했다. 예전처럼 비즈니스를 계속할 수도, 위험을 감수하고 시장에서 철수할 수도 있었다. 혹은 하나의 책임감 있는 기업이라는 사회의 기대에 맞춰 좀더 변화를 모색할 수도 있었다. 우리는 결국 비즈니스를 위해 변화를 택했다.

담배 폐해 앞장서 알려

먼저 1997년 새로운 미션을 개발했다. 본사의 사명은 가장 책임감 있고, 효과적이며, 가장 존경 받는 개발회사이자 제조회사, 또한 소비자 제품, 특히 성인을 위한 제품을 생산, 판매하는 회사로 거듭나는 것으로 결정했다. 오늘날 필립모리스의 모든 비즈니스 결정은 이런 사명에 부합하는 것이다.

두 번째 획기적인 변화는 흡연이 심각한 질병을 유발하고 중독성이 강하다는 의학과학적 합의에 대한 동의서에 서명한 것이다. 오늘날 흡연과 관련한 위험에 대해 매우 광범위하고 솔직하게 커뮤니케이션을 하고 있다. 우리 회사의 웹사이트, 광고, 국회에서의 진술, 각종 포럼 등에서 이런 내용을 찾아볼 수 있다. 또한 우리 제품이 건강에 얼마나 심각한 결과를 초래하는지에 대한 선전에도 자발적으로 참여하고 있다.

또 다른 사례는 필립모리스 회장이 "모든 흡연은 위험하다. 따라서 건강을 위한 최상의 선택은 담배를 끊거나 처음부터 시작하지 않는 것이다"라고 국회에서 진술한 것이다.

세상에 안전한 흡연이란 존재하지 않음에도 불구하고 사람들은 계속 흡연한다. 그래서 중독성이 있고 해로운 제품을 생산하는 우리의 사명의 일부는 흡연과 관련된 폐해를 줄이는 것이다. 우리는 과거 10년간 흡연의 위험을 줄이기 위한 연구와 새로운 제품개발을 위해 20억 달러의 기금을 조성했고 그것은 진전을 보이고 있다.

흡연에 대한 정의를 보여준 또 다른 순간은 우리 회사가 연방 담배 협안에 서명함으로써 영원히 미국에서 법적으로 담배를 마케팅하고 판매할 방법을 바꾼다는 데 동의한 사실이다. 이미 옥외 광고물, 버스나 택시의 광고물, 모자나 티셔츠를 통한 브랜드 광고, 그리고 TV나 영화의 PPL 광고 등은 사라졌다.

205

우리는 청소년이나 아동이 흡연을 해서는 안 된다는 데 동의하며 청소년 흡연 예방 부서를 운영하고 있다. 지난 7년간 우리는 아동 흡연을 예방하는 데 6억 달러를 쏟아 부었다. 먼저 우리는 인터넷 담배 판매를 금지하고 소매점에서는 담배를 카운터 뒤로 숨기도록 권장하고 8만7천여 명의 소매업자들을 훈련시켜 담배를 팔기 전에 구매자의 나이를 확인하도록 하는 프로그램을 적극 지원함으로써 아동 흡연을 방지했다. 둘째로, 우리는 아동 개발 전문가들과 함께 부모가 아이들과 왜 흡연을 하지 말아야 하는지에 대한 대화를 나눌 수 있도록 돕는 데 힘을 쏟았다. 우리는 영어와 서반어로 된 '흡연하지 않는 자녀로 키우는 법'이라는 브로셔를 제작해 소매점에 비치하고 웹사이트 내 '부모 지원 센터'에 올려 놓았다.

필립모리스는 긍정적인 청소년 개발 프로그램을 지원하는 최대 기업 중 하나이다. 우리는 건강교육 프로그램이나 멘토링 등을 지원한다. 고무적인 소식은 청소년 흡연율이 전국적으로 최근 몇 년간 감소세에 있다는 것이다. 질병 예방센터에 따르면 현재 고등학생의 흡연율은 1997년 이래 가장 낮은 수치로 38%나 감소했다.

필립모리스는 또한 건강에 심각한 위협을 주는 중독성 제품의 생산자로서 금연을 시작하려는 성인들을 돕고 있다. 우리는 '금연보조' 프로그램을 시작해 금연하기로 결정한 흡연자들에게는 영원히 금연을 위한 정보 등을 제공한다. 즉, 금연 전문가와 예전에 흡연자였던 사람들로부터 얻은 상세하고 실용적인 정보를 제공하게 된다. 또 웹사이트에 정보를 게재하거나 각종 광고나 담뱃갑에 부착된 경고문을 통해 금연 활동을 지원한다.

현재까지 16만 명의 방문자가 '금연보조' 프로그램을 찾았고 12만 8천여 장의 브로셔를 곳곳에 발송했다. 더불어 듀크대학병원에 3년간 1천5백만 달러를 지원해 담배 끊는 방법을 연구 중이다.

무엇보다 우리가 가장 노력하는 부분은 미국 식품의약국(FDA)이 실시하고 있는 담배의 효과적인 규제에 대한 지원이다. 미국은 담배 제품을 검사할 신뢰성 있는 정부기관을 필요로 하는데 우리가 그 역할을 자청하고 있다.

담배는 식품의약국의 규제 없이 섭취하는 유일한 제품이다. 이것은 말도 안 된다. 필립모리스는 FDA 규제위원회에 담배에 대한 권한을 주는 법안을 지지하는 유일한 주요 담배 제조업체이다.

이 법안의 내용을 살펴보면 FDA에게 담배의 모든 성분을 철저하게 공개하도록 하고, 과일 향이 나는 담배제품과 사탕의 판매를 금지하고, 담배로 인한 폐해를 줄일 수 있는 제품에 관한 기준을 정하고,

청소년의 흡연을 좀더 강력한 수단으로 예방할 수 있는 권한을 주는 것이다. 안타깝게도 작년 국회에서 이 FDA 법안은 통과되지 못했다. 이는 미국의 광범위하고 일관성 있는 담배정책을 기대한 모든 사람들에게 실망감을 안겨주었다.

모든 것을 투명하게 공개

어떤가? 당신에게 도움될 만한 교훈을 얻었는가?

먼저, 당신이 책임감 있는 회사를 만들려면 노력이 필요하다. 벙커에 살면서는 결코 성공할 수 없다. 당신을 지지하는 사람들뿐 아니라 관심 있는 사람 또는 당신 제품과 활동에 영향을 받는 사람들, 특히 당신을 비난하는 사람들의 말에 귀를 기울여라. 그렇게 함으로써 듣기 싫은 말을 듣게 될지도 모르지만 당신이 꼭 들어야 할 말을 듣게 될 것이다.

둘째, 당신이 들은 바에 근거해 활동을 전개하라. 당신이 대화를 주도할 것이 아니라 당신은 배운 대로 실천에 옮길 수 있는 용기가 필요하다. 이것이 당신이 그들의 의견과 염려에 귀를 기울이고 반응한다는 것을 사회에 증명하는 유일한 방법이 될 것이다.

셋째, 당신은 숨김없이 공개하고 투명해질 필요가 있다. 당신이 하는 일, 당위성 그리고 그 방법론까지 모든 것을 숨김없이 공개하라.

Mark Murphy
마크 머피

리더십 IQ 회장 겸 CEO
Chairman & CEO of Leadership IQ

CEO가
해고되는 이유

리더십 IQ조사팀은 CEO가 이사회와의 인터뷰에서 축출되는 이유를 286
개 조직을 대상으로 리서치를 통해 알아봤다. 그 결과 가장 큰 축출 이유는
CEO들이 이사회의 신뢰를 잃었기 때문이었다. - 마크 머피 -

우리는 일반적으로 CEO들이 재정적인 실적 때문에 해고(사임, 사퇴)된다고 생각한다. 그러나 만약 그것이 해고 이유의 전부라면 지금까지 전체 CEO의 1/4이 여기에 해당되며 실적 악화로 적자를 낸 모든 CEO는 즉시 해고됐을 것이다.

하지만 세계적으로 잘나가는 CEO들도 주가 폭락, 잘못된 수익 예측, 심지어 손실 등은 경험해봤을 것이다. 이렇듯 재정적 실패를 CEO들의 해고 이유로 보기 쉽지만 그것은 잘못된 생각이다.

그렇다면 CEO들은 왜 해고되는 것일까?

리더십 IQ조사팀은 CEO가 이사회와의 인터뷰에서 축출되는 이유를 286개 조직을 대상으로 리서치를 통해 알아봤다. 그 결과 가장 큰 축출 이유는 CEO들이 이사회의 신뢰를 잃었기 때문이었다.

이러한 관리자들은 분기별로 주가, 매출, 이익이 기하급수적으로 증가하지 않는 것을 안다. 그러나 그들은 시간이 지나면 성장할 수 있다는 확신과 신뢰를 갖는 것이 중요하다.

신뢰 잃는 5가지 이유

CEO들이 이사회의 신뢰를 잃는 이유는 무엇인가? 다음은 응답자들의 비율을 명시한 최고 5개의 응답이다.(응답자가 한 개 이상 응답을 했기 때문에 백분율은 100%를 초과한다)

첫째, 잘못된 변화관리(31%)이다. 실질적으로 모든 조직은 현재 변화의 시작을 겪고 있거나 최근에 겪었다고 했다. 그런데 이사회 멤버들의 절반 정도는 그것이 잘되지 않았다고 말했다.

이러한 실패요인은 CEO들이 종업원과 매니저에게 동기부여를 제대로 하지 못한 것과 과정의 변화가 필요한 영업 부분에 있었다. 또한 CEO의 무능력을 따르게 하고 잘못된 변화에 책임 지게 했다.

둘째, 고객에 대한 무지(28%)이다. 많은 이사회 멤버들은 조직의 고객이다. CEO가 고객을 무시하거나 멀리할 때 그것은 사업과 이익을 손상할 뿐만 아니라 이사회의 지지 또한 악화시킨다. 이사회 멤버들은 CEO들이 그 사업에 종사할 수 있을 정도의 충분한 고객과 고객 욕구, 경향에 대한 정확하고 자세한 정보를 진술할 수 있는지를 중요시한다.

셋째, 능력과 자질이 부족한 직원의 잘못된 관리(27%)다. CEO가 무능한 직원들이 떠나기 싫어 망설이는 것을 보고도 어떤 교육과 훈련 없이 그냥 내버려둔다면, 그것은 CEO의 신뢰성을 파괴하고 능력 있는 사람을 책임감 있게 유지, 관리하는 것을 어렵게 만든다. 이사회 멤버들은 CEO가 종종 중요한 비밀과 정보를 누설할지도 모르는 자질이 부족한 직원들의 바람막이 역할을 하는지 의심한다.

넷째, 현실 부정(23%)이다. 이사들은 나쁜 뉴스나 회사 경영과정을 관리할 수 있다고 말한다. 그들은 나쁜 뉴스를 부인하는 CEO를 계속 근무하게 할 수 없다. 많은 이사들은 해고된 CEO보다 자신이 시장과 고객에 대해 더 잘 안다고 느끼며, 그런 CEO는 너무 고립돼 있어 일선 현장과 거리가 멀다고 느낀다. 또한 이사들은 그런 CEO가

나쁜 문제를 해결하려고 하기보다 아예 뉴스가 없다고 말하거나 사탕발림 뉴스를 전하곤 한다고 말했다.

마지막으로 충분한 실행 노력보다 말만 많은 것(22%)이다. 우리는 행동하지 않고 말만 많은 CEO들에 대해 많이 들었다. CEO들은 장대한 비전과 전략에 대해 끊임없이 말한다. 하지만, "누가, 언제, 어떻게, 어디서"라는 자세한 전술상 경영실행 계획이 전무한 경우를 많이 볼 수 있다.

해고 피하기 위한 3가지 교훈

위 결과는 CEO들에게 중요한 3가지 교훈을 준다.

첫째, CEO들이 해고되는 이유로는 '소프트(soft)' 한 원인이 많이 있다. 대부분의 CEO들은 많은 시간과 에너지를 재무, 전략, 운영과 같은 '하드(hard)' 한 부분에 소비한다. 왜냐하면 그들은 그 분야의 전문가이며 실수하는 경향 또한 적기 때문이다. 변화관리와 같은 소프트한 이슈에서 범하는 CEO들의 과오가 문제다. CEO의 실수는 훈련과 지도를 통해 바로잡을 수 있다.

변화관리 스킬, 고객관리, 무능한 직원 관리 등은 빠르게 배울 수 있다. 경쟁자 분석 툴과 변화관리, 부족한 직원 진단 툴은 있기 때문이다.

둘째, 비전이 없는 것보다 실행력이 부족한 것이 CEO의 경력에 더 큰 손해를 끼친다. 비전은 실행에 비해 미디어의 관심을 더 끌 수 있고 사업 프레젠테이션을 더 낮게 한다. 하지만 그것은 감독자인 이사회 멤버들에게 중요치 않다. 이사회에서는 CEO가 사실을 인정하고 새로운 방향으로 빠르게 행동한다면 잘못된 전략은 관대히 봐준다.

셋째, 수행원 없이 필드로 나가라. 만약 CEO들이 사무실에만 머문다면 변화의 시도, 고객과의 만남, 조직원 능력 평가 등에 대한 정보가 부족할 것이다. 특히 CEO가 가장 신경 써야 할 부정적 정보는 더욱 그럴 것이다.

제프리 이멜트(Jeff Immelt)가 잭 웰치(Jack Welch)로부터 GE의 CEO 자리를 승계한 이후 첫 몇 달은 고객들을 방문하는 데 많은 시간을 투자했다. 그는 고객의 니즈(needs)를 직접 듣기를 원했고 GE가 발전하는 데 개선돼야 할 부분이 무엇인지 파악했다.

만약 이사회 멤버들이 CEO보다 먼저 부정적인 정보를 받는다면 그 CEO는 곤경에 빠질 것이다.

그렇지만 만약 CEO가 고객과 시장에 대해 이해하고 변화를 관리할 수 있으며, 이러한 것을 말보다 행동으로 보여준다면, 이사회서는 CEO의 의사결정이 몇몇은 위험할지라도 그가 지속적으로 일할 수 있도록 지지할 것이다.

Marshall Goldsmith
마샬 골드스미스

마샬 골드스미스 파트너스 창립자
Founder of Marshall Goldsmith Partners

조직원에게 질문하는
용기를 가져라

사람들은 일반적으로 어떠한 일을 성공해 좋은 결과를 얻으면 그 공을 자신의 동기나 능력에 돌리는 경향이 있다. 하지만 나쁜 결과를 얻으면 나쁜 운이나 무계획적인 기회와 같은 주위 환경 탓으로 돌리는 경향이 있다. 우리가 자신의 지식이나 업적을 과대평가 하다 보면 다른 사람들에게 의견을 묻지 않는 것을 쉽게 정당화한다. – 마샬 골드스미스 –

피터 드러커는 "과거의 리더는 어떻게 말해야 하는지를 아는 반면 미래의 리더는 어떻게 질문하는지를 안다"고 말한 바 있다.

질문이 왜 중요할까? 오늘날의 모든 리더는 지식근로자들을 관리한다. 지식근로자들이 우리가 아는 것 이상을 이미 알고 있을 때 그들에게 어떻게 해야 하는가를 말하는 것은 힘든 일이다. 오늘날 우리는 "무엇을 수행할 필요가 있는지"를 질문할 필요가 있고 경청하며, 또한 모든 사람들로부터 배운다.

동료들에게 의견을 묻고 경청하고 배우며 지속적으로 그들을 따르는 리더들은 좀더 효율적으로 보인다. 서비스 요원들이 고객들에게 질문하고 그들의 말을 경청하고, 배우고, 따르면 고객들의 만족도는 높아진다. 고객이 정보에 대해 우리에게 묻고, 그들의 말을 잘 들어주고, 우리로부터 배우고 실행하면 고객들에 대한 우리의 관계는 호전된다.

나는 약 1천여 명의 리더들을 연구했다. 만약 리더가 각종 이해관계자들과의 관계를 개선시키기 위해 무엇을 해야 하는지 사람들에게 질문하라는 항목이 지도력 목록에 포함돼 있다면 그것은 거의 종업원 만족도에서 근원을 찾을 수 있다.

일반적으로 리더는 질문을 잘 하지 않는다. 그것은 지나친 자만심이 원인이다. 상대적으로 스스로를 평가하라고 요구했을 때 그들 중 85%가 자신들을 상위 20%에 올려놓았다. 하지만 회사의 업적은 그들의 평가와는 무관했다.

사람들은 일반적으로 어떠한 일을 성공해 좋은 결과를 얻으면 그 공을 자신의 동기나 능력에 돌리는 경향이 있다. 하지만 나쁜 결과를 얻으면 나쁜 운이나 무계획적인 기회와 같은 주위 환경 탓으로 돌리는 경향이 있다.

우리가 자신의 지식이나 업적을 과대평가 하다 보면 다른 사람들에게 의견을 묻지 않는 것을 쉽게 정당화한다.

무엇보다 우리가 질문을 하지 않는 주된 이유는 두려움이다. 필자가 한번은 한 기업의 고객만족 담당 부사장에게 그의 직원들이 서비스 향상과 고객들에게 피드백을 위해 질문하고, 경청하고, 배우고, 실행해야 하는 지를 물었을 때 "물론"이라고 힘차게 대답했다. 만약 질문이 그렇게 중요하다고 여긴다면 왜 그렇게 하지 않는 지를 묻자 두렵기 때문이라고 답했다.

우리의 내면을 들여다 보면 우리는 대답을 두려워하기 때문에 질문하지 않는다는 것을 알 수 있다.

행동변화 위해 생각의 방법 바꿔야

1952년 포춘(Fortune)지는 처음으로 상위 5백개 기업을 선정했다. 그러나 오늘날 그 기업들의 90%이상이 사라졌다. 그 이유에 대해 다트머스 대학 튜크 비즈니스 스쿨의 글로벌 리더십 센터장인 비자이 고빈대러전(Vijay Govindarajan) 교수는 "그 기업들이 업보(Karma)의 법칙을 이해하지 않았기 때문"이라고 말했다. 그는 "업보의 법칙은 과거의 행동과 외부적인 요소들이 결과를 창출한다"며 "당신은 이러한 것들은 통제할 수 없기 때문에 당신이 통제 할 수 있는 것은 미래의 행위들이라고 이해하라"고 말한다.

Marshall Goldsmith

미래의 행동들을 변화시키기 위해서는 생각하는 방법을 바꿔야 한다. 기업이 이익을 내고 있고 기업의 생존을 위해 하나의 기술에 의존하고 있다면 특히 생각을 바꾸는 것은 힘든 일이다.

비자이 고빈대러전은 말한다. "내 할아버지는 사람들에게 지식이라는 도구를 제공함으로써 그들의 성취 열망을 좀더 고조시킬 수 있었습니다. 그는 내가 하버드를 졸업하는데 큰 힘이 됐습니다. 내가 학생들의 열망을 고무시켜 좋은 결과를 얻고 더 높은 수준을 성취하도록 도와줄 때 그들과 함께 성공할 수 있습니다."

비자이는 도전적인 질문들을 제시함으로써 리더들이 자신의 생각을 바꾸도록 도와준다.

"어떤 변화들이 우리의 사업 방법을 저해할 수 있는가? 성장을 위한 기회는 무엇인가? 무엇이 우리의 비전인가?"

다음 10년 동안 지도자들이 무엇을 추구하기를 원하는 지를 아는 것이 앞으로 어떻게 행동해야 하는 지를 결정할 것이다.

비자이는 "물론 모든 간부들이 기업을 위해 같은 비전을 갖고 있지는 않다"며 "공동의 이해에 도달할 때까지 약속을 관철시키고 대화해야 한다"고 말했다.

다음으로 비자이는 리더들이 현재의 핵심역량에 초점을 맞출 것을 요구한다. 그것이 그들의 경쟁 우위가 될 수 있는 스킬(skill)이기 때문이다. 한 예로 혼다(Honda)는 아주 작은 엔진을 만드는 회사다. 이것은 잔디 깎는 기계, 스키 모빌, 오토바이 그리고 소형차와 같은 작은 엔진이 사용되는 모든 것에 경쟁 우위를 제공한다.

비자이는 회사의 목적을 성취하기 위해 다음 12~30개월 후에 회사가 어떤 창의성을 발휘해야 하는지에 초점을 맞춰야 한다고 말한다. 변화를 증폭시키는 것이 미래의 계획은 아니다. 그것은 단지 현재의 경영이다. 그러나 약 10%의 성장은 급진적인 개혁을 요구한다. 규율들이 바뀌어야 한다. 새로운 기술들을 개발해야 하고 신시장을 개척해야 한다. 리더가 무엇이 변화하는지 생각하는 것을 중단한다면 그는 과거에 얽매이게 된다. 리더는 극복할 수 없다고 느끼는 그 시점에 가장 취약하다. "당신이 오늘 가장 환상적인 전략을 갖고 있다 할지라도 당신의 경쟁자들은 당신이 하는 일을 모방하기 위해 노력할 것이다" 라고 비자이는 말한다. 기업은 새로운 아이디어가 부족해서가 아니라 변화에 눈을 뜨는 혁신적인 리더가 부족하기 때문에 비틀거린다.

비자이는 은퇴 말에 기업의 비전과 행동단계들을 제시했다.

"일단 리더들이 전략적 계획을 수립한다. 그것이 '우리가 창조하기를 원하는 회사이고, 우리의 목표이며, 다음 12~30개월 안에 해야 할 필요가 있는 것' 이라고 말할 수 있다."

질문하고 경청하고 배워라

리더로서 동료들에게 해야 할 필요가 있는 그들의 제안을 묻기 시작하라. 그들의 제안에 고마워하고, 경청하고, 가능한 많이 배워라. 그리고 가장 효과적인 제안을 반영시키고 계속해서 따르라.

코치로서 당신이 지도하고 있는 사람들에게 질문하고, 경청하고 그들 주변에 있는 모든 사람들로부터 배우는 것에 용기를 줘라. 훌륭한 역할모델이 되고 당신이 같은 방법으로 배우기 위해 지도하는 사람들에게 질문하라.

친구나 가족구성원으로서 당신이 사랑하는 사람들에게 어떻게 하면 당신이 더 좋은 배우자, 친구, 부모, 또는 자식이 될 수 있는지를 질문하라. 그들의 의견을 수렴하고 실행하라.

사람과 사람 사이의 관계를 증진시키는 것은 많은 시간을 필요로 하지 않는다. 그것은 다른 사람들의 의견과 원칙을 묻고, 그들을 따르고 당신이 배운 것으로부터 무엇인가를 실행하는 용기를 필요로 한다. 누가 "무엇을 하는 것이 필요한가?"라는 당신의 질문을 필요로 하는가? 당신은 언제 질문하기를 시작할 것인가?

Cal Darden
칼 다든

UPS 부사장
Vice President of Operations for UPS

고객의 신발을 신고
1마일만 걷자

서비스의 질은 회사와 고객 간의 신뢰와 자신감을 형성하고 유지하는 핵심 역할을 한다. 이것은 소비자와의 상호작용으로 시작하고 끝난다. UPS에는 "고객의 신발을 신고 1마일만 걷자"라는 철학이 있다. 우리는 그런 마음을 다지기 위해 매일 노력한다. – 칼 다든 –

나는 33년 전 부두에서 짐을 선적하는 아르바이트로 UPS에 처음 입사했다. 하지만 겨울철 버펄로에서 UPS에 도착한 짐을 푸는 아르바이트 일은 오래 할 수 없었다. 대신 나는 짐을 선적하면 바로 떠나는 운송업을 좋아해 버펄로 공장의 트랙터 트레일러를 옮기기 위해서 일찍 출근하곤 했다. 지금까지도 특수 대형트럭 운전면허증을 갖고 있고, 내 직원들의 업무에 큰 관심을 갖고 있다.

나는 회사의 다른 이사들처럼 열심히 일해서 이사까지 승진했다. 우리는 우리 지역 매니저들의 구체적인 업무 인수인계 과정에서 '리더십 루트'를 만들고 그것을 위해 인재를 모았다. 또한 이사 후보를 위한 맞춤 개발계획을 고안해 깊은 지식기술이나 능력을 요하는 전문성을 보완했다.

UPS의 리더십에 기여하는 두 가지 요소는 발전지향적 불만족이나 지속적인 자신의 개발이다. UPS의 지속적인 성공은 건전한 리더십으로 이루어진다. 우리는 미래에 대비하는 최상의 방법은 직원들을 리더로 개발하는 일이라고 생각하고 있다. 인재계발이라는 과제는 회사의 책임이라는 생각에서 트레이닝과 인재개발에 적극 투자하고 있다. 그리고 리더십 요소를 '블록 쌓기' 식으로 다차원적 인력개발을 이뤄나간다. 회사의 감독, 매니저, 디렉터를 위한 오리엔테이션 수업은 그런 차원에서 시작됐고 여기서 총 매니저와 전문가들을 양성한다.

우리는 매년 개발할 만한 직원들의 스킬을 정한다. 이와 함께 내부에서 스킬을 촉진시켜 여러 가지 과제를 부여한다. 과제는 회사의 여러 기능과 조직에 맞춰 일을 하게 하고, 그들의 스킬을 완성시키며, 좀더 큰 책임을 맡을 기회를 주는 것이다. 우리의 직원들에게 계속해서 그런 종류의 트레이닝과 경험을 쌓게 한다.

나는 회사의 시스템과 파트너십, 직원이자 동시에 주인의식의 산물로서 매일 회사의 발전을 위해 두 가지 핵심 질문을 던진다. 우리 직원들이 안전한 환경에서 근무하고 있는가? 고객에게 최고의 서비스를 선사할 방법은 무엇인가? 일반적으로 직원들은 UPS에서 브랜드 가치를 높이기 위해 열심히 일할 때 탁월한 성과를 낼 수 있다.

성장 위한 네 가지 성공 포인트

우리는 지속적인 성장을 위한 네 가지 성공 포인트인 고객, 직원, 프로세스, 그리고 책임에 대한 약속을 지키기 위해 1백 년을 공들이며 인내해왔다.

성공 포인트 1〉 고객

우리는 많은 고객을 접한다. 우리는 1천4백만 개의 소포를 배달하고, 매일 8백만 명의 고객과 만나면서 고객의 새로운 니즈를 파악한다. 글로벌 무역과 네트워킹 기술은 우리와 고객의 관계를 서비스 형태로 바꾸고 있다. 우리는 현재 고객들의 지구 한쪽 끝에서 다른 끝까지 이어지는 글로벌 공급 체인을 관리하고 있다. 단순한 고객들의 작은 소포배달 이상으로 우리는 고객 맞춤 서비스를 실천하고 있다.

이는 우리가 새로운 기회를 맞고 있음을 의미한다. 우리는 3조 달러 규모의 글로벌 시장에서 소비자들이 새로운 환경에 잘 적응하고 신뢰를 유지하기 위해 경쟁하고 있다.

서비스의 질은 회사와 고객 간 신뢰와 자신감을 형성하고 유지하

Cal Darden

는 핵심 역할을 한다. 그것은 소비자와의 상호작용으로 시작하고 끝난다. UPS에는 "고객의 신발을 신고 1마일만 걷자"라는 철학이 있다. 우리는 그런 마음을 다지기 위해 매일 노력한다. 예를 들면 우리 회사의 배달기사들은 원칙을 갖고 일한다. 깨끗한 배달 차량을 운전하고, 미소를 띠고 친절하게 손님을 찾아가며, 제시간에 배달한다. 그것은 배달기사와 소비자 간 신뢰 형성에 결정적 역할을 한다.

고객 역시 최고 수준이다. UPS의 주임 매니저가 배달 후 정확한 배달여부를 확인하는 것은 회사의 서비스 유지의 노력을 보여주는 일례다. 전 직원은 브랜드의 간판이다. 만약 당신 회사의 직원이 "나는 그 일에 대해 책임이 없습니다"라고 말한다면, 당신 회사가 최고의 고객 서비스를 하고 있다고 말하지 못할 것이다.

UPS는 배달 차량의 고장이나 배달기사가 아프다든지 하는 돌발 상황이 발생할 경우 매니저가 대신 유니폼을 입고 소포를 제시간에 배달한다. 어떤 매니저도 "그건 제 일이 아닙니다"라고 말하지 않는다.

회사의 트레이닝 프로그램은 직원들의 태도를 교육시킨다. 트레이닝 프로그램은 고객 서비스를 개선하는 방법을 찾는 것과 연결돼 있다. 전세계 지점의 UPS 매니저들은 '그 지역의 경험'이라고 부르는 것을 배운다. 그들은 고객을 직접 찾아가 경험한 후 운영한다. 배달기사와 같이 소포를 배달하기도 하고 소비자들과 직접 상호작용을 하기도 한다. 대부분의 이사급 임원들은 직접 소포를 배달하는 일을 과거에 한 사람들이다.

성공 포인트 2) 직원

머지않아 차세대 리더들과 직원들은 지금보다 더 심한 경쟁 상황에 놓일 것이다. 7천6백만 베이비붐 세대들은 나이를 먹어가고 그들이 은퇴를 할 때쯤의 노동인구는 현재 새로 유입되는 노동인구를 훨씬 앞지를 것이다. 실업률은 4%를 밑돌 것으로 예상되며 고도로 전문화된 인력을 개발하기 위해서는 높은 임금과 안정된 직장을 보장해야 할지 모른다. 그러나 재능 있는 사람들은 신뢰를 원할 것이다. UPS에서는 네트워킹의 원칙을 통해 리더를 끌어들이고 보유하고 싶어한다.

우리가 세계의 리더들과 연계하는 방법은 우리의 루트를 통해 서로를 연결하는 데서 시작한다. 우리 조직의 초창기 멤버들이나 이전 사장들, 현재의 리더들, 팀원들, 또한 우리가 봉사하는 커뮤니티와의 연계를 통해 서로 가치를 나누는 시스템이 정착돼야 한다.

고용주와 직원 간의 연계는 종종 초기에 형성된다. '돈을 벌고 배우자'는 프로그램을 통해 UPS는 대학생들을 파트타임으로 일하게 하고 학비를 매년 3천 달러 보조한다.

우리 회사는 직원들의 평생 경력에 투자한다. 직원들에게 종신고용을 보장함으로써 그들의 경험을 비즈니스에 적용한다. 그런 경험과 트레이닝은 지속성을 가져다 준다. 그래서 신임회장이 취임할 때 업무의 공백이 없다. 회사의 숙달된 리더들은 업무의 차질 없이 자신들의 역할을 수행해 나가기 때문이다.

신뢰는 동전의 양면과도 같아서 그것을 고용주에게서 찾는 것과 동시에 재능 있는 직원들은 자신들의 신뢰를 바칠 만한 고용주를 찾아 그들을 위해 일하고 싶어한다. 신뢰가 사라지면 큰 문제가 생긴다.

다행히도 UPS에서는 정직을 처음부터 가장 중요한 가치로 꼽았다. 그것은 창업자인 짐 캐세이의 첫째 원칙이었다. 포켓 사이즈로 제

223

작, 배포된 UPS의 원칙은 많은 매니저들을 개인적인 도덕적 일탈에서 구해냈다. 오늘날 우리는 우리 시대의 명예로운 가치와 비즈니스 현실 사이에서 적절히 균형을 잡아야 한다.

성공 포인트 3〉 프로세스

프로세스는 당신이 일을 하는 방법과 관련이 있다. "어떻게 똑 같은 일을 더 잘할 수 있을까?"라고 생각하는 것이 지금까지의 태도였다면 "어떻게 우리가 일하는 방식을 변화시켜 운영을 더 잘할까?"라고 생각하는 것은 새로운 접근방식이다.

UPS 역사에서 핵심 전환점은 우리가 기술을 우리의 비즈니스에 큰 영향을 미칠 수도 있다고 결정했을 때 일어났다. 그것은 대단한 결정이었고 약속이었다. 우리는 자동화하거나 망하는 것 중의 하나를 결정해야 했다. 무려 15년 이상 우리는 운영 실적을 향상시키기 위해 매년 10억 달러 이상 네트워킹과 무선 기술에 투자해왔다. 기술적으로 가능한 프로세스를 구축하는 것은 쉬운 일이 아니었지만 그 결과는 노력할 만한 가치가 있었음이 입증됐다.

기술은 단지 운영 실적을 향상시켜줬을 뿐만 아니라 전세계로 나가는 우리 서비스의 안전성을 향상시킬 수 있는 가시성을 확보해 주는 계기가 됐다. 그 기술은 또한 1초 이내에 정보 업데이트가 가능할 수 있도록 했다.

성공 포인트 4〉 책임

최고 실적을 내는 회사의 CEO들은 숫자에 의존하는 구태의연한 경영방식을 답습해왔다. 그것은 불확실성의 시대에 책임에 대한 강조를 하며 경영을 해왔다는 의미이다. 책임은 자주 거론되지만 실제로 잘 지켜지지 않는다. 책임이란 약속을 하고 목표를 제대로 충족시키거나, 그 대가를 지불하는 것을 의미한다. 이렇게 책임을 지는 것이 억지스러워 보일지는 몰라도 객관적으로 숫자에 근거해 책임을 진다면 그것은 어느 정도 공정한 이야기가 된다.

UPS에서는 우리가 하는 모든 일을 측정한다고 하자. 세부사항이 소비자들의 목적에 어긋나는 것을 실행할지라도 우리는 세부사항에 대해 주의를 기울이는 것에 대해 미안하지 않는다. 좀더 책임 있게 행동하기 위함이다. 예를 들어 가장 포괄적인 고객조사 중 하나인 '고객 만족 지수'는 우리가 그 지역에서 어떻게 물건을 받아서 포장하고 취급할 것인지부터 요금을 재서 매기고 청구하는 것까지에 대한 지침을 알려준다.

우리의 스코어카드를 보면 각 UPS서비스 지역의 재무, 고객 만족도, 직원, 그리고 내부 프로세스 등 핵심사항의 점수가 매겨져 있다. 만약 한 가지 항목이 제대로 실행되지 않으면 다른 항목에도 영향을 미친다. 우리는 각 지역의 상황을 살피고 난 다음 조정에 들어간다. 자만심은 우리의 적이다. 같은 방식으로 고객들은 당신에게 예외적으로 특별한 리더십을 기대할 것이다. 이런 경우 나는 실행에 다시 초점을 맞추라고 말하고 싶다. 원칙과 인내와 이유에 대한 사례들의 정립을 통해 이를 이끌어야 한다.

기업의 성공은 리더가 착한 사람이냐 못된 사람이냐의 문제에 의해 좌우되는 것이 아니다. 기업의 성공은 좋은 사람들의 객관적인 행동이 신뢰를 형성해야 가능한 것이다.

지속가능 경영 위한 장기적 관점 가져

우리는 다음 분기가 아닌 다음 25년을 바라보는 장기적인 관점을 갖고 경영해야 한다. UPS의 가치 지향적인 문화는 장기적인 지속 가능성이 뒤따르는 아이디어와 행동을 고무시킨다. 짐 캐세이는 우리에게 발전적인 불만족을 가지고 항상 회사를 발전시키고 우리 자신을 향상시킬 수 있는 우수함을 추구할 것을 지시했다. UPS가 지속적인 재개발의 역사를 갖게 된 것은 바로 그 때문이다. 우리가 가장 두려워하는 것은 현재에 안주하는 것이다. UPS는 전세계 2백여 개국에 35만7천 명의 직원을 가진 3백30억 달러짜리 글로벌 회사로 성장했다.

우리는 복합적인 형태의 통합된 네트워크를 갖고 있으며, 세계 11위의 항공사를 갖고 있다. 또한 전세계에서 가장 큰 IT 네트워크를 보유하고 있으며 4천 개의 소매 네트워크와 서비스를 공급하는 공급 서비스를 운영하고 있다. 오늘날 UPS는 전세계 공급망을 통해 소포와 정보를 배달하고 펀드를 운영하는 통합시스템을 갖고 있다.

David McCullough

데이비드 맥컬로

역사학자, 퓰리처상 수상자
Historian, Pulitzer Prizes winner

성공적인 삶의 비결은
'역사' 속에 있다

우리는 현재 세계적으로 삶의 모든 면에서 거대한 변화의 시대를 살고 있는데, 이런 사실은 우리에게 상당한 부담과 압박으로 작용한다. 미국은 변화 속에서 세워졌다. 역사는 변화의 시대에서 우리가 가장 많이 배우고 성숙할 수 있음을 증명한다. - 데이비드 맥컬로 -

우 리의 뒤를 이어갈 신세대의 역사에 대한 무지는 심각한 수
준이다. 신세대의 역사에 대한 무지는 마치 국가의 기록을
갉아먹는 것과 같은, 혹은 서서히 발병하는 질병처럼 슬프고 심각한
상황이다. 이미 이러한 상황은 상당히 오랫동안 지속되어 왔다. 요란
한 대중문화가 대세인 요즘, 우리의 과거 역사는 우리의 몸과 마음에
서 점점 소리 없이 멀어진다. 우리의 이야기를 서서히 잃어가고 있으
며 우리가 누구인지, 어떻게 지금의 위치에 왔는지조차 잊어버리고
있다.

몇 년째 교육부에서 실시한 서베이 결과를 포함해 이런 상황에 경
종을 울리는 특별 보고서가 계속 보고되고 있다. '미국 고등학교 3년
생의 60%는 역사에 대한 기본적인 이해도 없다'는 통계조사의 결과
는 끔찍한 것이다.

나 역시 유사한 경험을 갖고 있다. 어느 해 겨울아침 아이비리그
대학의 한 캠퍼스에서 25명의 역사학 우등생과 세미나를 했다. 그 자
리에서 나는 "자네들 중 조지 마샬이 누구인지 아는 사람이 있는가?"
라고 질문을 던졌는데, 한 명도 그를 아는 사람이 없었다.

중서부의 종합대학에서 나의 수업을 들을 수 있어서 매우 기쁘다
고 말하는 한 어린 여학생은 "미국의 13개 식민지가 모두 미국의 동
쪽에 위치한다는 사실을 처음 알게 됐다"고 말했을 정도이다.

역사적 무지의 화살은 누구에게 돌아가는가?

먼저 우리 자신이 비난 받아 마땅할 것이다. 미국의 어느 지역에서

든 학교나 교사들은 역사에 대해 거의 무지하다. 우리가 책임지는 학교 제도와 학교는 사실 제대로 따져보면 업무상 배임행위가 적용될 수도 있을 정도이다.

우리는 이런 상황에 대해 심각한 사회적 충격과 개선을 기대할 수 있을까? 이런 상황에 대한 센세이셔널한 이벤트가 우리에게 충격을 주고 사태의 심각성을 깨닫게 해줄까? 아마도 그렇지 않을 것이다. 그러나 무엇이든 대책이 있어야 한다.

대책 마련은 몇 가지 기본적인 질문으로 시작할 수 있다. 우리는 성과의 일반적인 의미에 관심을 갖고 있는가? 국민의 정부는 인류를 구할 리더를 원하지 않는다는 현실을 받아들이는가? 우리가 리더십을 추구한다면 자신을 거울 속에 비춰보면 될 것이다.

우리는 자라나는 아이들과 함께 빨리 시작해야 한다. 빠르면 빠를수록 좋다. 우리는 기본으로 회귀해야 한다. 그리고 정보 혁명이나 글로벌 정보망에 지나치게 현혹되지 말아야 한다. 정보는 배움도 교육도 아니다.

우리는 좀더 질 높은 교과서를 만들어야 한다. 책을 처음 읽는 사람들에게 전기를 많이 읽는 것처럼 좋은 것은 없다. 그러나 역사위원회 등이 펴내고 있는 대부분의 아동을 위한 역사책은 매우 심각한 상황이다.

나는 이런 사례들을 보면 나의 어린 시절 피아노 선생님이 나를 보면서 탄식하던 기억이 떠오른다. "너는 음을 하나도 틀리지 않고 연주하지만 네 연주는 음악이 아니구나."

그렇다면 무엇이 심각한 문제인가? 잘못된 역사인식을 갖고 있는 사람들에 의해 '역사'가 쓰여지고 있다는 것이다.

David McCullough

왜 역사가 그토록 중요한가?

역사는 우리에게 어떻게 행동해야 하는지 보여준다. 역사는 우리를 가르치고 우리의 신조, 의미, 그리고 우리가 인생에서 지지해야 할 것이 무엇인지 알려준다. 역사는 애국심의 초석이며 그 애국심은 단순히 가슴을 치며 탄식하기만 하고 행동은 뒤따르지 않는 것이 아니라 나라를 사랑하는 진짜 애국심이다.

역사 교훈의 핵심은 바로 인식이다. 우리의 모든 것, 즉 위대한 기관, 병원, 대학, 도서관, 도시, 법, 음악, 미술, 시, 그리고 자유까지 그 모든 것이 우리에게 창조적인 에너지와 부와 믿음을 제공해 준다. 왜냐하면 그런것들은 우리의 앞 시대를 살아간 누군가가 이뤄놓았고 그것들을 위해 열심히 일했기 때문이다. 우리가 이런 유산을 무시한다면 위기가 닥쳐올 것이다.

역사에 무관심하다는 것은 단순히 무지한 것이 아니라 무례한 것이며 어떤 면에서는 우리의 선조에 대한 은혜를 모르는 것이기도 하다.

역사는 다른 무엇보다도 우리를 고무시키고 우리에게 삶에 대한 시원한 해답을 준다. 또한 역사는 우리의 짧은 삶과 가치에 대한 이유 있는 해답을 제시해 준다.

역사의 시사점은 대부분 사례로도 설명할 수 있다. 역사는 우리에게 용기를 불어넣고 인내를 가르친다. 역사는 위기의 시대에 나침반이다. 우리는 현재 세계적으로 삶의 모든 면에서 거대한변화의 시대를 살아가고 있고, 이런 사실은 우리에게 상당한 부담과 압박으로 작용한다.

그러나 미국은 변화 속에서 세워졌다. 역사는 변화의 시대에 우리가 가장 많이 배우고 성숙할 수 있음을 증명한다. 우리는 이런 변화의 시대의 가능성을 포용해야 한다. 우리는 또한 과거 역사를 통해 시대를 살아가는 센스와 현재 우리의 위치를 가늠할 나침반을 찾을 수 있기에 변화 속에서 안정적인 궤도를 찾아야 한다.

우리의 선조들이 얼마나 힘든 삶을 살았는지 생각해 보라. 처칠은 제2차 세계대전이라는 암흑의 시대에 대서양을 가로지르며 우리에게 위대한 연설을 남겼다. "우리는 나약했기 때문에 이렇게 멀리까지 여행할 수 없었던 것이다."

역사는 단순히 당신이 더 나은 국민이 되는 데 필요한 것이 아니다. 그것은 오히려 당신을 더 나은 국민으로 만들어주며, 역사 자체가 역사의 중요성을 충분히 강조할 만한 이유이다. 제퍼슨 대통령은 "무지하고 방종한 국민으로 구성된 나라에서는 과거와 미래를 기대할 수 없다"고 말했다.

그리고 만약 배운 자와 배우지 못한 자의 교육수준의 격차가 빈부의 격차 정도로 벌어지거나 오히려 더 빨리 벌어진다면 교육수준의 격차가 우리 삶에 더 큰 영향을 줄 것이며 더 큰 위협이 될 것이다.

역사는 우리 인생을 더욱 풍부하게 만들 것이다. 역사는 마치 시나 예술, 음악처럼 살아있는 경험을 강화하고 확대시켜준다. 그러므로 우리는 역사를 충분히 즐길 '우리 것'으로 만들어야 한다. 만약 우리가 자라나는 세대에게 경험의 큰 부분이 되는 오랜 시간의 모험과 같은 즐거움을 심어주지 않는다면 우리는 그들에게 완전한 인생의 경험을 해보지 못하게 하는 것과 같다.

David McCullough

살아있는 역사를 만드는 특별한 비결은 없다. 바버라 턱만은 "살아있는 역사는 인류에게 이야기하는 것"이라는 말로 살아있는 역사에 대한 완벽한 정의를 했다. 역사는 인간 본성과 시간이라는 위대한 두 가지 미스터리에 대한 것이기에 그 호소력과 흡인력은 부정할 수 없다. 우리는 일과 일상에서 역사 속의 가능성, 언어적 축복, 이해력, 혹은 정확함을 즐길 수 있으니 얼마나 다행인가!

Arlene Scott
앨린 스콧

링키지 전략변화연구소 박사
Ph.D., Linkage's Strategic Change Practice

변화의 유일한 방법은
'직원 리더십 개발'

리더의 가장 중요한 역할은 비전을 구체화해 전략과 목표를 세우는데 이용함으로써 변화의 실행부서로 하여금 변화를 이해하고 받아들이도록 만드는 것이다. 변화를 이끌 행동에 대한 기대를 분명히 하고 제대로 된 행동 모델을 만들라. - 앨린 스콧 -

변화하지 않는 조직은 도태된다. 당신은 조직 내에 어떤 변화가 필요한지 알고 있을 것이다. 과연 직원들은 변화를 이루기 위해 얼마나 노력하고 있으며, 과연 변화를 이룰 만한 능력을 가지고 있는가?

회사를 새로운 방향으로 전환시킬 멋진 계획을 갖고 있다고 하더라도 실제로 전략을 실행할 팀장들은 그런 생각을 거의 이해하지 못한다. 대부분 뒷전에 앉아 새로운 전략에 대해 불평을 토로한다. 그들은 변화의 필요성과 그것의 실행과정을 이해하지 못하며 자신들이 갖고 있는 전략 실행 기술, 경험, 의지에 대해서도 깨닫지 못할 것이다.

비전 있는 모든 리더들은 결국 다음의 사실을 깨닫게 될 것이다. '혼자 힘으로 변화를 이룰 수 없다. 그것은 똑똑함이나 정열, 변화를 위한 의지 등과 상관없다. 혼자서 모든 일을 맡을 수는 없다. 그것은 당신의 위대함과 상관없이 직원들에게 당신의 아이디어를 무조건 받아들이도록 강요할 수 없기 때문이다'

변화의 필요성을 이해시켜라

변화를 이끄는 유일한 방법은 리더십을 갖게 하는 것이다. 이것은 팀장들에게 당신의 변화 계획을 이해시키고, 서로 생각을 공유해 그들이 변화에 전념할 수 있게 한다. 그들은 어떤 행동이 성공에 필요한지 반드시 이해해야 한다. 변화를 이루기 위해서는 강한 주인의식, 제품서비스를 생산할 능력과 기술, 동기와 재능이 있어야 한다.

당신과 당신 팀은 변화에 있어 핵심 지렛대와 같은 역할을 한다. 변화를 위해서는 창조적인 접근방식을 택해야 하며 그것은 지속적인 성과와 수익 성장을 얻고 가치를 창출할 강력한 방법과 통찰력으로 협력과 개발전략을 결합하는 것이다.

협력은 CEO의 직접적인 언급으로 시작된다. CEO가 해야 할 가장 중요한 역할은 비전을 구체화해 전략과 목표를 세우는 데 이용함으로써 변화의 실행부서로 하여금 변화를 이해하고 받아들이도록 만드는 것이다. 변화를 이끌 행동에 대한 기대를 분명히 하고, 제대로 된 행동 모델을 만들어야 한다. 의견의 차이가 있다면 발전을 위해 토론을 하되 지키지 못할 거짓 동의는 피해야 한다. 거짓 동의는 당신의 신뢰만 약화시킬 것이다. 또한 기업이 나아가야 할 방향, 변화에 대한 필요성, 리더십의 조건 등에 대해 합의를 도출해야 한다. 팀원들은 무엇이 필요한지 이해해 변화가 잘 이루어지도록 해야 한다.

일단 팀이 구성되면 다른 직원들이 자연스럽게 그 팀을 따를 것이라고 가정하지 말라. 그들의 경험, 역할에 필요한 변화를 반드시 연결시켜야 한다.

마음 속에 품고 있는 변화에 대한 열망을 강력하게 밀어붙여라

팀원들의 역할과 임무에 대한 의미를 명확히 해 그들이 일을 잘할 수 있도록 만들어라.

변화를 창출하는 데 있어 각 팀원들을 어떻게 활용할 것인지를 생각하게 만들라.

리더를 어떻게 개발할 것인가

고참 리더들을 모아놓으면 새로운 리더십 기술과 운영방식의 필요성을 느끼게 된다. 팀장들이 이런 능력을 가지려면 다음과 같이 생각

하고 행동해야 한다.

- ■생각하고 있는 특별한 리더십을 비전과 전략의 범위 내에서 결정하라.
- ■능력의 차이를 평가하라.
- ■여러 다른 접근방식을 통해 차이를 없앨 전략을 개발하라.
- ■직원들을 적재적소에 투입해 새로운 재능을 개발하고, 일정 수준에 못 미치는 직원들은 과감하게 해고하라.

현재의 믿음, 행동, 일상업무를 바탕으로 어젠다를 점검하면 리더십 협력과 개발, 우선순위에 대한 중요성을 파악할 수 있을 것이다. 예를 들어 전략 구상단계로 핵심적인 리더가 아직 구성되지 않았을 때, 공유된 방향으로 확장된 리더십 팀 구성은 가장 중요하다. 리더가 구성되더라도 목표 수행능력이 부족하면 리더 개발에 초점이 맞춰질 것이다.

전략적 변화를 위해 리더십을 강화하기 위한 몇 가지 단계를 살펴보자.

- ■팀 구성을 평가하라. 팀의 톱에서 말단까지 구성원의 수준을 평가하라.
- ■의사소통을 하라. 쌍방향 커뮤니케이션을 통해 변화에 대한 지지를 구축하라.
- ■가치창출형 리더십 모델을 개발하라. 리더십의 조건을 평가하고 필요에 맞는 행동과 리더십 모델을 개발하라.
- ■구성과 개발을 창조하라. 필요에 맞는 리더십 개발 프로그램을 고안하라.

- 리더들을 조직하라. 여러 단계를 통해 리더를 편성하려면 그룹 중재를 제안하고 이끌어라.
- 평가와 피드백을 제공하라. 개인과 그룹을 위한 다양한 통로의 평가와 피드백을 제공하라.
- 개발 계획을 세워라. 개인적인 발전 계획, 혁신적인 발전을 위한 코치와 행동 이론을 개발하라.
- 장기적인 관점에서 당신의 시스템을 구축하라. 최고의 재능을 선택해 평가하고 성공계획을 개발하며, 당신의 인사 시스템과 과정을 구성하라.

전략적 변화의 4가지 함정

전략적 변화를 주도할 경우 빠질 수 있는 4가지 함정은 다음과 같다.
- 변화에 발들이기 협력을 이끌어내려면 변화를 시작할 만한 강력한 이유를 반복적으로 주지시켜야 한다.
- 강렬한 '구식'에 대한 욕구 심지어 최고의 리더들조차 가끔 잘못된 일에 끌린다.
- 낡은 능력 과거의 성공을 이끌었던 능력은 수정돼야 하고 당신이나 당신의 리더들은 새로운 기술을 개발하거나 찾아야 한다.
- 불명확한 기대 변화는 추상적인 것에서 형성될 수 없다. 개발계획을 이용해 사람들에게 그들이 개인적으로 필요한 것이 무엇인지 인지시켜라.

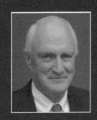

Cal Wick
칼 위크

포트 힐 컴퍼니 창업자
Founder of Fort Hill Company

리더 육성의 6대 비결

트레이닝 프로그램은 전체적인 경험을 제공해야 하며, 매니저가 자신의 직속 부하직원을 어떻게 지원해야 하는지, 학습내용을 업무에 적용하는 과정에서 어떻게 필요한 지원을 얻을 수 있는지, 결과가 어떻게 관찰되고 개선되는지를 담아야 한다.　　　　　　　　　　　　　- 칼 위크 -

리 더십 트레이닝과 개발은 더 나은 사업성과를 창출하는 보다 뛰어난 리더를 양성하기 위한 것이다. 높은 성과를 올리는 고위 경영자는 비즈니스 프로세스를 관리해 최적의 결과를 창출한다. 트레이닝과 개발을 사업성과로 전환시키는 것은 모든 중요한 프로세스들이 그렇듯이 분석, 관리, 개선돼 더욱 효율적이며 효과적이 될 수 있도록 해야 한다. 트레이닝 프로그램의 효과를 측정하는 기준은 수율, 즉 투입 대비 산출의 양과 질이며 소비된 자원(시간돈)이 사업성과로 전환되는 비율이다.

고위 경영자의 개발은 투자이며 이는 당연히 조직이 회수를 예상하는 부분이다. 효과적인 고위 경영자는 인적자원에 대한 ROI(투자수익률)를 극대화시킬 수 있도록 트레이닝을 관리한다. 그러나 안타깝게도 대부분의 기업에서는 직원들의 학습과 실제 업무 사이에 큰 격차가 존재한다. 트레이닝과 개발에 투자되는 자금이 실제로 긍정적인 영향을 주는 방식으로 전달되고 적용되는 경우는 미미하다. 직원의 능력개발 정책의 경쟁 우위는 프로세스가 제대로 관리되지 않을 때 손상을 입는다. 하지만 대부분의 사람들은 학습과 행동 간의 격차를 극복하며 학습을 촉진시키는 데 필요한 조치에는 거의 관심을 기울이지 않는다.

트레이닝과 개발이 팀워크를 다지고, 생산성을 높이며, 효과적인 리더십 강화 성과를 거두려면 우선 트레이닝과 개발이 현장에서 실제 행동으로 전환되고 연관되는 업무에 적용돼야 한다. 대부분의 트레이닝은 지루한 단절; 즉 학습한 내용과 실제 업무에서 수행되는 것 사이에 거대한 학습–실천 괴리(Learning-Doing Gap)가 있다.

이 갈라진 바다의 한쪽 해안에 초기 학습이 이루어지는 프로그램이 있고, 또 반대편 해안에는 학습이 실천과 생산성으로 전환돼야만 하는 업무가 있다. 대개의 관심은 프로그램에 집중되며 더 나은 결과를 달성하는 데 필수적인 프로세스 전환에는 별로 집중되지 않는다.

ROI 끌어 올리기 위한 6가지 원칙

학습을 결과로 전환하고 트레이닝에 대한 ROI를 최대한 끌어올리기 위해서는 다음 6가지 원칙을 실행해야 한다.

원칙 1〉 비즈니스의 맥락에서 결과를 정의한다

트레이닝 프로그램의 목적을 명확히 정의한다. 많은 리더십 프로그램들은 예상되는 이익을 명확히 정의하지 않은 채 이행된다. 프로그램의 '학습목표'는 대개 "이 프로그램을 마치면 참가자들은 상황에 따른 리더십 모델을 이해할 수 있게 된다"는 식으로 정의된다. 하지만 그런 프로그램들이 비즈니스에 어떤 도움을 줄 수 있을 것인가? 직원들이 무엇을 지금보다 더 잘하거나 혹은 지금까지와는 다르게 할 것인가? 진정한 목표는 특정 모델이나 기술의 적용을 통해 보다 효과적인 경영을 달성하는 일이다. 개발 프로그램의 예상되는 결과를 비즈니스 맥락에서 정의해야 한다. 얻어지는 이익을 정의할 수 없다면 프로그램을 진행시켜서는 안 된다.

원칙 2〉 전체적인 경험을 담는다

학습은 지속적이며 트레이닝 개시 전부터 시작되고 이후에도 유지돼야 한다. 공식적인 트레이닝은 능력개발의 중요한 촉매가 될 수는 있지만 고위 경영자들은 대부분을 업무현장에서 배운다. 따라서 리더십 개발 프로그램이 기대하는 이익이 얻어지는지 그렇지 않은지는 대부분 업무에서 벌어지는 일에 달려 있다.

뛰어난 리더십 트레이닝 프로그램이 필요하기는 하지만 그렇다고 그런 프로그램으로 원하는 결과를 만들어내는 것은 아니다. 트레이닝 참가자의 매니저는 학습전이 발생에 상당한 영향을 미친다. 효과적인 고위 경영진이라면 프로그램이 학습 행위와 이후 실행의 두 가지 측면에서 모두 세부적인 계획이 포함돼 있는지 확인해야 한다. ROI의 극대화는 지식의 포장 및 전달에서부터 현장 지원에 이르는 전체 시스템을 계획하고 관리하는 데 달려 있다.

리더십 트레이닝 프로그램은 전체적인 경험을 제공해야 하며, 매니저가 자신의 직속 부하직원을 어떻게 지원해야 하는지, 학습내용을 업무에 적용하는 과정에서 어떻게 필요한 지원을 얻을 수 있는지, 결과가 어떻게 관찰되고 개선되는지를 담아야 한다.

원칙 3〉 적용을 위해 제공한다

트레이닝과 개발이 결과에 영향을 주기 위해서는 학습자들이 수업 중 학습한 것과 실제 업무에서의 적용을 잘 연계시켜야 한다. 그럼으로써 자신의 새로운 지식을 적용해 회사에 이익을 창출할 수 있다. 그 연계가 제대로 이루어지는지 그렇지 않은지는 자료가 어떻게 제시되는가에 달려 있다.

대부분의 고위 경영진 교육은 단절된 '스타들의 퍼레이드'이거나 실제 업무와는 거의 연관 없는 강의로 구성돼 있다. 실제 최종 결과를 향상시키기 위해서 트레이닝은 전달과 적용이 용이하게 제공돼야 한다. 각 주제는 관련된 비즈니스의 니즈와 연계돼 있고 적용 가능한 사례로 나타나 있어야 한다. 제대로 된 시뮬레이션과 실천 학습 프로그램은 강의보다 효과적일 수 있다.

효과적인 고위 경영자는 제안된 프로그램이 수업 현장과 참가자들의 실제 업무와 단단히 연결돼 있는지 검토해야 한다. 이들은 "현장 적용에서 이것이 어떻게 나타날 것인가? 학습자들이 시뮬레이션에 나와 있는 기술을 제대로 실행할 것인가? 트레이너가 비즈니스의 어려운 문제점을 이해하는가?" 등의 질문을 해야 한다.

원칙 4〉 연계된 활동을 진작시킨다

학습을 업무에서 실행, 지속, 강화하지 않는 한 업무성과는 급속히 원래대로 떨어지고 잠재 가치도 대부분 사라진다. 효과적인 고위 경영자는 적극적으로 교육종료 이후를 관리한다. 이들은 학습 목표를 비즈니스 목표처럼 다룬다. 학습자와 이들의 매니저는 예상되는 결과와 ROI를 전달하기 위해 교육 종료 이후의 연계된 활동에 대한 책임을 가져야 한다. 교육 종료 후 연계된 활동을 제대로 이행하는 회사는 주목할 만한 결과를 달성할 수 있다. 이런 경우 참가자들이 더 많은 노력을 하고 자신의 매니저와 더 많은 토론을 하며 더 큰 발전을 이룰 수 있다. 연계된 활동의 관리와 업무 개선은 밀접한 상관관계가 있다.

원칙 5〉 적극적인 지원을 아끼지 않는다

연계된 활동에 대한 지원과 책임이 있다는 것을 명백히 한다. 프로그램 참가자들은 자신이 성공 가능하고 필요할 때 도움을 받을 수 있다는 확신이 있을 때 새로운 기술과 접근방법을 더욱 적극적으로 시도한다. 직속 상관의 지원을 얻기 위해서는 참가자의 매니저가 자신의 직속 부하직원의 발전 목표를 승인해야 한다. 매니저가 학습목표 대비 성과에 대해 무관심하면 프로그램은 급속히 무력해진다. 제대로 고안된 프로그램은 매니저가 자신의 직속 부하직원의 발전 목표를 파악하고 이에 동의하며 이것이 달성되도록 지원할 수 있게 구성돼야 한다. 고위 경영자는 트레이닝을 승인하고 새로운 학습을 업무에 적용시킴으로써 전체 여건을 설정한다. 그런 지원이 없으면 학습에 대한 투자는 결국 낭비일 뿐이다.

원칙 6) 결과를 문서화한다

효과적인 고위 경영자는 결과를 측정하고 평가해 투자가 주주의 적절한 수익을 창출하는지 확인해야 한다. 측정 없이는 지속적인 개선 추진이 불가능하다. 트레이닝과 발전 사이클은 실제 결과를, 예상되는 결과와 비교하고 결과에 가장 영향을 줄 수 있는 변수들을 평가해 낼 때만 향상될 수 있다.

이 6가지 원칙을 실행하면 학습과 개발정책의 효과를 대폭 증진할 수 있다.

고위 경영자는 자기 부서의 리더십 트레이닝과 개발 성과가 다른 부서에서와 동일한 수준의 우수성을 유지하도록 해야 한다. 교육활동과 관련된 측정치(교육 건수나 교육참가 인원수)를 생산성의 측정으로 대체해서는 안 된다.

243

Michael Harris

마이클 해리스

해리스 그룹 창업자 및 회장
Founder and Principal of The Harris Group

마케팅의 7가지 함정

마케팅 리더는 좋은 이미지, 혹은 아이디어를 연상시키는 포지셔닝 아이덴
티티를 창조해야 한다. '인텔 인사이드(Intel Inside)'가 훌륭한 예이다. 인텔
은 그 포지셔닝을 자사의 아이덴티티를 설명하기 힘든 컴퓨터 부품으로부터
기억하기 쉽고 수요를 창출하는 모습으로 변화시켰다. - 마이클 해리스 -

마케팅은 일부 사람에게는 핵심적인 기능으로 간주되고 다른
사람들에게는 성가신 것이지만 대부분의 사람들에게는 미스

터리이다. 세일즈 담당자와 마찬가지로 마케팅 담당자들은 매출 목표와 무자비한 경쟁의 압박 속에서 일하고 있다. 이런 상황 때문에 결국 마케팅 담당자는 장기적인 사안은 애써 무시하고 단기적인 목표만 좇게 된다. 컨설턴트이자 전직 마케팅 부사장이었던 나는 고위 마케팅 담당자의 함정에 대한 질문을 자주 받는다. 다음은 마케팅 담당자들이 피해야 할 7가지 함정이다.

함정 1〉 비효과적인 내부 커뮤니케이션

마케팅 리더는 커뮤니케이션을 주업으로 하는 사람들이다. 이들은 회사와 시장 사이에서 기업 및 제품에 관한 대부분의 메시지를 통제한다. 고위 마케팅 담당자와 다른 부서 간의 관계가 원만하고 대화가 활발하면 커뮤니케이션 시간을 단축할 수 있다.

관계가 원만하지 않을 경우 대내외적인 커뮤니케이션은 지체될 수밖에 없다. 유쾌하지 않거나 비생산적인 미팅, 간단한 캠페인에도 시간을 허비하고, 상식 수준의 사안에도 제시간에 합의하지 못하는 상황이 발생하는 것은 그런 이유 때문이다. 마케팅 메커니즘의 속도가 느려지면, 성공요건을 충족하는 상품을 많이 만들 수 없어 결국 매출도 타격을 받는다. 마케팅 리더는 이런 관계를 인식하고 적극적으로 동료들과 의견 불일치를 조정해 나가야 한다.

함정 2〉 태도 대 포지셔닝

포지셔닝은 경쟁을 통해 인지될 수 있는 장점을 보여주는 것을 의미한다. 이는 회사 및 제품서비스 전략에서 채용되며 가능하면 서로 연계되는 것이 좋다. 반면 태도는 타깃 고객에게 별다른 주장을 하지

245

않으면서도 자신의 회사 제품 및 서비스가 얼마나 훌륭한지를 말해주는 것이다. 마케팅 리더는 좋은 이미지 혹은 아이디어를 연상시키는 포지셔닝 아이덴티티를 창조해야 한다. '인텔 인사이드(Intel Inside)'가 훌륭한 예이다. 인텔은 자사의 아이덴티티를 설명하기 힘든 컴퓨터 부품으로부터 기억하기 쉽고 수요를 창출하는 모습으로 변화시켰다. 잠재고객이나 실제고객이 자신의 회사 제품과 서비스를 선호 대상 범위에 묶어둘 수 있도록 연상시키는 데 성공하면 결국 판매 증가로 연결된다. 따라서 사람들이 좋아하는 전문가의 언급과 언론평, 그리고 성공담 등으로 자사의 포지셔닝을 더욱 확고히 다져나가야 한다.

함정 3) 제품서비스 라인의 복잡성 무시

이는 언뜻 드러나지는 않지만 장기간에 걸쳐 회사에 영향을 미쳐 내부에서 수익성을 갉아먹는다. 어떤 소프트웨어 제품 라인이 선별된 고객을 만족시키고자 하는 세일즈 팀에게 지나치게 영향을 받는 경우 이는 단기적 매출 증가는 이룰 수 있겠지만 실제 제품라인의 수익성은 스펙의 변형이나 의도하지 않은 기술상의 변경의 파급효과로 막대한 타격을 입는다. 마케팅과 제품 관리 리더는 항상 제품서비스 협의 사항을 설정하고, 이를 시장과 회사자원의 현실성에 맞게 조율해 나가야 한다.

매출과 수익 증대가 제품라인 확장, 혹은 신제품서비스를 통해 가능하다면 마케팅 담당자는 명분을 주장해 자원을 확보해야 한다. 또한 회사에서 일년에 한 번 제품서비스 라인의 하위 10%를 가지치기 하지 않는다면, 이것을 과감히 정비해야 한다. 그런 정비가 없다면 회사는 과거에 발이 묶여 주저앉게 되고 자신의 미래를 결정할 수 없게 될 것이다.

함정 4〉'마케팅 커뮤니케이션(marcom)'과 마케팅을 혼동

마케팅 커뮤니케이션은 제품 혹은 서비스 회사의 전체 마케팅 활동의 10%에 불과하다. 마케팅 담당자의 역할은 시장 정보를 수집하고, 수집된 정보의 회사에 대한 의미를 파악하며, 새로운 제품서비스의 출시를 추진하는 것이다. 또한 좋은 소식을 전파하고, 성공적인 상품으로 만들어내며, 투자자의 관심을 끌 만한 캠페인을 추진하는 것 등이다. 주목을 끄는 웹사이트, 브로셔, 세일즈 자료 및 다른 커뮤니케이션도 모두 중요하지만 마케팅의 최고 담당자가 자기 업무시간의 10% 이상을 소비하고 다른 일들이 제대로 되지 않는다면 뭔가가 잘못되고 있는 것이다. 이 경우 더 나은 자동화 도구와 재능 있는 디자인 숍의 이용을 고려해 봐야 한다.

247

함정 5〉PR 파워의 과소평가

PR은 마케팅 부서가 사용할 수 있는 최상의 자본이다. 브랜드 강화에는 PR이 광고보다 더 효과적이다. 우리 제품이나 서비스를 돈을 내고 사라고 할 때는 신뢰감이 특히 중요하다. 어떤 제품 서비스에 대해 협회, 업계 혹은 언론에서 호의적인 언급이 나오면 제3자가 그 제품서비스를 자연스럽게 인정하고 신뢰하게 된다. 이는 즉각 구매자로부터 제품구매의 위험부담을 덜어주기 때문에 더없이 막강한 파워로 작용한다.

함정 6〉 마케팅 부서의 약세

오늘날에는 효율적으로 마케팅 활동을 수행하고 마케팅 비용의 ROI를 표시하기 위해 자동화 도구를 사용해야 할 충분한 이유가 있다. 마케팅정보 시스템 소프트웨어에서 데이터마이닝 소프트웨어, 온라인 조사, 접촉 관리에 이르기까지 다양한 마케팅 자동화 솔루션이 폭 넓게 사용되고 있다. 새로운 시대의 마케팅을 놓고 볼 때 1대1 세상에서 잠재고객에게 다가가는 것이 결코 쉽지는 않다. 따라서 현상 유지를 위해서는 더 많은 캠페인을 전개할 필요가 있다. 그러나 현실적으로 마케팅 매니저와 부하직원을 더 많이 투입해 캠페인을 만들고, 추진하며, 관리하고 보고할 수 있는 회사는 거의 없다. 다행히 마케팅 담당자들이 활용할 수 있는 새로운 자동화 도구가 대거 등장했다. 이런 새로운 자동화 솔루션을 설치하고 습득하는 것은 투자된 자원을 적절히 활용하는 것과 같다.

함정 7〉 마케팅 활동의 배합과 ROI에 대한 오해

마케팅 담당자는 ROI에 대한 마케팅 활동의 배합 변화가 ROI에 미치는 영향을 인지해야 한다. 예를 들면 광고와 PR의 차이는 광고는 (장기적인) 인지도를 높여주는 반면 PR은 (중기적으로) 소비자들에게 영향을 미친다는 것이다. 세일즈 프로모션과 마케팅 캠페인은 구매시 고려를 (단기적으로) 하게 만든다. 일단 타깃 고객들에게 회사명과 그 회사의 제품서비스를 인지하게 만들고, 타깃 고객의 태도에 영향을 미치도록 노력하며, 구매시의 사고에 영향을 미치게 한다. 이 세 가지의 적절한 배합과 타이밍이 마케팅 비용의 성공적인 ROI에 절대적인 영향을 미친다.

Michael Brader-Araje

마이클 브래더 - 아라예

트루파일럿사 파트너
Partner in TruePilot

'사회환원' 안 하면
돈이 낭비된다

249

빌 게이츠는 돈을 효과적으로 쓰는 것이 돈을 버는 것보다 훨씬 힘들다고
말했다. 그저 돈을 나눠준다고 해서 사회공헌 사업이 제대로 실천되는 것이
아니다. '물고기를 잡는 법을 알려주면 상대는 배를 사달라고 할 것이다' 라
는 말이 있지 않은가? – 마이클 브래더-아라예 –

사회공헌 사업, 자선, 돌려주는 것, 혹은 선불하는 것 등의 단어는 교묘하다. 마크 트웨인은 예전에 사회공헌 사업을 주제로 한 강의에 참석해 어떤 얘기도 듣기 전에 1백 달러를 내놓기로 결정했다. 그러나 연사가 강의를 제대로 못하자 그는 기부 금액을 처음에는 절반만 내기로 했다가 결국에는 10달러만 내기로 했다. 트웨인은 연사가 끝나고 모금함이 돌 때는 1달러만 냈다가 입장이 난처해졌다.

나는 '왜 사회에 환원해야 하는가?'라는 질문에 당신이 잠시 당황하게 된다는 사실을 인정한다. 왜냐하면 나도 그 동안 이 질문을 충분히 이해하지 못했었기 때문이다.

나는 항상 내 주변의 책임이라는 것에 대해 생각해왔고 나의 재산을 나눠 갖는데 대한 강한 신념을 갖고 있다. 이런 생각은 처음부터 내 속에 서서히 스며 들었다. 나는 가톨릭 재단의 고등학교에 다녔지만 필수과목인 종교 수업을 그다지 즐기지 못했다. 그래서 나는 매주 토요일 양로원에서 봉사하는 것으로 종교 수업을 대체하는 것으로 학교 측과 협의했다. 그런 의미에서 사회공헌 사업은 나에게 종교와 같은 것이다.

사회환원, 세상 문제의 효과적인 해결방법

"왜 사회에 환원해야 하는가?"라는 질문의 답은 다음 세가지 기본적인 이유에서 찾을 수 있다.

첫째, 공적인 이유에서다. 공적인 부분에 있어 사회에 환원해야 하는 가장 큰 이유는 그것이 세상의 문제들을 가장 효과적으로 해결하는 방법이기 때문이다. 우리는 인류와 관련된 기본적인 시민권리부터 시작해 정신병이나 알코올 중독 등의 문제 해결을 위해 시민그룹이 나서서 함께 행동하고 모금하는 사회를 만드는데 노력해야 한다. 이런 노력은 다른 그룹에 배타적인 사람들간의 관계를 향상시킨다.

당신이 이런 공상적인 말에 동의하지 않을지라도 결국 나중에는 더 크게 돈을 낭비하게 될 것이다. 예를 들면 10대 비행 청소년이 제대로 생활할 수 있도록 하는 일이 나중에 그들이 어른이 되어 범죄를 저지르기 전에 훨씬 적은 대가로 문제를 바로 잡는 것이다. 나중에 그들이 어른이 됐을 때 사회복지 시설이나 정신병원에 수용하는 대신에 혼자 독립적인 청소년이 되도록 돕는 것이다.

둘째, 비즈니스적인 이유다. 비즈니스에 있어 나는 나보다 앞선 세대로부터 물려받은 비전, 통찰력, 관대함의 미덕으로부터 도움을 받고 이 도움을 차세대에게 그대로 전해줄 책임이 있다. 물론 사회공헌 사업에 있어 가장 힘든 점은 사회공헌 사업을 보다 효과적으로 하는 것이다.

빌 게이츠는 돈을 효과적으로 쓰는 것이 돈을 버는 것보다 훨씬 힘들다고 말했다. 그저 돈을 나눠준다고 해서 사회공헌 사업이 제대로 실천되는 것이 아니다. '물고기를 잡는 법을 알려주면 상대는 배를 사달라고 할 것이다' 라는 말이 있지 않은가?

사회공헌 사업에 대해 긍정적으로 생각하면 당신이 고기 잡는 법을 알려주면 당신에게 돈을 빌려서 배를 살 것이고 나중에 고기를 많이 잡아 이자까지 돌려줄 것이라고 생각할 수 있다. 서비스를 확장하려는 청소부에게 돈을 빌려주면 나중에 이자까지 포함해서 돌려줄 것

251

Michael Brader-Araje

이다. 다른 사람들에게 일자리를 창출하고 심지어는 자신의 자녀를 대학교육까지 시킬 것이라는 생각에서 사회공헌 사업은 출발한다.

나는 열정과 낙관론과 성공을 위한 욕구로 채워진 '사회공헌 사업'이라는 벤처와 '사회를 위한' 창업을 믿는다. 사회공헌 사업은 사회적 자본을 창출하는 것이다.

그렇다면 성공을 어떻게 측정할 것이냐는 문제에 직면하게 된다. 단지 성취라는 것이 측정불가라하다면 그것은 아무런 변화나 차이가 없다는 의미는 아니다. 청소년을 마약으로부터 구제하는 것으로 어떻게 성공을 증명할 것인가? 10대 임신을 어떻게 예방할 것인가? 얼마나 많은 사람들의 마음을 바꾸고, 감동시키고, 긍정적인 힘을 불어 넣었는지 어떻게 수치화할 것인가?

사회에 환원해야 하는 마지막 이유는 개인적인 이유에 있다. 나는 다른 사람들을 돕는 것이 나의 최고의 관심사라는 것을 굳게 믿는다. 예를 들어, 내가 북(北)캐롤라이나에서 사람들을 돕기 위해 써버린 10센트짜리가 나와 내 아내, 아이들, 그리고 미래 후손들이 살고 있는 이 주(州)를 더 살기 좋은 곳으로 만든다고 믿는다.

내가 처음 "왜 사회에 환원해야 하는가?"라는 질문에 대해 깊이 생각했을 때 그 대답을 다음과 같이 정리했다. 그것은 "왜냐하면 내가 할 수 있기에, 그것이 옳은 일이기에, 나의 경험을 풍부하게 하기에, 나의 아이들에게 좋은 모범이 되기에, 내가 같이 일하는 사람들로부터 나도 배울 수 있기에, 나에게 겸손을 가르치고 다른 세계관을 깨닫게 해주며 나에게 진짜 공헌을 하는 법을 가르치기 때문"이라고.

사회공헌 사업은 내가 시민의 의무로서 하거나 내 회사의 이익을 위해 하는 것이 아니다. 나는 사회공헌 사업 활동을 개인적인 이유에서 열정적으로 한다. 또한 가끔은 사람들이 나에게 사회공헌 사업 활동을 요구해서 하기도 한다. 나의 활동은 조직을 위한 것이 아니라 내가 함께 있고 싶은 사람들을 위한 것이다. 내가 함께 일하고 싶거나 그들을 위해 일하고 싶을 때 하는 것이다. 그들은 나에게 영감과 도전을 준다.

하지만 단지 친구들이나 아는 사람들에 한해 사회공헌 활동을 하는 것은 아니다. 오히려 반대의 경우가 된다. 내가 사회공헌 활동을 한 사람들과 친구가 되는 것이다. 즉, 정열을 갖고 자신의 꿈을 현실로 만들 수 있는 사람들에게 도움을 주는 것이다.

개인적인 임무 성명서 만들어라

당신이 어떤 사회에서 살고 싶은가? 위대한 사회인가 저질스런 사회인가? 저질스런 사회는 사람들이 오직 자신들이 원하는 것만을 추구해 "난 내가 원하는 것을 얻었어!"라는 풍조가 만연한 곳이다. 위대한 사회는 사람들이 이웃을 배려하고 모든 사람들이 성공의 기회를 얻는 곳이다.

사회에 기부할 돈이 없다고 생각하는 사람들에게 나는 가장 적게 가진 사람이 가장 많이 기부한다는 얘기를 들려주고 싶다. 그 말에 대한 증거가 필요하다면 빈촌의 교회 헌금함에 모인 돈을 보라! 꼭 재물로 사회에 공헌해야 하는 것은 아니다. 돈이 없다면 그들에게 시간을 내주어라.

Michael Brader-Araje

하지만 현명하게 공헌해야 한다. 개인적인 임무 성명서를 만들어라. 당신이 지금 행하려는 일에 대해 충분히 인지하고 있다면 아마도 당신이 하고자 하는 바를 이룰 것이다. 당신은 그런 임무 성명서로 자신의 관심을 자극하는 근거를 발견할 것이다. 무엇이 당신을 가장 격정하게 하거나 즐겁게 하는지 묻자. 그리고 당신이 도움을 주고 싶어 하는 근거로 해석해내라.

무엇을 공헌할 것인지가 아니라 공헌하는 그 자체에 관심을 가져야 한다. 그 보상이 얼마나 값진 것인지는 나중에 알게 될 것이다. 사회에 환원하는 것만큼 인생에서 만족스러운 일은 없을 것이다.

Dave Liniger
데이브 리니거

리/맥스 인터내셔널사 회장
Chairman of RE/MAX Intl

모두가
승리자가 되는 길

우리 회사의 성공 스토리를 단지 운이 좋았기 때문에 가능했던 것이라고 말하는 사람들이 있을지도 모른다. 운이 좋았던 것은 사실이다. 하지만 올바른 팀을 뽑는 것과 함께 일할 훌륭한 사람을 뽑을 수 있는 능력은 단순히 운으로 해결되는 일이 아니었다. 그것은 통찰력을 발휘하고 분석, 노력하며 열심히 일한 덕분이었다. - 데이브 리니거 -

처음부터 내 꿈은 '모두가 승리자'가 되는 최고·최대의 부동산 중개 회사를 키우는 것이었다. 이 '모두'란 내 고객과 중개업자, 집주인, 우리 직원을 말하는 것이다. 30년 이상이 걸렸지만, 결국 내 꿈은 현실이 되었다.

오늘날 내가 회사의 가족 전부와 함께 이 꿈을 나누는 것은 우리가 함께 이 꿈을 현실로 이루어냈기 때문이다. 이것은 결코 개개인에 관한 것이 아니라 언제나 '우리'와 회사, 그 꿈에 관한 것이었다.

나는 '모두가 승리자'라는 회사의 공식이 모두에게 적용된다고 생각한다. 회사를 처음 시작하는 사람, 사업을 키우려고 노력하는 사람, 학교나 교회를 돕는 사람, 아니면 공무원 등 누구에게나 적용된다고 생각한다. 우리 회사 이야기가 여러분이 여러분의 꿈을 현실화하는 데 도움이 된다면, 나는 당신이 '모두가 승리자'가 될 수 있다고 믿는 일원으로서 환영한다.

그러나 꿈을 갖는 것은 매우 힘든 일이라는 점을 강조하고 싶다. 대부분의 사람들은 아이디어와 꿈을 혼동한다. 아이디어는 개념으로, 많은 사람들이 수많은 아이디어를 갖고 있다. 하지만 자신의 아이디어를 꿈으로 바꾸는 사람은 별로 없다. 내가 부동산 업계에 뛰어들었을 때 나는 놀라운 아이디어 하나를 갖고 있었다. 나는 마음속에서 그 아이디어를 준비했고 여러 번 수정하고 다듬어 입안했다.

그 이후 나는 내 아이디어를 들어주는 사람이라면 누구와도 그것을 공유하기 시작했다. 그러나 곧 소중한 교훈을 얻었다. 내 아이디어는 사람들의 마음을 사로잡았지만 감동을 주기에는 역부족이었다. 오로지 꿈만이 감동을 주는 것이다. 나는 마음도 사로잡고 감동도 주고 싶었다. 처음으로 만든 우리 회사 드림 팀은 꿈을 현실로 이뤄내기 위한 노력에 전적으로 헌신하는 사람들의 마음의 결합체였다.

'드림 팀'을 만들 때 나는 재능 있는 사람과 열심히 일하고자 하는 사람, 일을 삶에서 절대적으로 원하는 사람이 필요했다.

여러분의 꿈을 위해 함께 싸워줄 투사를 찾고 모집하는 것은 결코 쉬운 일이 아니다. 당신은 흙 속에 파묻힌 조개 속 진주를 찾기 위해 수도 없이 많은 조개를 깨 부셔야 할지 모른다. 충분한 시간을 갖고 오랫동안 열심히 찾는다면 진주를 캐낼 수 있을 것이다. 우리도 결국 해냈다. 우리는 회사의 핵심 부문을 개발했던 팀을 결국 구성했다. 그리고 그 팀은 다른 훌륭한 팀 탄생의 모태가 되었다. 현재 회사는 실적이 뛰어난 수천 개의 팀으로 구성되어 있다. 나는 부동산 업계를 바꿀 셀 수 없이 많은 팀이 앞으로 더 탄생될 것이라고 기대한다.

우리 회사의 성공 스토리를 단지 운이 좋았기 때문에 가능했던 것이라고 말하는 사람들이 있을지도 모른다. 운이 좋았던 것은 사실이다. 하지만 올바른 팀을 뽑는 것과 함께 일할 훌륭한 사람을 뽑을 수 있는 능력은 단순히 운으로 해결되는 일이 아니었다. 그것은 통찰력을 발휘하고 분석, 노력하며 열심히 일한 덕분이었다.

우리는 꿈을 팔기 때문에 회사 가족을 일굴 때 그들도 그 꿈의 일부로서 역할을 할 수 있다는 것을 우리가 믿을 수 있도록 해야 한다. 그들은 우리를 받아들여야 한다. 그것이 또한 행동 원칙이었다. 나는 나처럼 꿈을 믿고, 나만큼 꿈이 이루어지기를 원하고, 처음에 우리가 했듯이 기꺼이 열심히 일하는 사람들이 신입사원들 주위에 있기를 바란다. 오늘날 나는 그러기 위해 매일 노력하기 때문에 하루가 끝날 때에는 '모두가 승리자'가 되는 것이다.

회사 내부에 있는 사람은 누구라도 내가 약속을 철저히 지킨다는 것을 안다. 나는 원래 그런 사람이고 결코 다른 사람인 척하지 않는다. 나는 나와 똑같은 생각과 열정, 추진력을 가진 사람들과 함께 일하고 싶다.

이런 모든 점에서 볼 때 나는 절대 혼자가 아니었다. 우리 회사를 탄생시킨 첫 번째 팀의 팀원들은 그들의 몸과 마음을 완전히 바쳤다. 그것이 현재 전세계에 우리 사무실을 열게 된 기틀이 되었다. 그 팀은 팀의 역할과 상호 지원을 위한 기준을 세웠다. 그것은 지금도 우리 회사의 모범 사칙으로 남아 있고 우리 회사 직원들, 50개국에서 10만 명의 직원들은 서로 협력함으로써 '모두가 승리자' 임을 증명한다.

각 단계에서 우리가 성장하는 데 참여했던 모든 이에게 감사한다. 힘들었지만 즐거운 경험이었고 앞으로도 그럴 것이다. 사실 우리 이야기가 끝나려면 아직 멀었다. 우리가 속한 부동산 업계와 직업은 아직도 성장의 여지가 충분하다. 우리는 가정의 재산을 보호하고 지키도록 도와주는 업계의 일원이 되는 혜택을 누렸다. 또한 수많은 장애물을 제거하는 데 앞장서 왔다. 우리는 리더십 팀에 여성의 자리를 마련한 최초의 회사였다. 앞으로도 우리는 회사 내에 있는 모든 출신의 사람들을 결합시켜 인종과 문화, 종교, 성별, 연령의 장벽을 계속 허물어뜨릴 것이다.

돌이켜보면 회사를 강하게 만든 것은 바로 노력이었다. 우리는 온갖 역경에 부딪혔다. 그러나 우리 모두는 한 팀이 되었고 능력에 대한 의구심이 생기던 순간에도 항상 한 팀으로 남기로 마음 먹었다. 그때가 회사 사람들이 함께 힘을 모아 서로를 응원하던 때였다. 나는 '모두가 승리자' 라는 철학 없이 존재하는 훌륭한 기업은 없다고 생각한다. 이것이 훌륭한 팀이나 기업의 본질이다.

나는 스스로를 훌륭한 관리자라고 생각해본 적이 없다. 왜냐하면 내 주위에 언제나 훌륭한 관리자들이 있었기 때문이다.

　우리 모두는 '모두가 승리자' 라는 원칙으로 지난 33년을 살아왔고, 앞으로도 회사는 계속 성장할 것이다. 회사의 성장은 '야생 생물 체험 박물관'을 짓는 계기가 됐다. 우리는 암 연구 및 병원, 재단을 지원하며 성장 정도에 따라 기여하는 바도 늘어나고 있다. 그것이 바로 우리가 다음 세대에 전달하고 싶은 우리의 유산이다. 그래야 후손들도 꿈을 잡을 수 있고 '모두가 승리자' 라는 뜻이 무엇인지를 이해할 수 있게 된다.

259

Dave Liniger

노르만 슈바츠코프

前 美軍 장군
Retired General of the US Armed Forces

리더십은 과학이 아니라 예술이다

위대한 리더는 자기 비평적이다. 나는 자신에 대해 가장 강한 비평자로서 지속적으로 스스로를 채찍질한다. 자신이 언제나 옳다고 생각하는 사람은 나를 질리게 한다. 우리는 모두 실수를 할 수 있다. 중요한 것은 실수를 통해 배우는 것이다. 여러분 중 처음 저지른 실수를 통해 현재의 직무 수행방식을 학습한 사람이 얼마나 되는가? - 노르만 슈바츠코프 -

당신의 일은 성직자와 같은 천직으로, 혹은 의사와 같은 직업으로 분류될 수 있다. 또는 단계별로 승진을 하는 전문직업인이거나 매일 출근해 출근부에 도장을 찍는 회사원일 수도 있다. 현재 하고 있는 일이 소명으로 느껴지지 않는다면 누구도 그 자리에 머물고 성공할 수 없다.

군대는 소명과 직업 사이에 있는 장소이다. 당신이 일체화해야 하는 것이다. 당신은 직함을 갖고 있고 사람들은 당신을 그 직함으로 부른다. 또한 당신은 이런 내적인 봉사에 대한 동기를 가져야만 한다. 육군사관학교는 나에게 인생의 강령, 즉 '의무, 명예, 조국'을 부여했다. 나는 이 강령에 따라 살려고 노력했다. 나는 봉사의 느낌을 즐긴다.

당신은 자신이 아닌 다른 어떤 것에 봉사하고 있다. 당신은 조국을 위한 봉사에 삶을 헌신하고 있다는 사실로부터 보상을 받는다. 베트남 전쟁에서의 경험은 최고의 자기성취적 경험이었다. 왜냐하면 나에게는 어떤 이득도 없었기 때문이다. 나는 아무런 개인적 이득 없이 큰 희생을 하고 있었다.

부대원은 모든 것을 가치 있게 만들었다. 나는 다른 국적, 문화, 민족적 배경을 지닌 많은 사람들을 알게 됐다. 이런 사람들과의 만남은 나에게 너무나 훌륭한 교육이었다. 나는 문제를 보는 데는 한 가지 이상의 방식이 존재한다는 것을 배웠다. 이들 모두가 옳을 지도 모른다. 사람을 만날 때 선입관 없이 그들과 즐기게 됐다. 다른 국적을 가진 사람들과의 만남에서 유연성을 익혔다.

당신이 이끄는 부대원을 사랑하라. 유능한 지휘자는 누구나 자신의 부대원을 아주 많이 사랑하며 전쟁은 로봇이 아닌 사람들에 의해 이뤄진다는 것을 알고 있다. 자유는 군인들의 피와 희생의 결과이다.

H. Norman Schwarzkopf

현대 미국 장성 중 전쟁을 찬성하는 사람은 아무도 없다. 이들은 전쟁을 피하기 위해 수많은 노력을 한다. 왜냐하면 베트남에서의 경험을 통해 전쟁이 얼마나 끔찍한 지 알기 때문이다.

당신이 수행하고 있는 의무를 사랑하라. 의무는 강력한 동기 요인이다. 의무감은 상황이 아주 힘들 때 당신이 지속적으로 일을 수행할 수 있는 상태를 유지할 수 있게 해준다. 전쟁에서 당신은 이런 의무감을 갖게 된다. 당신이 전쟁터로 가야 한다면 가능한 한 빨리 극복해내기 위한 당신의 모든 힘을 동원하려 할 것이다. 이게 바로 싸움을 치르는 현명한 방식이며 생명을 유지하는 방법이기도 하다. 만일 당신이 전쟁에서 사람들을 지휘해야 한다면 부하들은 당신의 사람이다. 나는 여전히 나의 지휘하에 있었던 모든 사람들의 죽음을 애도한다. 만일 당신이 무언가를 믿는다면 그것을 정열적으로 믿어야 한다. 좋은 리더가 되기 위해선 정열적으로 지휘해야 한다. 나는 정열적인 사람이다.

내가 군대에 간 이유는 하사관, 장교, 소령이 아니라 장성이 되기 위해서였다. 만일 내가 쉘 주유소에서 일했다면 쉘 주유소 회장이 되기를 원했을 것이다. 나는 목표와 꿈을 높게 설정한다. 이는 영웅주의로 이어진다. 어느 누구도 "난 오늘 영웅이 될 거야! 영웅적 행동을 해야지"라고 전쟁터에서 말하지 않는다. 사람들은 의무를 다하고 있을 뿐이다. 누군가가 그들을 보고 "정말 영웅적인 행동이야!"라고 말할 것이다. 하지만, 그것을 행하는 사람은 자신이 영웅이라고 생각하지 않는다. "난 그저 의무를 다했을 뿐이에요!"라고 말한다.

전쟁이 두렵지 않다고 말하는 사람은 거짓말을 하는 것이거나 미친 사람일 것이다. 두려움은 이상한 것이 아니다. 두려움은 전쟁과 비즈니스에서 생존할 수 있게 해준다. 두려움으로 인해 공황 상태에 빠져 의무를 수행할 수 없게 되지 않는 한, 두려움은 날카로운 관점으로 사물을 바라보고 집중할 수 있게 해준다. 진정한 용기란 두려움을 느끼지만 전진해나가고 어떻게든 자신의 의무를 행하는 것이다.

리더십에 대한 두 가지 철칙

리더십은 조직을 관리하는 것이 아니라 사람들에게 동기를 부여하는 것이다. 리더가 되기 위한 역량과 기질을 지녀야 한다. 나에겐 리더십에 대한 두 가지 철칙이 있다.

철칙 1〉 지휘자의 자리가 주어지면 과감히 그것을 맡아라

많은 사람들이 그 자리를 원하지만 실제 그 순간이 다가오면 적극적으로 받아들이지 못한다. 리더로서 지휘의 자리가 맡겨질 때 당신은 그 책임을 맡아야 한다. 자신과 자신의 훈련에 대해 자신감을 가져라. 힘든 결정을 해야 할 때 결단을 내릴 수 있게 지혜롭게 일하라. 어떠한 결정을 내리지 못하는 리더보다 조직을 약화시키는 리더는 없다. 결정을 내리지 못하면 조직 전체가 멈춰 기다리게 된다. 만일 자신에 대한 믿음이 없다면 어떻게 다른 사람이 당신을 믿게 할 수 있겠는가?

철칙 2〉 지휘를 맡게 됐을 때는 항상 옳은 것을 행하라

우리 모두는 이런 환경에 처했을 때 어떤 행동이 도덕적, 윤리적 행동이며 적절한 행동인지 알고 있다. 진정한 리더는 옳은 것을 행한다. 당신은 자신의 행동에 믿음을 가져야 한다. 만일 당신의 행동에 믿음이 없으면 그 어떤 일도 잘하지 못할 것이다. 당신이 옳은 일을 하고 있다는 것을 진심으로 믿어야 한다. 뭔가를 잘못하고 있다고 생각했다면 난 전쟁에 나갈 수 없었을 것이다.

위대한 리더는 자기 비평적이다

리더십은 과학이 아니라 예술이다. 당신이 하는 모든 일에 많은 육감이 다가온다. 육감은 당신이 적용하는 소수의 단순한 기계적인 방정식으로 환산될 수 없다. 답을 던져내고 달려가서 행하라. 리더십의 대부분은 육감이며 위험을 감수해야 한다. 나는 상대의 강점을 과소평가하지 않는다. 잘못될 가능성이 있는 모든 것에 대한 의문을 갖고 바로잡는 것이 나의 일이다. 나는 수천 명의 사람들을 전쟁터로 데려가야 한다는 사실을 알았다. 만일 내가 제대로 행하지 못하면 수천 명의 죽음에 대한 책임을 져야 했다. 분명 그것은 무거운 짐이다. 분별력을 갖고 의문을 던지며 만족할 때까지 당신의 방식대로 일한다면 당신은 긍정적인 결과를 얻을 수 있다.

나는 약점에 대항해 강점을 이용하는 방법을 활용했다. 이것은 어떤 비즈니스에도 좋은 전략이다. 당신은 자신의 강점과 약점을 알고 있으므로 약점에 대항해 강점을 이용해야 한다. 그렇다고 해서 생각할 틈도 없이 급하게 밀어붙일 필요는 없다. 모든 요소를 갖고 일하는 것을 배우고 공동의 목적과 결합하면 당신이 하고자 하는 것을 정확하게 알게 된다. 그렇게 되면 사람들이 목표에 집중하게 만드는 일이 더욱 쉬울 것이다. 목표에서 벗어난 부분이 떠오르면 일단 그것을 제쳐두고 당신은 목표에 집중해야 한다.

무엇이 위대한 리더를 만드는가? 그것은 바로 기질, 역량, 이타적 봉사, 사람에 대한 진정한 사랑, 자신의 이상에 대한 열정 등이다. 당신을 위해, 스스로를 만족시키기 위해 행하지 말라. 자신이 아닌 타인에게 봉사할 때 큰 만족감을 얻을 수 있다.

위대한 리더는 자기 비평적이다. 나는 자신에 대해 가장 강한 비평자이다. 나는 지속적으로 스스로를 채찍질한다. 자신이 언제나 옳다고 생각하는 사람은 나를 질리게 한다. 우리는 모두 실수를 할 수 있다. 중요한 것은 실수를 통해 배우는 것이다. 여러분 중 처음 저지른 실수를 통해 현재의 직무 수행방식을 학습한 사람이 얼마나 되는가? 어떻게 우리가 실수를 하지 않을 수 있는가?

육군사관학교를 졸업할 당시 나는 모든 것을 흑과 백으로 보았다. 모든 것을 옳게 만들어야 했다. 하지만 그것이 인생이 아니라는 사실을 배웠다. 자기성취, 즉 자신이 하는 것과 그 방식에 대한 행복감이 무엇보다 중요하다. 당신은 당신이 삶에서 꺼내오는 것을 기준으로 성공을 측정하지 않는다. 당신이 남겨둔 것을 기준으로 성공을 측정한다.

당신은 모든 돈, 권력, 특권을 가질 수 있다. 하지만 이런 것은 중요하지 않다. 중요한 것은 당신이 이것들을 어떻게 행하느냐이다. 단지 명예나 돈을 이유로 어떤 일을 하지 마라. 자신의 천부적 재능을 당신이 반드시 사용해야겠다고 느끼는 방식으로 이용하라. 나는 이런 모든 것들을 갖고 "어떻게 해야 하나요?"라고 묻는 수많은 사람들을 보았다. 이들은 결코 만족을 느끼지 못한다. 왜냐하면 승진, 상, 임금 인상 등으로 그들의 삶을 측정하기 때문이다. 그 모든 것은 아무런 의미도 없다.

내가 경험한 가장 자기성취적 시기는 개인적 이득 없이 의무를 다하고 있던 시기였다. 나는 손에 쥘 수 있는 어떤 것도 얻지 못했지만 그 경험을 통해 모든 것을 얻었다. 만일 내가 내 묘비명을 작성한다면, 이렇게 쓸 것이다. "그는 가족을 사랑했고, 부대원을 사랑했으며, 그들은 그를 사랑했노라."

Eve Strella
에바 스트렐라

로체스터 일루미네이트사 CEO
CEO of Illuminate of Rochester

긍정적 분위기가
필요한 이유

긍정적인 마인드는 팀의 생산성을 높이는 동기부여를 해준다. 우리가 하고 있는 일을 즐겁게 느낄 때 우리는 좀더 잘하려고 노력하고 인정 받기 위해 노력하게 된다. 바로 이것이 긍정적 동기부여다. 부정적인 데 초점을 맞출 때는 문제에 초점을 맞추고 성과에 대해 축하해주지 않게 된다. 그때 긍정적으로 동기 부여하는 절호의 기회를 놓치게 된다. - 에바 스트렐라 -

누구에게든 그가 자라고 배웠던 환경이 긍정적인 분위기였는지 부정적이었는지 물어보라. 모두가 긍정적이었다고 답할 것이다. 긍정적인 생각은 우리 존재의 핵심적인 부분을 키우고, 자존심을 고양시키며, 우리를 더 높은 수준에 이르게 한다.

새로운 것을 배울 때 긍정적인 피드백과 긍정적인 자세의 강화는 우리에게 각자가 그어놓은 자신의 한계점을 넘어서 발전하도록 만들어준다. 긍정적인 자세는 배우는 속도를 가속화시킨다. 우리는 긍정적인 피드백과 긍정적인 자세의 강화와 인정을 받을 때 유쾌한 기분을 느낀다.

긍정적인 접근방식과 문화가 바람직하다면 왜 많은 개개인이 부정적인 것에 더 초점을 맞추는 것일까? 부정적인 자세는 우리가 과거의 경험, 가족 시스템, 직장 환경, 경영 시스템, 교육 시스템, 관계, 그리고 행동 스타일까지 다양한 상황에 따라 행동하도록 이제까지 교육받은 결과이다.

당신이 긍정적인 환경에서 자라나 성장하고 교육받았다면 타인들에 대해서도 긍정적인 격려를 전달해본 경험을 갖고 있을 가능성이 크다. 반면 당신이 긍정적인 환경에서 자라나지 못했다면 당신은 자신의 행동 스타일을 부정적인 것에서 긍정적인 것으로 바꿀 필요가 있다.

이런 변화는 헌신적인 자세와 끊임없는 자신의 노력이 있어야 한다. 먼저 당신은 부정적인 생각을 멈춰야 한다. 끊임없이 부정적인 생각을 하는 것은 당신에게 자신과 타인들에 대해 부정적인 인상을 주는 결과를 낳는다. 노력을 통해 당신은 긍정적인 마음을 갖고 새로운 스타일로 변신할 수 있다.

부정적인 입장에서 문제를 해결하려 한다면 당신의 대화는 부정적이고 방어적으로 흐를 수 있다. 또한 팀원들은 자신이 맡은 일만 수습하고 직접적인 비난을 받지 않으려 한다.

반대로 긍정적인 접근을 한다면 당신은 그 과정에서 반드시 직원들을 신뢰해야 한다. 잘 되고 있는 일, 긍정적인 상황 등에 초점을 맞춰라. 당신 팀이 문제를 해결하는 데 있어 신선한 해결방법을 발견하고 팀원들 개개인이 업무를 수행하는 데 있어 개인적인 지적이나 비난을 덜 받았다고 느끼게 만들어라.

긍정적인 마인드는 팀의 생산성을 높이는 동기부여를 해 준다. 하고 있는 일을 즐겁게 느낄 때 우리는 좀더 잘하려고 노력하고 인정받기 위해 노력하게 된다. 바로 이것이 긍정적 동기부여다. 부정적인 데 초점을 맞출 때는 우리는 문제에 초점을 맞추며 성과에 대해 부정하고 축하하지 않게 된다. 긍정적으로 동기 부여하는 절호의 기회를 놓치는 것이다.

효과적으로 긍정적 메시지를 전달하기 위해 필요한 핵심요소는 다음과 같다.

■ 정직성 : 무언가에 대해 공감하지 않는다면 당신의 느낀 바를 그대로 표현하라. 부정직한 마음은 상대에게 그대로 드러나고 신뢰를 약화시킨다.

■ 전문성 : 상대방이나 상대 팀의 우수한 성과에 대해 커뮤니케이션 할 때 자세하고 분명하게 하라.

■ 즉시성 : 긍정적 기술을 연습할 수 있는 모든 좋은 기회를 포착

하라. 기회를 재빨리 눈치채고 긍정적 기술을 보강하라.

■ 개인적인 인식 : 긍정적인 인식을 개인이나 팀에 국한시켜라. 그들이 목표를 성취하거나 프로젝트를 끝내거나 근본적인 문제를 개선하는 데 있어 자신들의 공헌도가 얼마나 큰 차이를 가져올 수 있는지에 대해 분명히 이해하고 있는지 다시 확인하라.

Phil Geldart
필 길다트

이글스 플라이트사 CEO
CEO of Eagle's Flight

챔피언을 키우는 법

뛰어난 인재를 양성하는 리더는 지금까지 이룬 발전과 그 발전이 어떻게 이뤄졌는지, 그와 같은 성공을 지속하기 위해 무엇이 필요한지 논의하며 시간을 보낸다. 승리와 성공, 궁극적인 목표나 목적을 향한 획기적인 사건들이 비전을 이루는 데 기여한다. – 필 길다트 –

어떤 직원이나 팀이 뛰어나기 위해서는 리더가 중요하다. 뛰어난 사람은 소기의 목적을 분명하고 효과적으로 표현하고, 주도권을 잡아 일을 추진하며 마침내 목표와 목적을 이뤄낸다. 리더십은 사람들로부터 재능과 에너지, 잠재력을 끌어내 이용하는 것이다.

비전을 공유하라

능력있는 리더는 자신의 비전과 열정, 추진력을 갖고, 그런 것들을 다른 사람들에게 주입시켜서 뛰어난 사람을 키워낸다. 리더와 함께 일하는 사람들이 단순한 목표 그 이상을 포함하는 비전을 분명히 표현할 수 있다면, 그 사람들은 뛰어난 사람이 된다.

한 무리의 사람들과 함께 산 밑에서 정상에 오르려는 목표를 갖고 있다고 가정하자. 중간쯤 올라갔을 때 리더가 폐에 구멍이 나서 헬기에 실려 하산해야 한다. 나머지 사람들에게는 무슨 일이 생길 것인가? 어떤 의논을 할 것인가? 아마도 다음과 같은 이야기가 나올 것이다.

"이제 우리는 어쩌지? 계속 올라가야 하나?" 계속 올라가기에는 너무 위험하다고 느끼는 사람도 있을 것이고, 계속 올라가기를 원하는 사람도 있을 것이다. 아직도 어찌할 바를 모르는 사람도 있을 것이다. 이렇듯 의견이 분분한 이유는 그 무리가 리더 의존적이고 목표 지향적이었기 때문이다.

흔히 목표를 갖고 있을 때 리더를 잃게 되면 그 목표는 쉽게 변한다. 그러지 않기 위해서는 산을 오르기 전에 리더는 목표와 비전을 모두 공유해야 한다. 목표는 산의 정상에 오르는 것이지만 비전은 다르다. 리더는 비전을 다음과 같이 표현할지 모른다. "정상에 오르면 전에 봤던 것보다 훨씬 멀리 볼 수 있을 겁니다. 정상에 올라보면 노력한 보람이 있을 겁니다. 일단 정상에 오르고 나면 산 아래를 내려다 보고 정상까지 오르는 데 무엇이 필요했는지 깨달을 겁니다. 장애물과 추위, 개인적인 위험요소에도 불구하고 당신은 아무도 빼앗을 수 없는 무언가를 이루어냈다는 것을 깨닫게 됩니다."

'비전'과 '목표'의 차이점은 이렇다. 목표는 모두가 향해 가는 것이고, 비전은 상상을 자극하는 것이다. 비전은 완성돼야 할 구성요소 뿐만 아니라 완성의 효과도 수반하는 것이다. 임무와 의무, 목적 그 이상인 비전은 일이 점점 힘겨워질 때 인내하도록 도와준다.

왜냐하면 임무를 완수하는 효과가 당신을 자극하기 때문이다. 목표는 사람을 '로봇'으로 만들고 행동을 조절하는 반면, 비전은 목표를 위한 동기를 제공하여 뛰어난 사람을 만든다. 개개인은 장기 비전이 주어졌을 때 독립적으로 더 잘 행동할 수 있다. 비전은 힘을 실어주는 반면, 목표는 방향을 제시한다. 둘 다 중요하지만 상당히 다르다.

길을 따라 기를 꽂아라

리더는 계획대로 되지 않는 일을 해결하면서 대부분의 시간을 보낸다. 그러나 리더는 비전에 계속 초점을 맞추고, 실패나 장애물, 방해물뿐만 아니라 승리를 감안하여 진행상황을 논의할 필요가 있다. 사람들은 자신이 이루어 놓은 것을 돌아보며 많은 것을 얻는다. 앞을 보면 임무가 어려운 듯, 거의 불가능해 보일지도 모른다. 그러나 그

273

길을 따라 얼마나 멀리까지 왔는지를 뒤돌아보는 것은 자극적이고 할 만한 가치가 있는 일이다.

뛰어난 인재를 양성하는 리더는 지금까지 이룬 발전과 그 발전이 어떻게 이루어졌는지, 그와 같은 성공을 지속하기 위해 무엇이 필요한지 논의하며 시간을 보낸다. 승리와 성공, 궁극적인 목표나 목적을 향한 획기적인 사건들이 비전을 이루는 데 기여한다.

획기적인 사건이 생길 때마다 '기를 꽂아라' 특별히 이루기 어려운 비전을 이루려 억지로 무리하면 실망과 좌절, 문제점, 방해물을 만나게 될 것이다. 이럴 때 실망은 더 커 보이는 경향이 있고 사람을 압도하게 된다. 기를 꽂으면 이러한 좌절에 대비하는 데 도움이 된다.

무언가를 인정하는 것은 강력한 동기부여이고 기를 꽂는 것은 동기부여의 한 방법이다. 위대한 업적을 이뤘거나 성공을 했거나 열심히 일했던 사람을 인정하라. 그들이 아직 목표에 다다르지 못했거나 임무를 완수하지 못했을지는 모르지만 목표를 향해 효과적으로 전진하고 있다. 임무를 수행하면서 승리와 성공을 공유할 때 개인과 팀의 노력을 인정하는 것이다.

당신의 방식대로 자신이 속한 조직 안에서 승리를 축하하라. 축하는 승리감을 갖게 해 주고 전체 팀이 같은 궁극적 목표를 향해 전진하고 있다는 것을 보여주는 것이다. '축하'를 하려고 '파티'를 열 필요는 없다. 단순히 악수를 하거나, 메모를 작성하거나, 등을 두드려 격려하는 것만으로도 충분하다. 승리감은 오랫동안 수많은 성공과 승리를 공유하면 생겨나고, 일련의 뛰어난 사람들을 만드는 데 기여한다.

믿음을 창조하라

리더들은 장애물을 뛰어넘을 수 있고 다른 사람들도 그렇게 하도록 용기를 북돋워줄 수 있다고 믿어야 한다. 어떤 상황에서도 언제나 긍정적인 태도가 중요하다. 사람들은 기운이 빠져 상황을 어렵다고 판단할지 모른다. 그러나 이런 상황에 어떻게 반응하는지를 보면 그 사람의 태도를 알 수 있다. 믿고 인내하라. 그리고 다른 사람들도 그렇게 하도록 용기를 북돋워 줘라. 출발점에서부터 비전에 다다르려고 노력을 하면, 장애물을 만나게 될 것이다. 이런 장애물을 만날 때 중요한 것은 당신이 무엇을 믿는가 하는 점이다. 자신감과 힘, 강한 리더십, 연속적인 성공, 엄청난 내부 에너지, 성공적인 길 찾기 같은 것들은 장애물을 극복할 수 있다는 증거이다.

뛰어난 인재를 양성하기 위해, 당신은 장애물을 극복하는 일에 초점을 맞출 필요가 있다. 방해물은 길을 가로막는 것이 아니라 정복의 대상으로 간주해야 한다. 전력을 다해 방해물에 달려들거나 방해물을 쳐부술 때까지 우연히 만나지 않고도 방해물을 극복하는 방법이 많다. 때때로 방해물은 정복당하거나 돌아가거나 밑이 파헤쳐져야 한다. 대안을 찾아야 할 때도 있고 지도자가 필요할 때도 있다. 인내와 또 다른 타이밍이 요구될 때도 있다.

비전을 찾을 때 뛰어난 사람들은 확고한 정신을 가져야 한다. 뛰어난 사람들은 어떤 것도 그들을 막을 수 없고, 어떤 장애물도 극복할 수 있다는 생각을 키웠음에 분명하다. 희망과 믿음에 뿌리를 둔 신뢰는 매우 중요하다. 뛰어난 사람을 만들려면 다른 사람을 믿고 인내해야 하고, 다른 사람들에게 그들이 속한 팀이 똑같은 일을 하도록 용기

275

Phil Geldart

를 북돋워 줘야 한다는 생각을 심어준다.

기르고 가지를 쳐라

뛰어난 인재를 양성할 때 당신은 모든 사람이 그 안에 수없이 다양한 종자, 즉 가능성을 갖고 있다는 것을 알아야 한다. 리더가 어떤 가지를 기르고 어떤 가지를 치느냐에 따라 발전하느냐 마느냐가 결정된다. 실망과 절망, 책임감 부족, 팀 공헌도 부족, 개인적인 발전 부족, 비판 정신을 유도하는 종자도 있다. 지지와 도움, 용기, 동기부여, 책임감, 혁신, 건설적인 행동, 안내, 위대한 지도력을 이끌어내는 종자도 있다.

리더로서 당신의 임무는 직원들을 뛰어난 인재로 양성해 새로운 리더로 키우는 일이다. 즉 당신이 기르고 싶어하는 종자를 직원들에게 심어주는 것이다. 다른 사람의 모습을 가다듬을 때 자신의 모습을 가다듬는 것 역시 잊지 마라. 당신 자신의 정원을 가꿔라. 당신에게 중요한 것을 개발하라. 다른 사람을 보살피듯 당신 자신을 보살펴라. 그렇게 함으로써 당신은 속도를 조절할 수 있을 것이다.

당신이 '살짝 건드려 주는' 정도가 가지를 기르고 치는 데 도움이 된다. 즉 사려 깊은 피드백을 제공하여 사람들이 어떤 행동을 유지하고 강화해야 하고 어떤 행동은 없애야 하는지를 잘 조절해서 기회가 스스로 찾아오도록 하는 것이다. 오랫동안 조심스럽게 가지를 쳐서 남은 가지, 즉 인재들이 강하게 자라도록 도와줌으로써 당신의 비전과 방향을 같이하는 뛰어난 인재를 양성하라.

지그 지글러

지글러 트레이팅 시스템즈 회장
Chairman of Ziglar Training Systems

부정을 긍정으로
바꾸는 기술

부정적(negative)이라는 단어는 "친절한 열정은 진실로 영감을 불러일으
키는 승리의 경험을 만들어낸다(Neighborly Enthusiasm Generates A
Truly Inspiring Victorious Experience)"라는 의미로 사용할 수 있다.

– 지그 지글러 –

한 사람의 태도가 긍정적 사고 보다 훨씬 중요하지만 긍정적 사고는 창의성을 개발하는 핵심 요소인 것만은 분명하다. 비관적인 사람들은 대부분 창의적이지 않으며 밝은 면보다는 어두운 면을 본다.

아주 단순한 사고 프로세스를 통해 창의성을 드라마틱하게 향상시킬 수 있다. 때때로 어떤 사건이 당신의 창의적인 상상력에 불을 댕긴다. 예를 들어, 많은 사람들은 스트레스 때문에 괴로워한다. "스트레스 받은(Stressed)"이란 단어의 철자를 뒤로부터 읽으면 사막(desserts)라는것을 발견 했을 때, 나는 부정적인 사고를 긍정적으로 바꾸는 몇몇의 아크로스틱스(각 행의 첫 글자를 모으면 말이 되는 유희시, 일종의 수수께끼)를 만들기 시작했다.

예를 들어 아이들은 종종 서로에게 친절하지 않은 것들을 이야기한다. 아이들은 "조그만 남자애가 나보고 못생겼대, 그 애가 날 싫어하나 봐"라고 이야기 할 수도 있다. 그래서 나는 그 아이에게 이렇게 제안한다.

"글쎄, 우선 나는 널 사랑한단다. 그리고, '싫어한다(hate)'는 좋은 게 될 수도 있어. '싫어한다(hate)'는 '모든 사람들에게 도움이 되는 태도(Helpful Attitudes Toward Everyone)'를 의미할 수도 있거든.

'멍청아(Stupid)'는 실제로는 '진심으로 사람을 깊이 이해하려고 하는(Sincerely Try Understanding People In Depth)'이라는 의미이고, '못생긴(Ugly)'은 네가 '보기 드물게 멋지게 생긴 애(Unusually-Good Looking Youngster)라는 말이야."

그래서 부정적인 것을 들으면 그 부정적인 것을 긍정적으로 바꾸도록 해 보라.

당신은 실제로 부정적(negative)라는 단어를 "친절한 열정은 진실로 영감을 불러일으키는 승리의 경험을 만들어낸다(Neighborly Enthusiasm Generates A Truly Inspiring Victorious Experience)"라는 의미로 사용할 수 있다.

긍정적인 태도를 가지면, 악취가 나는 비즈니스도 수익성 있는 것으로 바꿀 수 있다. 매트 보스웰(Matt Boswell)은 개똥을 치우는 사업을 하는데 그의 접근법은 참으로 독특한 데가 있다. 그의 명함에는 이렇게 쓰여져 있다.

"똥 치우는 게 너무 힘드시다고요? 정원을 갈아버리세요. 팻 버틀러(애완동물 집사)가 1998년 이후로 당신의 개가 남긴 것을 줍고 있습니다. 우리의 사업은 냄새가 나지만 줍는 일입니다. 매트 보스웰, 비료기업가"

그는 실제로 "배설물 처리 전문가"인데, "넘버 투 비즈니스의 넘버 원이라고" 주장한다.

"개를 위해 끊임없이 일합니다! 배설물 처리를 하기에 너무 멋지게 차려 입지는 않았습니다. 당신의 애완동물과 관계된 일이 우리의 비즈니스입니다."라고 쓰며 그의 명함을 마무리 했다.

어떤 것에 대하여 더 많이 알게 되면 더 창의적이 될 수 있다. 그러므로 당신의 영역에서 식견 있는 사람이 되라. 새로운 정보를 추가할 때, 창조적인 마인드의 방아쇠가 당겨진다.

부정을 긍정으로 바꾸라, 창조적인 상상력을 키워라 그리고 계속해서 배우라. 당신의 삶의 어떤 영역에 대하여 생각을 뒤집을 수 있다. 그렇게 하면 삶의 모든 영역이 강화될 것이다.

이것을 염두에 두고 실천에 옮겨라. 창조성은 당신의 직업이 무엇이든 간에 앞으로 나아가게 할 수 있는 중요한 기술이며, 당신의 태도를 아주 크게 바꿀 수 있기 때문이다.

Edward E. Lawler Ⅲ

에드워드 롤러 Ⅲ세

USC 마샬 경영대학원 교수
Professor, Marshall School of Business of USC

직원들의 충성을
기대하지 말라

기업은 전략적으로 유능한 직원을 유치하고 그 수준을 유지해야 한다. 또한 동기를 부여하고 능력을 개발, 조직화해야 한다. 좋은 문화가 좋은 결과를 가져오는 '미덕의 연쇄 효과'는 이렇게 시작된다. 기업에 높은 성과 중심 문화가 정착되면 직원 개개인에 대해 보상이 돌아가기 때문에 직원들로 하여금 더 열심히 일하고 조직에 헌신할 동기를 부여하게 된다. 이렇게 되면 조직의 성과에 긍정적인 효과가 발생한다. - 에드워드 롤러 Ⅲ세 -

지난 수십 년간 샐러리맨들은 적당한 성과를 내고 상사의 명령을 잘 따르기만 하면 평생 직장과 퇴직금을 보장 받았다. 기업과 직원들간에 암묵적으로 지켜온 이 같은 질서는 '충성 계약 (Loyalty Contract)'이라고 불린다. 그러나 글로벌 경쟁시대의 도래와 신기술과 국경 없는 신지식의 출현으로 이런 '충성 계약'은 무의미해졌다. 많은 기업들이 직원들과 '충성 계약'을 맺는 것이 현명한 장기 투자가 아니라는 것을 깨닫고 있다. 현재 미국에서는 전체 기업의 16%만이 직원들의 충성도에 중점을 두고 있고 단 5%만이 연공서열 보상을 인정하고 있다.

반면 지난 20년간 그보다 더 많은 회사들이 직원과의 '충성 계약'을 해지했다. 심지어는 GE, IBM, AT&T 같은 회사들도 수천 명의 직원을 무더기로 해고함으로써 '충성 계약'이 사라지고 있다.

'충성 계약'의 소멸은 엄청난 사회적 반향을 불러일으켰다. 그 중 하나가 우수 인력의 비용, 유효성, 태도 등에서 나타났다. 대부분 사람들, 특히 젊은 노동자들은 회사에 대한 충성도라는 것이 전반적으로 입지를 잃어가고 있다는 점을 이해한다. 그 중 다수는 더 이상 자신의 직장에 얽매이고 싶어하지 않는다. 그래서 그들은 평생 직장 대신 흥미로운 일, 지속적인 교육, 회사로부터의 존중과 막대한 보상 등을 요구한다.

성과 중심 문화로 조직 업그레이드

기업은 더 이상 직원들의 충성을 기대하지 않기 때문에 직원들을 무한경쟁 시킨다. 유능한 사람들을 채용하고 그들의 능력을 유지하는 것에 초점을 맞추고 있다. 그러기 위해서는 직원들에게 이익이 되는 동시에 훌륭한 성과를 이끌어낼 수 있는 경영 방식으로 접근해야 한다. 이런 관계는 직원들과 기업 양쪽에 다 긍정적인 영향을 준다.

기업은 전략적으로 유능한 직원을 유치하고 그 수준을 유지해야 한다. 또한 동기를 부여하고 능력을 개발, 조직화해야 한다. 좋은 문화가 좋은 결과를 가져오는 '미덕의 연쇄 효과'는 이렇게 시작된다. 기업에 높은 성과 중심 문화가 정착되면 직원 개개인에 대해 보상이 돌아가기 때문에 직원들로 하여금 더 열심히 일하고 조직에 헌신할 동기를 부여하게 된다. 이렇게 되면 조직의 성과에 긍정적인 효과가 발생한다. 이런 연쇄 효과는 기업을 발전시킨다.

경영이념 재정립

리더들은 기업의 경영이념이나 가치를 재정립할 필요가 있다. 그리고 이것은 회사의 존재 이유, 직원들에게 회사가 기대하는 바, 회사가 제공하는 바와 같은 내용을 포함해야 한다. 이것이 실질적으로 '미덕의 연쇄 효과'의 출발점이 된다. 왜냐하면 이런 가치의 재정립이 가치와 목적에 부합하는 직원들을 채용하는 근거가 되기 때문이다.

무엇보다 이런 가치는 반드시 비즈니스 전략과 맞아떨어져야 한다. 뛰어난 업무수행에 필수적인 기술, 지식, 능력, 품성을 갖춘 사람들과 회사의 관례나 프로그램에 동기부여가 될 수 있는 사람들을 유치해야 한다.

Edward E. Lawler III

이런 가치에는 회사가 좋은 인력을 유치, 유지하는 데 영향을 미칠 수 있는 환경 문제와 비즈니스 모델의 실행 능력이 반드시 고려돼야 한다. 또한 기업 가능성에 대한 현실적인 평가에 근거해야 한다.

이런 가치는 또한 반드시 좋은 인력을 유치, 유지할 수 있는 보상 시스템을 포함하고 있어야 한다. 직원들은 보상 시스템을 중요한 문제로 여기며 보상 정도에 따라 동기를 부여 받는다. 그렇기 때문에 보상 시스템은 반드시 직원들을 유치하고 그들로 하여금 높은 성과에 대한 동기를 부여할 수 있는 체계를 복합적으로 담고 있어야 한다.

회사가 추구하는 가치는 유능한 직원들을 유치하고 고무시킬 뿐 아니라 일정기간 그 인력을 회사에 몸담게 하는 역할도 해야 한다. 이 것은 매우 힘든 일이다. 전통적인 '충성 계약'은 분명히 그에 대한 해답이 될 수 없다. '충성 계약'은 회사와 직원을 장기적으로 비생산적인 약속을 하게 하고 사람들로 하여금 퇴직이나 이직을 어렵게 만든다. 이런 계약은 직원들의 지식, 기술, 능력을 향상시키는 동기부여도 하지 못할 뿐 아니라 변화를 받아들이지도 않는다. 또 벤처기업이나 선진 기술을 보유한 기업, 지식 기반 기업에서 일하려는 직원들을 유치하지 못한다.

독특한 이미지를 가치명제에 담아라

'충성 계약'의 한 가지 대안은 기술과 성과급을 기본으로 한 대안을 개발하는 것이다. 이 대안은 직원들로 하여금 현재의 직장에 계속 다니도록 하고, 높은 성과를 고무시키고, 성과나 비즈니스 전략 실행에 필요한 기술을 이용하는 것에 대한 보상을 담고 있어야 한다. 보상 시스템의 실제 사례가 적절히 조합될 때 직원들이 더 열심히 일할 동기가 되고, 그들이 더 많은 보상을 받기 위해 회사에 장기근무를 희망하게 된다. 이것이 바로 미덕의 윈-윈 연쇄 효과이다.

직원 개인이나 팀 별 성과에 대한 보상 등으로 우수한 인력이 계속 회사에 남아 있도록 하는 기업은 다른 기업보다 더 효과적으로 변화를 주도하고 받아들인다. 그런 의미에서 이 같은 현상에 대해 기업이 '기동력 있는' 인적 자원을 생성했다고 말할지도 모른다. 여기서 기동력 있는 인적 자원이란 자신의 현재 위치와 직무를 유지하기 위해 자발적으로 교육, 개발, 성과 수행을 지속하는 인재를 말한다.

경영이념의 재정립은 그 기업만의 강하고 독특한 이미지를 창조해 간다는 것을 의미한다. 이런 브랜딩은 경영이념을 더 분명하게 해 직원들에게 자신이 그 조직에서 일함으로써 얻는 것이 더 많다는 점을 분명하게 심어준다.

강한 브랜드의 개발은 새로운 경영이념을 선언하고 그에 맞춰 생활하게 한다. 따라서 신입사원을 면접, 채용할 때 좀더 일관성 있는 브랜드 이미지를 웹사이트나 개인적인 통로를 통해서 구현할 필요가 있을 것이다.

미국 기업의 25%만이 회사가 고용주로서 제공하는 바와 회사가 직원에게 기대하는 바를 문서화된 계약으로 갖추고 있다. 나는 대부분의 기업들이 현실적으로 구직자들을 위한 직무 설명과 채용과정의 용도로서 가치 명제를 문서화해야 할 필요가 있다고 믿는다. 직원들을 고용한 후 문서화한 계약은 성과와 보상에 대한 원칙의 근거가 되고 고용관계의 기준으로서의 역할을 하게 된다.

점점 더 많은 기업들이 다양한 고용 욕구를 조정하기 위해 여러 종류의 계약을 필요로 하고 있다. 핵심 인력은 성과, 효과적인 리더십, 임무에 대한 기여 등에 대해 보상내용이 명시된 계약을 원할 것이다. 반면 나머지 인력들은 성과에 대한 보상을 명시하는 차원에서 계약이 필요할 것이다.

성과에 근거한 보상체계

그렇다면 개인에 대해서는 어떻게 할 것인가? 고용관계를 지속하기 위해 높은 성과와 회사에서 당시에 필요한 기술을 강조하는 고용 계약을 맺는 것이 직원들을 제대로 대우하는 것인가? 그렇다. 이런 계약은 무엇보다도 고용현황에 대한 현실을 제공한다. 직원들에게 '당신은 평생 직장을 얻었다'고 말하더라도 사실 현실이 그러한 경우는 거의 없다. 기술 개발, 브랜딩과 시장 가치를 높이는 사람들에게 보상하라.

팀의 성과에 따라 개개인에게 보상하는 것과 가능하다면 스톡옵션을 부여하는 것은 올바른 직원 대우의 또 다른 방법이다. 이것이 개개인을 성장, 발전, 번영케 하고 나아가 조직을 번영하게 하는 미덕의 연쇄 효과를 생성하는 핵심 사항이다. 회사의 실적은 형편없는데도 개개인에게 보상을 잘해주는 것은 어차피 오래 지속될 수 없다. 그러므로 직원을 제대로 대우하는 것은 잘 개발된 고용 계약을 갖는 것을 의미한다. 성과에 대해 확실히 보상하고 직원들의 기술이나 지식 개발을 장려하는 것이 이런 고용 계약에 해당할 것이다.

Alan P. Brache

앨런 브라쉐

케프너 – 트레고社 리더십 담당 임원
Executive Director of Enterprise Leadership for
Kepner-Tregoe

전략적 의사결정
촉진하는 다섯 단계

전략적 의사 결정의 과정 : 조직 내부의 합의를 통해 미래에 대한 가정을
세우고 그에 부합하는 경영이념을 제정하고 이를 촉진한다. 비전을 수립할
때 타이밍을 고려해 프로젝트 계획을 세우고 빈틈 없이 구축한 후 실행한다.
전략을 제대로 실행하기 위해 성공에 반하는 요소를 변경, 제거한다.

– 앨런 브라쉐 –

기업을 경영하다 보면 미래의 대안 중 결정을 내려야 할 때가 있다. 이때 당신은 다소 독특한 접근을 할 필요가 있다.

누구를 고용할 것인가, 어떤 기계를 구매할 것인가, 사업부지는 어디로 선정할 것인가 등의 전술적 선택을 해야 할 때가 있다. 이때 목적에 가장 잘 부합하면서 결정에 따르는 리스크를 최소화할 수 있는 명쾌한 대안을 찾아내야 한다.

사업의 방향을 결정짓는 전략적 결정을 내릴 때 리더는 다음 일곱 가지 질문에 답해 봐야 한다.

1)회사의 중요 가치는 무엇인가?
2)우리 제품이나 서비스는 무엇인가?
3)타깃 고객은 누구인가?
4)시장에서 살아남으려면 어떤 비교우위를 유지, 창조, 확고하게 해야 하는가?
5)신제품, 신시장, 또는 완전히 새로운 비즈니스 중 무엇이 주요 성장동력이 될 것인가?
6)공장설비, 마케팅, 제품 개발, 그리고 능력 개발 등의 자원 중 어디에 초점을 맞춰 시간과 자본을 투자할 것인가?
7)조직이 올바른 궤도에 있는지 여부를 어떤 재무지표나 비 수익성 지표로 판단할 것인가?

물론 이 일곱 가지 질문에 대답하는 것도 일종의 선택이기 때문에 의사 결정이라고 할수 있다. 전략적 의사 결정에는 몇 가지 독특한 어려움이 있다.

- 전략은 하나의 결정사항이 아니라 여러 결정이 서로 연결돼 하나의 응집된 전략으로 나타나는 것이다. 그리고 각기의 결정은 저마다 다른 변수를 갖고 있다.
- 미래에 초점을 맞추기 때문에 아직 미지의 변수가 남아 있다.
- 대안은 명확성이 떨어지지만 무한한 가능성이 있다.
- 대안을 평가할 기준도 명확하지 않다.
- 가시화 과정은 전통적인 창조성 향상 테크닉 수준을 훨씬 뛰어넘어 고무되고 눈 앞에 보인다.
- 대부분의 의사 결정에는 객관적인 평가기준뿐 아니라 주관적인 평가기준도 영향을 미친다. 가령 직원을 채용할 때 필수 고려사항을 충족시키는 사람들을 채용하는 것은 객관적 기준이다. 하지만, 전략적 의사 결정에서는 주관적인 요소들 눈에 띄게 드러나지는 않지만 더 감정적이고, 때로는 더 탁월한 기준이 되기도 한다.
- 실무진은 기본적인 결정을 타인에게 위임할 수 없다.
- 임원진, 팀장, 사원, 소비자, 주주, 증시 분석가, 공급업체 등 회사의 주주들은 구성도 다양하고 크기도 방대하다.
- 내린 결정이 옳고 그른지를 알게 되는 데 상당시간이 소요된다.
- 보상이나 관계 등에 영향을 미치는 선택을 포함한 모든 전략적 의사 결정은 다른 운영에 관한 결정보다 훨씬 어렵고 심오하다.

다음은 전략적 의사 결정을 촉진하는 다섯 단계이다.

1단계 : **전략적 정보 수집과 분석**
조직은 먼저 고객, 경쟁사, 공급업체, 감독기관, 기술 제공자, 경제, 노동 시장, 그리고 미래 성공에 영향을 미칠 수 있는 다른 요소 등과 같은 외부 환경에 대한 정보를 수집할 필요가 있다. 1단계에서는 팀 내에서 자신들의 비즈니스와 기술의 주기에 가장 잘 맞는 전략적 관점이나 기간에 대한 동의가 필요하다. 팀원들은 미래 환경에 대한 가정을 세운다. 또한 팀은 가장 큰 외부의 위협이나 기회, 가장 영향력 있는 회사의 강점이나 약점 등을 제대로 인지하고 "회사의 경영이념"으로 개발, 발전시킨다. 이런 일들은 소비자나 직원들이 어떤 대접을 받을 것인지, 회사의 수익이나 도덕성이 주주에게 어떤 긍정적 영향을 미칠 것인지, 또한 지역 사회에 대한 기여도는 얼마나 될 것인지를 잘 말해줄 것이다.

2단계 : 전략적 체계화

2단계에서는 리더십 팀이 반드시 '어려운 결정'을 내려야 한다. 1단계의 기본적 경영 이념을 제정, 촉진함으로써 2단계에 대한 해답이 저절로 나올 것이다.

3단계 : 전략적 구축 계획

많은 전략은 전개 단계에서 실패한다. 이는 2단계에서 내려진 의사결정의 수준 때문이 아니라 구축 단계의 허술함에서 비롯된다. 3단계에서는 임원진은 프로젝트 정의 방법을 통해 '전략적 마스터 프로젝트 계획'을 만들어낸다. 이 계획은 비전의 시작과 적절한 타이밍, 주인의식을 인지하기 위한 것이다. 계획을 성공적으로 전개하기 위한 과정의 일부로서 기존의 프로젝트들을 바꾸거나 지지, 결합, 제거하기도 한다.

4단계 : 전략적 구축

4단계에서는 경영진의 지원과 감시 하에 계획을 실행한다.

5단계 : 전략 모니터링과 업데이트

5단계는 전략의 역동성이 필요함을 인식하는 것이다. 최고의 팀은 성공에 반하는 전략을 감시한다. 필요하다면 신기술의 등장, 경쟁사의 실패, 테러나 천재지변, 경기 회복, 새로운 지정학적 지표 등 중요한 사건이나 시간의 경과 등에 근거해서 전략을 바꾸기도 한다.

어떤 의사 결정도 전략 체계화에 관련된 결정보다 더 중요한 것은 없다. 왜냐하면 전략적 의사 결정의 효과와 복잡성이 이런 의사 결정을 더 창조적으로 만들어내고, 더 심오한 관점에서 더 깊이 분석하고, 심지어 수십 억이 투여되는 그 어떤 운영상의 결정보다도 더 철저하게 테스트하는 데 영향을 미치기 때문이다.

291

Judith E. Glaser

주디스 글래이저

벤치마크 커뮤니케이션스 CEO
CEO of Benchmark Communications

당신은 과연
어떤 리더인가?

기업은 자원, 아이디어 그리고 사례를 얼마나 잘 나누느냐에 따라 도전 앞에서 생존할 수도 더욱 번영할 수도 있다. 문화의 흔적은 정착하는 것에서 나눔으로 확대되는 것이다. 동료들이 나눔과 신뢰를 배움에 따라 리더들은 도전에 직면해 자생력을 키울 것이다. 현실감 없는 아이디어에서 형성되는 문화는 조직을 심한 좌절에 빠뜨릴 것이다. 기대는 충족되지 못하고 직원들은 자신과 리더에 대한 믿음을 잃을 것이다. - 주디스 글래이저 -

변화가 즐거운 분위기에서 이루어지는 조직을 만들 수 있을까? 직원들이 회사를 위해 헌신하는 조직, 또한 직원들이 리더나 오너처럼 행동하는 조직을 만들 수 있을까? 직원들이 브랜드를 차별화하고 고객의 마음과 영혼까지도 사로 잡으려 노력하는 조직을 만들면 어떨까?

리더들은 부하직원들을 맹종하는 스타일에서 각자의 재능을 키우고 고객을 성공 파트너로 끌어들일 스타일로 변화시키기 위해 애쓴다. 많은 회사들은 직원들을 헌신적이고 고무적인 인력으로 만들기 위해 리더십과 재능 개발에 막대한 시간과 자원을 투자하고 있다.

바람직한 리더십 개발 프로그램의 핵심은 리더가 직원들에게 동기를 부여하고 일에 몰두시켜 좋은 결과를 이끌어내도록 하는 것이다. 어떤 좋은 회사들은 리더들이 자기인식을 통해 자신의 문제점을 인식, 문제를 사전 예방하도록 한다. 다른 좋은 회사들은 회사의 잠재 리더들의 재능을 이끌어낸다.

나는 리더십 개발을 시장의 변화와 도전의 맥락에서 바라본다. 리더의 역할은 성공 역량을 결정하고, 직원들의 팀워크를 강화해 복잡한 변화를 감당할 능력을 키우고, 그들에게 더 큰 비전을 심어주며, 그들의 피드백을 활용해 리더 자신이 그 분야에서 더 확실히 자리매김할 수 있게 하는 것이다.

당신이 이런 '잠재력의 이동'을 시작해 성장을 위한 발판을 마련하는 문화를 만들고 잠재적인 재능을 이끌어낸다고 생각해보라.

당신의 회사는 어떻게 바뀌겠는가?

293

Judith E. Glaser

칭찬은 변화의 바람 불러

당신 자신에게 다음과 같은 질문을 해보라. 나는 동료에게 미래의 비전을 제시하고, 상호 발전적 피드백 관계를 형성하며 투명경영을 하는 등 긍정적 변화의 문화를 만들어가고 있는가? 직원들은 뒤에서 험담을 하는가, 아니면 서로 앞에서 건전한 대화를 나누는가? 자신이 하고 싶은 얘기를 다른 사람을 거쳐 하는가, 아니면 직접적인 피드백을 주고받는가? 지속적인 대화를 하는가? 관련자들은 일을 제시간에 마무리하는가, 아니면 서로 업무 실수의 책임을 전가하면서 일을 제때 진행시키지 못하는가? 서로를 비난하는 분위기인가, 아니면 서로를 신뢰하는 분위기인가? 기업이 두려움으로 경영되는가, 아니면 희망으로 경영되는가? 사람들은 서로 공통 언어와 현실을 나누고 서로 진실을 말하는가? 아니면 진실을 밝힐 수 없어서 현실로부터 각자를 숨기는가? 리더들은 미흡한 성과를 불평하는가, 아니면 재능 개발에 더 집중하는가? 리더들은 피드백을 제공하는가? 그들은 직원들이 열심히 노력하는 것을 인지하는가, 아니면 잘못된 것을 트집잡으려 하는가? 그들은 과거를 돌아보고 일어나지도 않은 일에 대해 불평하는가, 아니면 바람직한 미래 건설에 인력을 집중시키는가? 그들은 문제점에 집중하는가, 아니면 기회에 집중하는가?

비전은 종종 그 의미마저도 제대로 전달되지 않는 경향이 있다. 가이드 라인이 제대로 실행되지 않을 때 비전의 실제화와 리더와 직원 간 관계 정립은 제대로 이루어지지 않는다.

리더는 비전을 나누고 비전이 직원들을 통해 실행될 것이라고 기대한다. 리더의 비전을 부하직원들에게 전달할 때 "나에게 비전이 무엇을 의미하며 비전을 성취하려면 어떻게 바뀌어야 하는가?"라는 의미를 제대로 전달하기란 힘들다. 비전은 성공을 측정하고, 서로 배움의 문화를 창조하기 위해 서로를 활용하는 벤치마크를 의미한다.

파벌은 사람들이 함께 자신들의 목적을 추구하는 데서 생긴다. 고객들의 파벌은 그 조직의 문화를 약화시키거나 반대로 강화시킨다. 어떤 문화는 자신들만의 견고한 성을 쌓아 그 안에서 부서별, 기능별, 또는 하위문화 별로 다른 무리와 자신들 무리를 구분시키고 서로 융화하지 않는다. 건강한 조직은 서로에게 중요한 정보와 혁신적 아이디어는 물론, 서로 내부적으로 혹은 외부 고객들과도 나눌 수 있는 모범사례 등을 네트워킹을 통해 형성한다. 조직 문화의 건강상태는 파벌과 하위문화가 각각의 차이에도 불구하고 서로 얼마나 잘 상생하느냐에 달려 있다. 팀에 분열이 생기면 각자의 공통 시각을 찾아내 잘 조화시켜야 한다. 사람들은 각자 다른 목소리를 내지만 그들이 일을 함께 할 때는 한 목소리를 내야만 한다.

나눔과 신뢰가 자생력 키워

기업은 자원, 아이디어, 그리고 사례를 얼마나 잘 나누느냐에 따라 도전 앞에서 생존할 수도 더욱 번영할 수도 있다. 문화의 흔적은 정착하는 것에서 나눔으로 확대되는 것이다. 동료들이 나눔과 신뢰를 배움에 따라 리더들은 도전에 직면해 자생력을 키울 것이다. 현실감 없는 아이디어에서 형성되는 문화는 조직을 심한 좌절에 빠뜨릴 것이다. 기대는 충족되지 못하고 직원들은 자신들과 리더들에 대한 믿음

Judith E. Glaser

을 잃을 것이다. 성숙한 문화는 아이디어나 혁신 센터 같은 시스템을 지원한다. 경영진은 새롭게 테스트하고 실험할 프로젝트를 이끌어낼 것이다. 실수를 하는 것은 발견이라는 측면에서 보면 그렇게 나쁘지 않다.

직원들과 경영진은 자신들이 하나의 공동운명체임을 인지하는가? 직원들은 자신들이 누구이고 각자가 무엇을 대표하는지 분명히 알고 있는가? 그들은 과거의 실수로부터 배움을 얻고 그것을 이용해 새로운 전략을 만드는가? 그들은 잘 협력하고 개개인은 자신들의 신뢰를 위해 노력하는가? 기업 브랜드가 있는가? 직원들은 그 브랜드를 마음껏 즐기고 있는가? 그들은 브랜드를 제대로 이해하고 있는가? 브랜드는 고객과 직원의 마음과 영혼까지도 다 흡수하는가?

직원들은 과거의 실수로부터 배우고 그 실수를 활용해 업무에 도움을 주는가? 사람들은 새로운 것들을 포용하는가? 서로 잘 연계해 공동목적을 실현하기 위해 노력하는가? 그들은 리더십 관점에서 발전하는가? 리더는 자신의 아이디어를 강요하는가, 아니면 그들은 사람들에게 그들의 생각을 충분히 전개할 수 있는 분위기를 만들어주는가? 현재의 기업 문화를 대신할 신세대적 사고를 창출해내는가?

당신은 어떤 리더인가? 자기 자신을 잘 모르는 리더는 잘못된 결과에 대해 남들을 비난한다. 자신을 잘 알고 있는 리더는 자신을 잘 들여다보고 자신의 본성이 기업의 문화에 미치는 영향을 돌아본다. 그들은 직원들이 동기부여가 돼 열심히 일할 수 있는 문화를 창조해내려고 노력한다.

당신의 리더십이 다른 사람들에게 어떠한 영향을 끼치고 있는지

점검해보고 싶은가? 당신이 긍정적인 영향을 미친다면 성장에 좀 더 심오한 결과를 만들어낼 것이고, 원대한 목적을 달성할 만한 직원들의 헌신과 열정을 유지할 문화를 창조할 수 있을 것이다.

Judith E. Glaser

Robert J. Emmerling
로버트 이멀링

심리한 박사, 감성지능연구소 연구원
Researcher, Consortium for research on emotional intelligence in organizations

감성지능 높아야
유능한 리더

감성지능(EI)의 핵심신조는 사람은 감정과 이성의 복합물이라는 것이다. EI 능력을 평가하는 것은 주어진 역할을 성공적으로 수행할 가능성이 높은 개인을 가려내는 데 유용하다. 감정적인 능력을 평가하는 대신 사람들은 아마 '능력'이나 '리더십 스타일'과 관련해 불분명한 피드백에 제한될 가능성이 높다. 감정적 능력을 향상시키려면 자신의 기본능력이나 능력향상에 대한 현실적인 피드백이 필요하다. - 로버트 이멀링 -

EI의 기능을 말할 때 흔히 '감성지능(Emotional Intelligence)을 측정하고 개발하는 것이 가능한가?' 라는 질문으로 시작한다. EI는 전통적인 지능 측정방법보다 리더십이나 성과를 예측하는 데 더 좋은 방법인가?

전통적인 지능 측정방법은 업무성과에 영향을 미치는 대부분의 변수를 고려하지 않는다. IQ 테스트 결과는 사람들이 직장에서 얼마나 좋은 성과를 내느냐와 밀접한 상관관계가 있다. IQ는 당신의 직장, 직업, 커리어 선택 예측을 돕는 기능을 할 것이다. 그러나 그것이 '어떤 사람이 스타 CEO나 리더가 될 수 있을 것인가?' 라는 질문에 이르면 EI가 IQ보다 좀더 강력한 예측도구가 될 것이다.

채용이나 승진을 결정하는 인사 담당자들은 뛰어난 성과나 리더십과 관련이 있는 능력을 측정하는 데 관심이 많다. IQ측정은 톱 매니저와 시니어 리더들 중 성공이나 성과와 관련된 변수를 대부분 배제한다. IQ만으로는 경험적, 감정적, 그리고 사회적 능력을 다 포함하는 능력처럼 비즈니스 분야에서 성공을 예측할 수 없다.

IQ만으론 유능한 리더 가릴 수 없어

경험과 감정은 정신세계, 특히 복잡한 의사결정, 자기 인식, 효과적인 자기 절제, 동기, 감정이입, 그리고 개인간의 기능 등 EI의 모든 측면이 뒤섞여 있다.

리더는 개인이 복잡한 정보를 분석해낼 지각 능력과 함께 평균 이상의 EI를 지녔는지 증명해야 한다.

Robert J. Emmerling

대학원을 마치고, 시험을 통과하고, 학점을 얻는 등 어려운 관문을 통과한 사람들이 평균 이상의 지능을 가졌다는 것은 확실하다. 어느 수준의 IQ는 어떤 직업군에서 채용 시 필요한 최소한의 능력 검증이라 할 수 있다. 예를 들어 물리학자, 회계사나 CEO는 최소한 직업을 유지할 평균 이상의 IQ를 갖고 있는 것이다. 그러나 단순히 IQ가 높다고 해서 뛰어난 의사, 회계사, 리더가 된다는 보장은 없다.

즉, IQ는 범위의 한계가 있어 다양한 환경에서의 성과나 성공을 예측하는 데 한계가 있다. 심지어는 교육 환경에서조차 전통적인 IQ 테스트는 교육의 결과라는 측면에서 많은 변수를 설명하지 못한다. 전통적인 테스트 과정이 소수 그룹에 미쳤던 역효과를 고려한다면 IQ는 평가의 대체 방안에 좀더 관심을 갖게 해준다.

IQ는 개인들이 가정할 수 있는 직업군의 중요한 예측장치로 남겠지만 일단 그 직업 내에서 IQ의 예측성은 신뢰성이 점점 떨어진다. 능력의 출발점으로서 IQ의 개념은 자주 간과되거나 경시돼왔다.

EI가 높으면 낮은 IQ를 상쇄시킨다는 개념 즉, EI는 높지만 IQ가 평균 이하인 사람들이 평균 이하의 지능에도 불구하고 아무 문제가 없다는 식의 개념은 IQ의 중요성을 간과하는 잘못된 인식을 가져왔다.

우리는 IQ가 분명히 중요한 측정법임을 인정한다. 하지만 지능에 대한 정의를 좀더 확장함으로써 개인적이면서 리더십의 효과적인 요소에 대한 보다 현실적이고 타당한 평가를 얻을 수 있다고 생각한다.

EI가 능력을 측정하는 좋은 프로그램이라는 가정에 끊임없이 도전하는 동안 EI의 패러다임은 결과를 결정하는 데 있어 지각과 감정의 역할에 대한 좀더 균형 잡힌 시각을 갖도록 했다.

'감정'은 리더십에 중요한 역할

우리는 종종 IQ와는 달리 EI는 개발될 수 있다고 가정한다. 유전자가 EI개발에 역할을 한다는 것을 인정하는 반면, 본질도 양성될 수 있다고 믿는다: 유전자 표현은 그 자체가 개인의 사회적, 감정적 경험에 의해 형성되는 것처럼 보인다.

어느 정도까지 EI는 인생의 경험을 통해 습득될 수 있을지도 모른다. 하지만 사람들의 한결같은 노력과 주의가 없다면 EI는 결코 향상되지 않는다. 사회적, 감정적 능력의 획기적인 향상은 쉽게 이뤄지지 않는다. 사회적, 감정적 능력을 개발하려면 한결같은 노력과 헌신이 반복적으로 이뤄져야 한다. 그러나 전통적인 MBA 프로그램과 전형적인 기업의 리더십 개발 프로그램은 프로그램 종료 후 사회적, 감정적 능력의 단지 2%만 향상되는 것으로 끝난다.

감정적인 자기절제 전략인 '마음에 새기기(mindfulness)' 훈련에 대한 조사결과 참가자들이 현재에 좀더 초점을 맞추고 있고 비참한 고민거리와 산만한 생각 때문에 힘들다는 것을 보여주었다. 감정적인 충동에 따라 행동하기 전 잠깐 휴식을 가짐으로써 그들은 일할 때 훨씬 스트레스를 덜 받고 좀더 창조적이며 열정적으로 느낀다.

당신이 감정을 예측할 수 없고 비이성적이며 논리나 이유에 의해 억눌린 무엇으로 생각한다면 감정이나 EI는 측정가치가 없다고 느낄지 모른다. 하지만 EI는 '감정이 리더십에 어떤 역할을 한다'는 명제가 설득력이 있고 감정을 좀더 지적으로 바라본다는 보다 균형 잡힌 시각을 제공한다.

EI의 핵심신조는 사람은 감정과 이성의 복합물이라는 것이다. EI

능력을 평가하는 것은 주어진 역할을 성공적으로 수행할 가능성이 높은 개인을 가려내는 데 유용하다. 감정적인 능력을 평가하는 대신 사람들은 아마 '능력'이나 '리더십 스타일'과 관련해 불분명한 피드백에 제한될 가능성이 높다. 감정적 능력을 향상시키려면 자신의 기본 능력이나 능력향상에 대한 현실적인 피드백이 필요하다.

EI는 강점과 개발 분야 알려줘

특정한 사회적, 감정적 능력에 대한 믿을만한 피드백을 제공하는 것은 사람들에게 자신의 강점과 개발할 분야를 알려주는 것이다. 그러나 전통적인 개발에서 '성과의 격차'에 지나치게 초점을 맞추는 것은 종종 EI 개발 취지를 전달할 때 피드백의 효과적인 사용을 어렵게 한다.

소극성은 사회적, 감정적 능력을 약화시킨다. 그러나 장점이나 개인적인 비전의 고안, 비전 성취를 위한 EI 능력의 개발 등 좀더 균형 잡힌 시각을 제공하면 이런 소극성을 극복할 수 있다. 이러한 피드백은 목표 설정과 동기의 핵심요소가 되기도 한다.

EI는 어떤 면에서 사회적인 행동을 조장하기도 한다. 자기 인식은 반드시 목적, 의미, 윤리 등에 맞춰서 전개돼야 한다 감정이입은 이타주의와 동정심을 기르는 데 필수적이다. 그러므로 어느 정도까지는 감정이입과 자기 자신을 파악하는 능력을 기르는 것이 긍정적인 윤리적 관점에서 좋다.

EI 능력을 감정이입이나 설득과 같은 사회적 기술을 이용해 사람들을 조종하거나, 사회적 인지 능력을 이용해 다른 사람을 뛰어넘으려는 마키아벨리형 인간도 있을 것이다.

그러나 마키아벨리형 인간들은 감정이입을 줄이고 자신만을 위한 일에 더 초점을 맞추려는 경향이 있다. 목적이 수단을 정당화한다고 믿는 사람들은 그 목적이 아무리 도덕적으로 모순을 갖는다 하더라도 EI의 조작도 눈감아줄 수 있을지 모르다.

304

실행 중심의
리더가 되라

'실행 중심의 리더들은 진실함 – 윤리적인 측면에서 모나지 않는다

자신을 파악 – 자신의 강점과 약점을 인지한다

자기 자신 완전 정복 – 성장을 위한 방법을 찾는다

겸손함 – 남의 이야기에 귀 기울이고 배우는 자세를 갖는다'

등 네 가지 감정적인 장점들을 갖고 있다.   – 래리 보시디 –

리더는 현실을 직면하고 다룰 책임이 있다. 오늘날 많은 리더들이 누구의 말에 귀 기울일지 판단하는 데 어려움을 겪고 있다. 최고의 리더들은 자신의 전략을 실행하는 데 초점을 맞춘다.

그들은 직원, 전략 그리고 운영 등 전반에 걸친 비즈니스 시스템을 통합한다. 또한 비전을 하나로 통일하고 실행하는 데 더 많은 인력을 투입한다. 만약 목표를 달성하지 못한다면 그들은 실패의 원인을 찾아 제거하거나 수정한다. 그들은 직접적인 보고에 대해 솔직한 평가를 내린다. 만약 목표나 계획 등을 이루지 못하면 그들은 이유를 물을 것이다. 우리가 잘하는 것은 뭐죠? 우리가 더 잘할 수 있는 것은 뭐죠? 그들은 팀워크를 통해 원하는 결과를 얻을 것이고 최고의 성과를 낸 직원들에게 보상할 것이다.

그러나 오늘날 많은 리더들이 자신이 위기에 빠졌을 때 적절한 조치를 취하지 못하고 있다. 그들은 문제를 해결하지 못한다. 해결책이 없기에 실행한다 해도 미온적이며 결국 우유부단함과 책임을 다하지 못했다는 것 때문에 괴로움을 겪기도 한다.

최고의 리더들은 용기, 열정, 솔직함, 정직함, 신뢰성, 자신감 그리고 원칙 등을 갖고 있다. 그들은 자신이 속한 비즈니스와 직원들을 완전히 이해한다. 현실주의적이며 소수의 분명한 목표를 갖고 있으며 목표를 성취하는 직원들에게 보상한다. 또한 자기 자신을 잘 알고 있으며 직원들을 코치한다. 제대로 된 목표를 제대로 성취하는 데 초점을 맞춘다.

당신의 전략은 잘 만들어진 계획보다는 나침반이나 지도처럼 큰 그림에 좀더 가깝다. 먼저 시장 분석부터 시작하려면 다음의 4가지를 명심해야 한다.

Lawrence A. Bossidy

시장 분석 위한 네 가지 핵심 질문

1. 어떻게 성장할 것인가? 성장 계획이 기업문화와 상통하는지 알아보라. 그 어떤 기업도 모든 것을 다 할 수는 없다. 성장 계획을 결정하라.

2. 생산성을 더 높이려면 무엇을 해야 하는가? 6시그마를 지휘할 수 있는가? 무엇이 비즈니스의 생산성을 높이는가? 3개년 계획을 세워라.

3. 어떤 문제에 직면했는가? 왜 최고가 되지 못했는가? 왜 시장 점유율은 2, 3위밖에 안 되는가? 왜 소비자 설문조사 결과는 실망스러운가? 어떤 조치를 취할 수 있는가? 이에 대해 제대로 된 척도를 제공하라. 실행 중심의 기업들은 문제에 직면하면 변화를 이끌어낸다. 전략적인 계획은 제품의 내용, 성과 목표 수량과 시기, 전체적 윤곽 등과 같은 세부사항도 완벽하게 준비돼 있다는 것을 명심하라.

4. 실행의 본질인 책임을 어떻게 강화할 수 있는가? 운영계획을 실천할 때 책임을 부여한다. 책임에 대한 기본 규칙을 정한다. 우발적인 사건에 대한 계획도 포함시켜라. 계획의 어떤 측면이 실행되지 않는다면 미리 어떻게 할지 결정하라. 왜 계획이 실패했는지 파악하라. 더 잘 파악할수록 더 빨리 대처할 수 있다.

교육 중심의 기업들은 이런 과정들을 따를 것이다. 좋은 인력들 역시 이런 과정을 선호할 것이다. 선택과 성과 평가와 함께 훈련을 넘어서는 무언가를 개발하고, 사람들을 그 다음 단계로 끌어올리기 위해 계속 평가하라. 잘못된 인력이 있다면 조치를 취하라. 그들의 성과가 초라하면 성과 향상의 기회를 주고 그래도 안 되면 해고하라.

새로운 사고방식으로 행동한다

당신은 사람들이 비즈니스 감각을 갖고 미래의 사건을 예견하기를 바랄 것이다. 사람들은 변화에 관심을 갖고 인지해야 한다. 팀워크가 부족한 사람들에게 계속 월급을 줄 수 없다. 나는 변화하고 진보하는 사람들을 좋아한다. 그들은 허풍 떨지 않고 자신만의 생각에 사로 잡혀 외부와 고립되지 않는다. 잠재 리더들은 새로운 정보에 맞춰 변화한다.

나는 '일을 처리하는 방식이 바로 이겁니다' 라는 얘기를 들으면 바로 그 쪽으로 시각을 돌린다. 당신의 시각을 발전에 맞추고 변화하는 환경에 적응하라. 유연한 마음자세로 변화에 응하고 실패의 위험을 기꺼이 받아들여라. 당신이 위험을 감수하지 않으면 결코 큰 성공을 이뤄낼 수 없다.

실행 중심의 리더들은 다음의 네 가지 감정적인 장점을 갖고 있다.

1)진실함 – 윤리적인 측면에서 모나지 않는다
2)자신을 파악 – 자신의 강점과 약점을 인지한다
3)자기 자신 완전 정복 – 성장을 위한 방법을 찾는다
4)겸손함 – 남의 이야기에 귀 기울이고 배우는 자세를 갖는다.

Lawrence A. Bossidy

문화는 더 이상 리더들의 행동만큼 생산적이지 않다. 생산적인 문화는 새로운 아이디어를 받아들이고 토론을 통해 문제를 해결하며 서로 영향을 미친다. 그것은 실력주의를 믿고 업적을 자랑스럽게 여기며 문제를 빨리 해결하는 사람들이 만들어낸다.

우리는 새로운 행동방식으로 생각하지 않는다. 즉, 새로운 사고방식으로 행동한다. 6 시그마는 불량률뿐 아니라 원칙과 기능을 통해 일할 사람들을 가르치는 것이다. 문화는 기업이 무엇을 할지 결정한다. 솔직하고 즉흥적이 되라.

실행을 잘하기 위한 6가지 요소

다음 5가지의 문제 징후를 관찰하라 :
1)리더십이 필요할 때 제대로 실행되지 않는다
2)팀이 문제를 해결하지 못하고 인재를 육성하지 못한다
3)우유부단함
4)종신 증후군 – 사람들이 회사에서 무슨 일이 일어나는지 모르고 서로 내부 사정을 알 수 없는 시스템
5)사람들이 자신이 맡은 바를 완수하지 않으면서 사실대로 얘기하지 않으며 원인조차 파악되지 않는다.

그렇다면 ①에너지 ②비전 ③설득(명령, 지시할 수 없다면 이해시켜야 한다) ④용기와 열정 ⑤도전할 수 있고 상대를 이길 수 있는 자신감 ⑥자신을 관리하는 원칙 그리고 ⑦솔직함, 정직함, 개방성 등 7가지

긍정적인 특징을 조성하라.

마지막으로 실행을 잘하기 위한 다음 6가지 요소에 주목하라.

첫째, 비즈니스와 사람들을 이해하라 : 중요한 문제는 반드시 짚고 넘어가라.

둘째, 현실주의를 받아들여라. 많은 기업들은 가능성이 없는 아이디어를 추구한다. 언제 무엇을 할지 파악하라.

셋째, 분명한 목표를 설정하라 : 목표가 너무 많으면 안 된다. 조직 내 모든 사람들이 리더의 목표를 반드시 인지해야 한다.

넷째, 성과를 내는 사람들에게 보상하라 : 위대한 인재를 잡아두기 위해서 보수와 보너스를 차별화하라. 당신이 위대한 인재를 다른 사람들과 똑같이 대우한다면 그들은 떠날 것이다.

다섯째, 직원들을 코치하라 : 언젠가 당신의 뒤를 이을 핵심인재를 키워라.

여섯째, 리더인 당신 자신을 알라: 당신이 좀더 높이 올라갈수록 리더인 당신에게 솔직한 평가를 내려주는 사람들은 더 적어질 것이다. 당신이 잘할 수 있는 일이 무엇이며 더 잘할 수 있는 일이 무엇인지 파악하라.

실행 중심 기업이 되는 것은 즐겁고 다이나믹하며 어려운 일이다. 하지만 당신을 성공한 사람들의 그룹에 오르게 할 것이다.

309

Margaret Wheatley
마가렛 위틀리

바카나 파운데이션 사장
The President of the Berkana Foundation

리더는 즉석에서 탄생한다

조직에 위기 상황이 발생하면 리더는 그 즉시 탄생하기도 한다. 사람들은 모두 누군가 나서서 일을 맡고 진행하기를 원하고 그 중에서 큰 용기를 갖고 다른 사람을 도우려는 사람이 리더로 나서게 된다. 그런 의미에서 리더는 어디에나 있고 언제든지 탄생할 수 있다. - 마가렛 위틀리 -

나는 조엘 바커의 "한 가지 패러다임으로 해결이 불가능한 문제는 다른 패러다임으로 쉽게 해결될 수도 있다"는 말에 동감한다. 또 '삶의 구성방식을 이해하고 그것을 어떻게 조직 구성에 적용할 수 있는가?'라는 질문에 대한 답을 찾기 위해 오랫동안 연구했고 사례를 찾아보고 새로운 식견을 얻었다.

조직에서는 언제 어디서 리더십이 발휘돼야 할지 예측할 수 없기 때문에 리더십은 사람들이 어떠한 상황에서 적절히 필요하다고 느끼는 무언가가 됐다. 즉, 리더는 사람들이 그를 필요로 할 때 필요한 곳에서 나타나야 한다. 위기가 닥치거나, 소비자들과 관계가 악화되거나 혁신적인 아이디어가 나왔을 때 리더가 필요하다.

조직의 일원으로서 나는 주어진 일을 즐겁게 할 수 있지만 위기 상황이 발생하고 내가 그 자리에 있다면 리더 역할을 하고 싶다. 리더는 어디에나 있으므로 누군가 리더십을 발휘해야 할 상황에 놓이면 즉시 리더가 되기도 한다.

리더는 타인을 도우려는 사람이다. 리더는 전진하려 하고 그가 도움을 주고자 하는 일은 주어진 업무만 간신히 이행하는 사람들에 비해 훨씬 큰 용기를 필요로 한다. 어떤 일이 잘못되면 누군가는 나서서 이 일을 해결해야 한다. 대부분의 사람들은 서로 눈치만 보면서 리더가 나서서 할 일을 정해주기를 원할 것이다.

리더의 중요한 역할은 자신이 체득한 내용을 사람들에게 적절한 시기와 공간에서 적절한 과정을 통해 전달하는 것이다. 중요한 성과를 내기 위한 일을 할 때는 그 일에 몰두해 교훈을 얻어야 한다. 그 일을 해내기 위한 시간을 줄이거나 바꿀 수는 없지만 그 시간만큼 동료들과 진지하게 생각할 시간을 가질 수는 있을 것이다.

Margaret Wheatley

우리가 지금 생각하고 계획하고 예산을 세우고 전략을 만드는 과정을 시간으로 따지자면 매우 빡빡한 계획이 될 것이다. 그러나 이런 과정은 최상의 사고를 이끌어내는 것과는 별개의 문제라서 지나치게 타이트한 스케줄은 사람들을 고무적이고 창조적으로 이끌기보다는 치명적인 독이 될 수도 있다.

그래서 가끔은 회의를 할 때 계획과 목표 아래 꽉 짜인 스케줄에 따르기보다 다소 느슨하고 목적이 없는 상태에서 회의를 진행해 서로가 그 시간에 생각할 수 있는 기회를 갖는 것도 좋다.

불확실성이 리더에게 미치는 영향

우리는 현재 변화의 두 가지 원천에 직면해 있다. 하나는 일반적이고 감당할 수 있는 전통적인 변화이고 나머지 하나는 우리가 전혀 컨트롤할 수 없는 외부적인 변화이다. 이런 변화는 우리가 컨트롤할 수 있는 수준을 완전히 벗어나 기업 운영과 문화에 파괴적인 영향을 미치기도 한다.

불확실성이 넘치는 세상에서 상호 연결 시스템은 언제나 서로 민감하기 때문에 한 쪽에서 일어난 일은 다른 쪽에 영향을 준다. 그래서 새로운 동력이 등장하면 기존의 오래된 동력은 더 강화된다. 우리는 이런 새로운 동력이 직원들과 핵심 기능에 어떤 영향을 미치는지 알아야 한다.

직원들의 행동 : 불확실성은 공포심을 더 키운다. 공포심이 더 깊어질수록 우리는 좀더 개인의 안전에 초점을 맞추게 되고 좀더 자기

중심적이 되며 좀더 방어적이 된다. 또한 컨트롤할 수 있는 세세한 일에 초점을 맞춘다.

리더들에 대한 중압감 : 더 커진 공포심 때문에 많은 사람들은 리더들에게 억지스런 요구를 하게 된다. 우리는 자신을 구제해주고 답을 제공하며, 확고한 근거나 삶의 강하고 튼튼한 구조선을 제공할 수 있는 사람을 필요로 한다. 그러나 최강의 리더들조차도 안정과 안전을 보장해줄 수는 없다.

핵심 기능 : 우리가 하는 일 중 많은 것들, 즉 계획, 예측, 예산 기획, 인사 관리(HR), 팀 구성 등은 미래에 초점을 맞출 때만 제대로 기능할 것이다. 미래는 우리가 컨트롤할 수 있는 것처럼 보인다. 사람들이 서로 의지할 수 있다는 것을 깨달을 때 더 좋은 성과를 낼 수 있다.

의미 있는 일에 정진하라

이런 관계를 개발하는 데에는 한 가지 핵심 원칙이 있다. 즉, 누구나 개인적인 관심사를 초월해 새로운 능력을 개발하려 한다면 반드시 의미 있는 일에 정진해야 한다는 것이다. 의미 있는 일에 정진하려면 다음의 여섯 가지 원칙을 명심해야 한다.

원칙 1〉 **분명한 정체성을 길러라**

공포와 혼란으로 소용돌이 치는 세상에서 사람들은 계획이 아니라 목적에 있어 안정감과 안전을 추구한다. 세상이 아무리 혼란해도 조직의 정체성은 우리가 나아가야 할 바를 알려준다.

원칙 2〉 **더 큰 밑그림에 사람들의 초점을 맞춰라**

Margaret Wheatley

스트레스를 받는 사람들은 더 큰 그림을 제대로 인식할 수 없다. 그리고 사람들에게 점점 더 업무가 가중되고 그에 압도될수록 그들은 당면한 순간을 뛰어넘어 미래를 바라볼 시간도 없고 관심도 없다.

원칙 3〉 **진실되고 숨김없는 커뮤니케이션을 요구하라**

위기 상황에서도 사람들은 계속 정보를 교류함으로써 지적으로 대응할 수 있게 된다. 사람들은 자신들이 처한 상황을 파악하고 나면 스트레스를 덜 받기 때문이다.

원칙 4〉 **미지의 상황에 대비하라**

군대는 다양한 시나리오에 대비하기 위해 복잡한 시뮬레이션을 개발·사용하는 데 수십 억 원을 투자한다. 그러나 이런 시뮬레이션을 활용하는 기업들은 거의 없다.

원칙 5〉 **일의 중심에 서서 의미를 지켜라**

의미는 가장 강력한 동기가 된다. 우리는 일의 성과가 목적에 얼마나 잘 부합하는지를 알게 될 때 에너지를 얻고 결정을 내릴 수 있게 된다.

원칙 6〉 **개인들에게 주목하라**

직접적이고 개인적인 접촉을 대신할 수 있는 것은 아무것도 없다. 매니저나 리더들은 조직에 보유해야 할 인재들과 끊임없이 대화해야 한다. 사람들은 관심 받고 있다고 느낄 때 스트레스도 덜 받고 조직 기여도도 높아진다.

우리가 필요로 하는 리더들은 이미 존재하고 주변에서 희망과 가능성으로 가득 찬 미래를 위해 앞으로 정진하는 사람들 중에서 얼마든지 찾아볼 수 있다.

Travis Bradberry

트래비스 브래드베리

감성 지능 가이드 북 저자
The Author of The Emotional Intelligence Quick Book

EI 지수 높아야
유능한 CEO

기업에서 EI(감성지능) 지수는 말단직원에서 중간관리자까지 쭉 상승해 중간관리자에 이르면 최고를 기록한다. 그러나 중간관리자를 지나 이사급 이상 임원으로 갈수록 EI 지수는 현격하게 감소한다. 또한 평균적으로 CEO들은 EI 지수가 가장 낮은 그룹으로 나타났다. 이는 개인의 경영능력보다는 학벌이나 연공서열에 의한 승진이 많다는 것을 의미한다.

– 트래비스 브래드베리 –

밥 림버(Bob Limber)는 모퉁이 사무실 가죽 의자에 앉아 창 밖을 응시하면서 긴 숨을 내쉬었다. 자신의 삶을 반추하며 그 긴 여정에 놀랐기 때문이다. 생산 라인 노동자였던 그는 이제 58세의 생산부서 수석 부사장이 돼 있었다.

어린 시절 밥은 호기심이 강한 소년이었다. 언제나 자신의 장난감은 스스로 만들었지만 5남매의 막내였던 그는 집 안을 어지르는 범인으로 낙인 찍혀 종종 혼이 나곤 했다. 그는 따돌림을 받지 않기 위해 사람들과 어울리는 법을 연구해야 했고, 내성적이고 수줍음이 많은 성격에서 벗어나기 위해 피나는 노력을 했다.

이런 과정을 거쳐 그는 결국 사람들의 존중을 받게 됐고 많은 것을 배웠다. 대학시절, 밥은 사람을 다루는 법에 대해 더 많이 배웠고 평생의 친구들을 사귀었다. 그는 이런 인간관계가 꼭 필요하다는 것을 경험으로 알고 있었다.

당연히 그의 대학친구 중 한 명은 그의 구직에 발벗고 나섰다. 그는 디트로이트에 있는 한 자동차 회사 말단 직원으로 일하게 됐다. 이 직장은 밥의 내성적인 성격과 잘 맞았지만 밥이 원하는 대로 직장에서 조용히 지낼 수 없었다.

그는 사람들을 고무시키고 동기를 부여하는 능력으로 점점 더 승승장구하면서 행복해졌다. 그는 사람들이 자신을 좋아하는 사람들이나 최소한 자신을 이해해주는 사람들과 함께 지내고 싶어한다는 것을 알았지만 이런 일을 자연스럽게 할 수 있는 사람은 아니었다. 그러나 오늘날 밥은 사람들에게 먼저 손을 뻗을 수 있게 됐다.

사실, 밥은 동기를 부여할만한 것들을 사람들과 연결시키는 데 많은 시간을 할애했다. 세상은 그에게 언제나 이런 행동을 더 잘할 수 있는 기회를 제공해 주었다. 그는 "내 자신을 이해하기 전에는 절대로 남을 이해할 수 없다. 내가 더 어렸을 때는 사람들의 요구를 잘 따라주는 수준이었지만 이제는 사람들과 실제로 어떻게 관계를 맺는지 알게 됐다"는 말을 했다.

밥은 자신을 돌아보며 성향, 강점과 약점 등을 파악하는 데 여러 해를 보냈다. 그는 더 높은 수준에 도달하기 위해 자신과 자신의 리더십 스타일에 대해 새로운 것들을 발견해야 했다. 자신에 대해 배우고 대인관계에서 앞서가기 위해 새로운 방법들을 찾기 위해 감성지능 (EI:Emotional Intelligence)에 초점을 맞췄다.

감성지능은 후천적으로 길러져

EI는 감정을 지각하고 이해하는 능력이며 이런 지각을 통해 대인관계와 자신을 관리하는 기술이다. EI는 개인적인 능력과 사회적인 능력 두 가지가 있다. 개인적인 능력은 자기지각능력을 유지하고 상대방의 행동과 성향 등을 관리하는 능력이다. 사회적인 능력은 타인의 행동과 동기를 이해하고 관계를 유지하는 능력이다.

EI는 역동적이어서 복잡한 정의를 내리기 쉽다. EI에 대해 '일반적으로 수재들이 이해하지 못하는 삶의 단면을 묘사한다'는 단순한 정의가 있다. EI는 왜 같은 지능을 가진 두 사람이 인생의 성공에서 극단적인 차이가 생기는 지에 대한 궁금증을 잘 설명한다. 즉, EI는 우리 각자가 행동을 조절하고 복잡한 사회를 헤쳐 나가고 긍정적인 결과를 얻을 수 있도록 하며 개인적인 결정을 내리는 법에 대해 격려하

Travis Bradberry

는 막연한 무엇이라는 뜻이다.

EI는 지능으로부터 독특한 인간행동의 근본적인 요소를 끄집어낸다. IQ와 EI는 아무런 상관관계가 없다. 그러므로 간단히 EI로는 그 사람이 얼마나 머리가 좋은지는 전혀 예측할 수 없다. 일반적으로 IQ는 태어날 때부터 정해져 변하지 않기 때문에 이는 어떻게 보면 희소식이다. 그래서 누구나 새로운 정보를 얻는다면 더 똑똑해질 수 있는 것이다.

반면 EI는 기꺼이 배운 것을 써먹을 수 있는 유연한 기술과 같다. 어떤 사람들은 자연스럽게 좀더 감성적으로 발달하기도 하지만 감성지능은 선천적으로 타고나지 않아도 노력해서 높일 수 있다.

임원과 CEO의 EI지수 가장 낮아

EI는 현재 직장의 직위와함께 자주 비교되는데 이는 매우 곤혹스러운 일이다. 기업에서 EI지수는 말단직원에서 중간관리자까지는 쭉 상승해 중간관리자는 최고의 EI지수를 기록한다. 그러나 중간관리자를 지나 이사급 이상 임원으로 갈수록 EI지수가 현격하게 낮아지는 것은 매우 놀라운 결과다. 또한 평균적으로 CEO들은 EI가 가장 낮은 그룹으로 나타났다.

우리는 보통 직위가 높을수록 실제 업무를 덜하게 되고 그래서 임원급으로 갈수록 주요 업무는 다른 사람들에게 시키면서 편하게 일한다고 생각하기 쉽다. 그러나 그런 이유보다 많은 사람들이 경영능력보다는 학벌과 연공서열에 의해 승진하는 것으로 보인다. 그래서 일단 최고 수준에 올라가면 그들은 직원들과 교류를 점점 적게 한다.

임원진들 중에서는 EI지수가 높은 사람들이 최고의 성과를 내는 사람들이다. 이는 다른 직위에도 똑같이 적용된다. 즉, 최고의 EI지수를 가진 사람들은 직위에 상관없이 동료들에 비해 월등한 성과를 나타낸다. 이와 같이 EI는 지식이나 경험보다 업무 성과에 더 큰 영향을 미친다.

319

Kevin Cashman
케빈 캐쉬맨

리더소스 CEO, 『거꾸로 보는 리더십』저자
CEO of Leadersource

'창조적인 침묵'서
천재성이 나온다

잠시 정지하면 직관적인 통찰력의 섬광을 경험하게 된다. 그것은 우리가
생각하면서 잠시 침묵할 때 나온다. 행동을 적게 할수록 더 쉽게 정리가 된
다. 초월 명상의 창시자인 마하리쉬 마헤쉬 요기(Maharishi Mahesh Yogi)
는 "인간의 천재성은 자신이 지각하는 침묵 속에 있으며 그런 고요한 정신상
태에서 생각이 솟아나게 된다. 이는 타성적인 침묵이 아니라 창조적인 침묵
이다"라고 말했다. - 케빈 캐쉬맨 -

영적 존재는 리더십의 영혼과 같다. 왜냐하면 리더를 통해 정신이 표현되기 때문이다. 우리는 영혼을 갖고 풍요로운 삶을 주도하는 리더를 만났을 때 그 평화로움과 기쁨의 기운에 크게 감동받는다. 이런 리더들이 가진, 초월적인 힘의 침묵은 그들이 말하고자 하는 바를 더 깊이, 더 명확하게 와 닿게 한다. 이런 손에 잡힐 듯한 고요함은 스트레스가 쌓이는 환경이나 위기의 순간에도 흔들리지 않으며 효과적인 리더십의 영적 존재다.

달라이 라마 밑에서 수행하던 한 스님은 중국의 티베트 점령 뒤 몇 년간 감옥에 수감돼 고문을 당했다. 그에게 그런 정신적 육체적 학대를 받는 동안 가장 두려웠던 것이 무엇이냐고 묻자 그는 "나는 중국 사람들에 대한 나의 연민이 사라질까봐 그것이 가장 두려웠다"라고 답했다. 이것이 행동하는 영적 존재다.

이런 경험을 가진 개인들은 다른 사람들과 모든 일의 리더일 뿐 아니라 삶의 리더가 된다. 그들은 타인의 풍요로운 미래를 위해 기꺼이 자신을 바치며, 그 결과 자신들의 삶도 영예로워진다. 그러나 이 수준에 도달하는 것이 아주 극소수의 영역은 아니다. 우리 모두가 다다를 수 있으며 이것이 바로 우리의 영적 존재다.

침묵이 영적 존재 만들어

당신은 매일 몇 분의 명상을 통해 마음의 평온을 얻을 수 있다. 그리고 험난한 현재에서 잠시 멈추고 창조성의 고요한 내면에 정신적으로 연결됨으로써, 혹은 의사결정 전에 한발 뒤로 물러나 여러 가지를

Kevin Cashman

체크함으로써 앞으로 나갈 수 있게 된다.

최근 나는 아주 훌륭한 성과를 내는 한 CEO를 코치하게 됐다. 그러나 그에게 일상의 침묵시간을 갖는 것은 매우 낯선 일이었다. 처음에는 "나는 침묵이나 휴식이 필요한 게 아닙니다. 오히려 더 활동적으로 일해야 합니다"라는 반응을 보였다. 그러던 어느 날 그는 매우 신중한 태도로 이렇게 말했다. "오늘 무슨 일이 일어났는지 모르겠어요. 매우 복잡한 비즈니스 문제가 발생했습니다. 힘겹게 난관을 헤쳐나가는 대신 잠깐 혼자서 산책을 했습니다. 산책을 하는 동안 그 문제에 대해 깊이 생각한 것도 아니에요. 정말 그냥 산책을 즐겼을 뿐입니다. 그러나 갑자기 정신이 번쩍 들면서 해결방법이 떠올랐습니다. 깜짝 놀랐죠. 도대체 이 해결방법이 어디서 튀어나온 거죠?"

잠시 모든 일을 정지하는 연습을 하다 보면 이런 직관적인 통찰력의 섬광을 경험하게 된다. 그것은 우리가 생각하면서 잠시 침묵할 때, 그리고 문제와 분석 사이의 막간에서 나온다. '행동을 적게 할수록 더 쉽게 정리가 된다'는 말이 있다. 우리가 행동을 멈출 때 고요한 마음의 안정을 찾았다가 더 막강한 힘을 갖고 정리가 된다. 결과적으로 우리는 지극히 개인적인 이유들을 넘어 별로 관계가 없어 보이는 변수들을 통합, 새로운 결론이나 관점에 도달하게 된다.

초월 명상의 창시자인 마하리쉬 마헤쉬 요기(Maharishi Mahesh Yogi)는 "인간의 천재성은 자신이 지각하는 침묵 속에 있으며 그런 고요한 정신상태에서 생각이 솟아나게 된다. 이는 타성적인 침묵이 아니라 창조적인 침묵이다"라고 말했다.

그렇다면 우리는 어떻게 영적 존재에 더 가까이 갈 수 있을까? 이 질문에 대답하려면 먼저 삶에서 변화의 원동력인 영적 존재와 대항할 수 있는 원동력인 자아를 구별해야 한다. 우리에게 내재된 영적 존재는 삶을 침묵의 힘으로 조율하고 거기서 우리의 모든 행동에 대한 기반을 얻어낸다. 반면 자아는 제한된 개성을 자각하는 것이다. 다시 말해, 자아는 이 광활한 우주로부터 안전을 찾고, 할 수 있는 한 인생에서 흘러가는 즐거움과 소중한 것들을 찾으려고 노력하는 개인의 메커니즘이다.

우리는 자아와 영적 존재를 갖고 있으면서 자신을 과도하게 제한된 개인적 자각인 자아와 일치시키기도 하고, 근본적으로 삶 전체와 연결된 영적 존재와 일치시키기도 한다. 우리가 어떤 순간에 어떤 기분을 느끼는지 제때 인식하는 것과 그런 사사로운 감정을 영적 존재로 많이 이동하는 법을 배우는 것은 매우 중요하다.

우리에게는 영적 존재와 자아 둘 다 필요하기에 단순히 영적 존재를 좋은 것으로, 자아를 나쁜 것으로 단정짓지 말아야 한다. 경쟁하고, 적응하고 업무를 처리하는 데에 자아가 꼭 필요하고 우리의 중심이자 삶의 가이드로서 영적 존재가 필요하다. 자아는 일이 잘 되도록 돕는 근육과 같아서 가끔 혹은 단기간에 최고로 활용된다. 자아는 마스터보다는 구체적인 목적을 이루는데 효과적인 서번트라고 하는 것이 적절한 비유이다. 영적 존재를 마스터로, 자아를 서번트로 만드는 것이 풍부한 삶의 리더십으로 가는 열쇠다.

창조적 행위가 영적 존재와 연결

영적 존재와 연결되기 위한 연습을 하라. 그것은 명상, 기도, 영적인 음악을 듣는 것, 또는 자연에서 즐겁게 걷기 등이 될 수도 있고, 사람에 따라 춤추기, 달리기, 또는 그림이나 악기 연주와 같은 창조적이고 예술적인 행위들이 영적 존재와 연결되는 데 도움이 된다고 말한다. 무엇을 택하든 매일 연습하라. 산만해지는 장소 대신 조용하고 평화로운 장소에서 자신을 훈련시켜라.

도전에 직면했을 때 더 심오한 해답을 찾을 수 있도록 잠시 정지하는 법을 배워라. 아인슈타인은 한때 "문제들은 그것들이 생겨난 수준에서는 절대로 해결점을 찾을 수 없다"고 말한 적이 있다. 정지의 힘을 통해 새로운 수준에 도달해보라. 영적 존재를 찾기 위해 노력하는 과정을 삶의 진정한 여정으로 삼아라.

기도는 영적 존재와 연결되고 직관은 영적 존재와 연결시켜주며 초월은 영적 존재와 영적 존재를 연결시켜준다. 당신의 삶에서 자아와 영적 존재가 어떤 형태로 나타나는지 주목하라. 그리고 영적 존재인 자아를 정복하도록 만들어라.

Elaine Crowley
엘레인 크롤리

크롤리그룹 CEO
CEO of CrowleyGroup

GDT 목표 달성 위한
10가지 방법

325

팀이 최고의 기술을 갖고 있는지, 어떻게 최고 기술을 이용할 수 있는지
확인하라. 모든 팀원들이 기술을 활용하게 하고 기술을 활용하는 데서 비롯
된 문제를 해결할 수 있게 하라. 인터넷 채팅 룸을 활용하여 비공식적인 커뮤
니케이션을 가능하게 하라. 협상이 중요하다. 예를 들어, 이메일은 논쟁을 다
루는 데 효과적이지 못하다. 어떤 일이 쟁점이 되면 전화통화를 하도록 하라.

- 엘레인 크롤리 -

Elaine Crowley

지리적으로 분산 배치된 팀(GDT:Geographically dispersed teams)을 운영하는 데는 많은 비용이 투자된다. 뛰어난 인재를 다른 빌딩, 다른 주, 또는 다른 국가에 수혈하는 것은 비싼 견적서를 동반한다.

GDT를 운영하는 것은 같은 장소에 배치된 팀들에 비해 커뮤니케이션이 훨씬 어렵고 이에 따라 상호간에 필요한 이해가 부족하다는 것이 더 큰 문제이다. 팀들이 이메일이나 전화 미팅에만 의존하는 경우에 갈등요인을 쉽게 알 수 없어 해결되는 데 더 많은 시간이 걸린다.

심지어 시차나 언어적인 차이, 인프라 등이 달라 팀 미팅을 하는 데도 복잡한 과정이 필요하다. GDT는 인간적인 요소의 문제를 극대화한다. 거리는 협력을 방해하고 신뢰구축에 더 많은 시간이 소요된다. 또한 이 팀들간의 명확한 역할과 책임(R&R)을 규정하고 유지하는 것이 한층 어렵다.

분산 배치된 팀(GDT)의 10가지 성공 운영 비결

적절한 비용으로 GDT의 목표를 달성하기 위한 10가지 방법을 소개한다.

비결 1〉 처음부터 기본에 주의를 기울이라. 팀원들에게 목적과 기대치를 부과하라. 프로젝트의 도입기에 시간을 투자하라. GDT의 리더는 모든 팀원들을 개별적으로 만나서 팀 미션, 목적, 목표치, 역할, 책임, 의사결정 판단기준, 관여 정도(누가, 언제, 얼마나), 갈등과 막다른 상황을 해결하기 위한 절차 등 다양한 사항을 정리해야 한다. 팀 개발(팀 조직, 활기 부여하기, 기준잡기, 성과 창출하기 등)의 단계를 검토하여 모든 팀원들이 자신에게 무엇을 기대하고 있는지 알게 해야 한다. 커뮤니케이션의 오류를 최소화하기 위해 최대한 공개적으로 표현하라.

비결 2〉 신뢰를 구축하고 갈등을 관리하라. 어떻게 팀이 신뢰를 구축할 것인지 논의하라. 20%의 시간을 미팅을 통해 팀원들이 서로 교류하도록 하는 데 투자하라. 배타적으로 업무를 방해하지 않도록 하라.

비결 3〉 문화적인 융화를 이룰 수 있는 훈련을 제공하라. 다른 장소에서 팀원을 교차 훈련하라. 문화적인 차이에 대한 이해를 넓히고 고정관념이 형성되지 않도록 하라. 천천히 말하고 전문용어의 사용을 피하여 의사소통에서 오는 오류를 최소화하라. 옆 사람과의 잡담에 관대함을 보여라. 잡담을 통해서도 무엇인가 전달되고 있다. 문화적인 충격은 우리를 늘 괴롭히는 큰 문제이다.

327

비결 4〉 팀의 문화를 함께 창조하고 '제3의 길'을 찾으라. 팀을 함께 정의하라. 같은 팀이라는것을 강조하라. 팀의 업무방법을 기준으로 제시하는 것이 아니라 팀이 일하는 방법을 함께 정의하라.

비결 5〉 팀이 최고의 기술을 갖고 있는지, 어떻게 최고 기술을 이용할 수 있는지 확인하라. 모든 팀원들이 기술을 활용하게 하고 기술을 활용하는 데서 비롯된 문제를 해결할 수 있게 하라. 인터넷 채팅 룸을 활용하여 비공식적인 커뮤니케이션을 가능하게 하라. 협상이 중요하다. 예를 들어, 이메일은 논쟁을 다루는 데 효과적이지 못하다. 어떤일이 쟁점이 되면 전화통화를 하도록 하라.

비결 6〉 글로벌 환경에서 일하는 프로세스를 다시 디자인하라. 프로젝트 플랜을 세우고, 업무 프로세스가 한눈에 보이도록 만들고, 플로우 차트, 프로세스 맵, 그래픽 힌트를 활용하라. 본부에 정보와 힘이 집중되는 것을 피하라. 미팅 시간을 협의하고 조화로운 운영의 책임을 공유하도록 하라.

비결 7〉 이정표를 통해 관리하라. 활동이 아니라 성과에 집중하라. 지역 팀의 의사결정과 업무 방법에 힘을 실어주라. 모든 팀원이 예견된 어려움에 자발적으로 경고할 수 있도록 하고 그 문제들을 풀기 위해 팀이 서로 의지하게 하라. 비난이나 손가락질을 금지하라.

비결 8〉 강한 리더십 활동을 개발하라. GDTs는 잦은 접촉이 불가능하고 비공식적인 접촉 빈도가 낮기 때문에 리더는 상호작용을 하는 도중 강력한 영향을 줄 수 있어야 한다. GDTs의 리더는 사람들이 합류하거나 떠날 때면 언제나 팀워크를 강화하는 메시지를 전달해야 한다.

비결 9〉 교훈을 발굴하고 전달하라. 각각의 이정표가 달성된 후에는 사후에 그 과정을 평가하라. 프로젝트가 끝나고 팀이 해체되기 전에 '교훈 학습교범'을 정리하라.

비결 10〉 유머 감각을 잃지 말라. GTDs는 관리가 어렵다. 이는 리더십, 커뮤니케이션, 프로젝트 관리, 수용능력을 필요로 한다. 조직은 투자에 대하여 생산성이라는 보상을 기대한다.

Elaine Crowley

직원들의 자존심을
일깨워라

문화적인 변화를 리드한다는 것은 진정한 구조적인 변화를 추구할 때 필
요한 모든 활동의 총체적 관리를 의미한다. 조직 내부의 문화에 대한 깊은
이해 없이는 결국 어떠한 조직적 기능적인 변화도 이끌어낼 수 없다.

– 루 거스너 –

변화관리 활동은 5년 이상 걸릴 수 있다. 그 때문에 내부관점보다는 고객관점이, 개인주의보다는 팀워크가 필요하다. 그 와중에 직원들이 경쟁과 위협을 인지하도록 함으로써 위기감을 유지하도록 해야 한다. 새로운 리더는 직원들의 자부심을 이끌어내야 한다. 그러기 위해서는 먼저 당신이 리더로서 모든 이들에게 인정 받는 것이 중요하다.

CEO로 선임되는 것과 리더로 인정 받는 것은 다른 일이다. 단기수익에 집중하는 활동은 훌륭한 리더가 되는 데에 도움이 되지 않는다. 경쟁자들과 고객들은 당신을 빈틈없이 관찰하고 있다. 고객들은 자신의 관점에서 정의된 문제를 해결하기 원한다. 기술은 최대한의 기능을 발휘할 수 있을 정도가 돼야 한다. 최고 경영진은 단기 실적에 대한 엄청난 압력 때문에 고통을 겪는다. 감시책임을 맡고 있는 이사회는 윤리와 도덕적 기준을 강화하기를 요구한다.

문화적인 변화를 리드하는 것은 단순히 기업의 변화를 추진할 때 해야 할 여러 가지 일들 중 하나에 불과한 것이 아니다. 문화적인 변화를 리드한다는 것은 진정한 구조적인 변화를 추구할 때 필요한 모든 활동의 총체적 관리를 의미한다. 조직 내부의 문화에 대한 깊은 이해 없이는 결국 어떠한 조직적 기능적인 변화도 이끌어낼 수 없다.

문화는 직원들에게 어떤 일을 하라고 요구하지 않더라도 사람들이 행하는 것이다. 직원들이 늘 생각하고 있는 것이다. 문화에 초점을 맞춰 시도하지 않으면 변화는 이뤄지지 않는다. 언뜻 그런 활동들이 변화를 일궈냈다고 보일지 모르지만 문화는 결국 모든 변화를 과거로 돌려놓는다. "우리는 뛰어나야 한다" 또는 "고객 중심이 되라"와 같은 문화적인 명령을 난데없이 강요해서는 안된다. 직원들에게 그런

331

방식으로 이야기한 들 별로 소용이 없다. 반드시 해야만 하는 일에 대한 명확한 전략을 내놓는 것이 필요하다.

나는 IBM 직원들에게 "이게 당신이 원하는 것입니다"라고 말하지 말고 고객들이 하는 말을 더 많이 듣도록 요구했다. 나는 IBM 직원들이 팀으로서 더 많이 일하기를 요구했다. IBM에 내재돼 있는 문화는 개인주의와 혁신이지 고객이 하는 말을 경청하는 것은 아니었다. 얼마나 그런 것들을 많이 이야기했는지는 중요하지 않다.

내가 바라는 직원들의 다른 행동 양상들과 전략적인 흐름 사이에 연결고리를 만들지 않으면 문화는 변화지 않는다. 전략적 흐름과 직원들이 이해할 수 있는 행동 양상들을 연결시켜야 한다. 행동에 강력한 초점을 맞춰 모든 레벨에서 동시에 적용해야 한다. 대다수의 직원들이 과거와는 다른 어떤 것에 가치를 부여하도록 만들면 다른 사람들은 따라오게 마련이다.

어떻게 그것을 가능하게 할 것인가?

직원들을 고무시키는 것은 그리 어려운 일이 아니다. 정말 어려운 일은 위기감을 만들어내고 유지하는 일이다. 대부분의 직원들은 변화에 저항한다. 급한 불을 끄고 나면 과거로 돌아가 버린다. 직원들의 자부심에 호소하라. "우리는 지금 시장점유율을 잃고 있습니다"라는 말을 듣게 되면 직원들은 자존심에 상처를 입는다. 모든 직원들이 고개를 아래로 떨구게 된다.

"여러분! 이거 맘에 안 들죠? 그렇지 않아요? 회사를 정상으로 되돌려 놓자구요"라고 말하라. 자부심에 호소하는 것은 변화를 이끌어내는 좋은 방법이다. 먼저 위기감을 조성해야 한다는 것을 명심해야 한다. 그렇지 않으면 자부심은 직원들에게 이렇게 말을 할 것이다. "우리는 남보다 훌륭해. 바꿀 필요 없어."

나는 IBM에서 일해 달라는 요청을 두 번이나 거절했다. 그러나 이 사회가 나에게 "우리에게 필요한 것은 기술이 아닙니다. 우리에게는 변화를 이끌어내는 방법을 아는 사람이 필요합니다"라고 얘기했을 때 결국 그 제의를 받아들였다.

리더십은 모두 열정적인 환경을 조성하는 일과 관련된 것이다. 외부에서 들어온 리더는 직원들과 빠르게 관계를 맺어야만 한다. 내가 처음 IBM에 부임했을 때 리더십을 발휘해야 하는 위치에 있는 사람들을 해고하지 않는다는 비판을 받았다. 나의 첫 번째 미션은 공인된 리더로서 인정 받는 것이었다. 나는 많은 시간을 직원들의 이야기를 듣는 데 투자해 그들의 리더로서 인정 받는 데 혼신의 노력을 기울였다.

333

John E. DiBenedetto
존 디벤디토

월마트 교육개발담당 부사장
Vice President of learning and development at Wal-mart Stores

334

신임 경영자의
조직문화 적응 비법

외부에서 고용된 후보자들이 새로운 기업문화에 적응하려는 시도는 종종 기업의 적응 프로그램 미흡으로 실패하기도 한다. 실패의 가장 큰 원인은 신임 임원들이 기업문화가 어떻게 전개되는지, 의사결정과정은 어떻게 이뤄지는지, 미션과 가치, 비즈니스 동력은 무엇인지 등과 같은 기업의 DNA를 이해하는 것을 기업이 돕지 못하는 데 있다. - 존 디벤디토 -

대부분의 기업들은 새로 고용되거나 승진한 임원들을 육성하려는 노력이 매우 미약한 편이다. 기업문화 적응 프로그램은 이들을 성공적으로 기업조직에 동화시키기 위해 반드시 필요하다. 기업문화 적응은 단계적이고 꾸준히 바뀌지만 통상적으로 임원의 부임 첫해에 일어나며 여기에는 교육 촉진활동도 포함된다.

빠르고 효과적인 리더십 역량 개발의 실패와 기업문화 내에서 새로운 리더십의 동화 실패는 임원 이동이라는 값비싼 리스크를 수반한다. 새로운 리더들은 최대한 빨리 직업, 문화, 조직 기능을 학습해 새로운 기업환경에 적응해야만 한다. 그들은 자신이 과연 팀이나 문화에 잘 적응할 지, 자신이 맡은 임무를 잘 수행할 수 있을 지에 대해 궁금해한다. 이러한 부분에 대한 정보 부족은 의구심을 불러일으켜 결국 리더들을 떠나게 만든다.

반면, 새로운 기업문화에의 적응이 너무 빠르면 새로운 리더는 자신이 필요로 하는 정보를 모두 배우지 못하게 될지도 모른다. 또 정책과 의사결정 과정과 같은 성공에 필수적인 핵심 구성요소에서 실수를 저지를 수도 있다. 기업문화 적응과정에 있어 리더십은 이러한 고민을 덜어주고 새로운 환경에 새 임원진을 적응시킴으로써 리스크를 줄일 수 있다. 기업문화 적응과정은 부임 초기에 결실을 맺어 새로 합류한 동료를 위한 방법론을 깨우치도록 도와준다.

새로운 조직 적응에 실패하는 원인

경영진들이 새로운 환경에 적응하는 것을 돕기 위해 선임 리더들은 신임 임원들이 빠르고 효과적으로 환경에 적응하도록 보호해줄 필요가 있다. 외부에서 고용되는 임원 후보자들이 새 조직에 대해 적응 시도하려는 종종 기업의 적응 프로그램 미흡으로 실패하기도 한다.

실패의 가장 큰 원인은 새로운 임원들이 기업문화가 어떻게 전개되는지, 의사결정과정은 어떠한지, 미션과 가치, 비즈니스 동력은 무엇인 지 등과 같은 기업의 DNA를 이해하는 것을 기업이 돕지 못하는 데 있다. 실패한 임원들의 유형은 직속 상사나 감독자들과 성격상 충돌을 일으켜 그들과 맞지 않는 등의 경우로 나타나게 된다.

새로운 임원진 교체는 높은 비용을 수반한다. 그래서 기업은 새로운 리더들의 환경적응을 확실하게 지원해야 한다. 신임 리더의 자질은 자신이 속한 기업과 지위에 적응하는 데 기초가 되는 부임 첫 석 달 안에 결정된다. 만일 그들이 부임 초기 발판 마련에 실패한다면 선임 리더들이 이를 인지하는 데에는 12개월이라는 시간이 걸릴지도 모른다.

임원 이탈을 유발하는 주된 요인을 확인하고 임원 교체를 막기 위한 전략을 개발하라. 컨설턴트인 아미 뉴먼 콘(Amy Newman Korn)은 신임 임원들이 새로운 조직적응에 실패하는 원인을 다음 7가지로 제시한다.

실패 원인 1) 비현실적인 예상들

일반적으로 기업은 새로운 임원이 기업의 문제를 모두 해결할 수 있다는 잘못된 믿음을 갖고 있다. 이러한 비현실적인 예상 때문에 신임 임원이 적응에 실패하게 되고 그 임원은 해고당하게 된다.

실패 원인 2〉 정보 습득의 어려움

새 임원들은 기업 내부의 네트워크 측면에서 이해가 부족하고 반드시 필요한 데이터 혹은 보다 향상된 실행력을 위한 정보를 어디서 얻어야 하는지 알지 못한다.

실패 원인 3〉 성과 달성에 대한 성급한 요구

즉각적인 결과가 있어야 한다는 압력을 받고 더욱 빨리 혹은 너무나 이르게 행동하기를 강요 당하는 새 임원들은 더 큰 손해를 짊어져야 할지도 모른다.

실패 원인 4〉 기업 문화에서의 부적절한 조화

새 임원의 업무 스타일은 그 회사의 문화와 일치하지 않을 수 있다.

실패 원인 5〉 내부의 적개심 혹은 외부인사들에 대한 불신

일부 동료들은 새 임원들이 내부정보에 손도 대지 못하게 하거나 섣불리 그들의 스타일을 비판하기도 한다. 이것은 만약 한 내부 후보자가 승진에 실패했을 경우에 나타나는 전형적인 문제다.

실패 원인 6〉 상반된 메시지들

임원이 소속된 팀의 조직원들은 새 임원의 역할과 책임성에 관해 다양한 예상을 할지도 모른다. 이 경우 새 임원은 상충된 기대들을 만족시켜야만 한다.

실패 원인 7〉 채용 시 조건을 행동에 옮기는 것

새로운 임원진들은 회사의 면접과정에서 기업 대리인들이 장애요인을 경시하거나 업무 책임이 잘못 묘사될 가능성이 있는 이슈를 말했을 때 이를 실행에 옮기거나 적합한 역할을 하기 위해 노력할지도 모른다.

337

John E. DiBenedetto

기업문화 적응의 7가지 전략

우리는 이러한 기업문화 적응에 대한 실패원인을 분석하고 성공적인 기업문화 적응의 실현을 위해 다음과 같은 7가지 리더십 전략을 개발했다.

첫째, 임원이 부임하기 전 새 임원들에게 조직도, 운영 계획, 기업전략, HR 정책, 현재 사업 정보 등과 같은 많은 정보를 문서나 웹 상에서 제공하라.

둘째, 운영 원칙, 가치, 커뮤니티 관계 등과 같은 문화에 대한 정보를 공유하라.

셋째, 임원이 부임한 직후 보고서 주기, 주요 회의 일정, 회의 흐름, 외교 의전 등을 확실하게 파악하도록 하라.

넷째, 중립자의 안내로 임원을 소개하는 것은 새로운 리더들과 그들에게 보고하는 직원들을 포함한 신임 리더 동화 책에 유용하다.

다섯째, 멘토 혹은 코치제도를 운영하고 독서, 리서치, 정보 제공 인터뷰(현직 종사자로부터 해당 업무에 대한 설명을 듣기 위해 시행하는 면담), 업무파악으로 이뤄진 조직화된 오리엔테이션 계획을 개발하라.

여섯째, 임원에게 아무런 부담 없이 새로운 업무를 배울 수 있는 자유시간을 제공하라.

마지막으로 오리엔테이션 기간이 30일 혹은 60일 후에 끝난다고 가정하지 마라. 12개월 혹은 18개월에 걸친 계획을 수립하라.

리미티드 브랜드社의 기업문화 적응 프로그램

美 의류기업인 '리미티드 브랜드' 사에서 새로운 임원진은 다수의 툴, 중재 그리고 지원 시스템을 포함한 공식적인 동화 프로그램에 접근할 수 있다. HR 매니저들은 어림 짐작과 새로운 기업에 합류하거나 리더십 위치로 승진하는 것과 결부된 잠재된 실수를 최소화하기 위해 통상적인 기업문화 적응 활동 체크리스트를 사용한다.

기업문화 적응 프로그램의 핵심과정은 역할의 투명성, 직무 만족도, 조직의 일체감, 그리고 증가된 존속력으로 구성돼 있다. 기업문화 적응 활동의 리더십은 다음 세 가지 면을 통해 충족된다.

1. 고용 전 : 후보자가 고용되기 전, 새로운 임원의 역할을 분명히 정해야 하고, 본사와 조직의 관점을 제공해야 하며, 기업문화 적응 계획을 개발해야 한다. 이 과정들은 제대로 정립된 업무 규정과 전문가의 조언이 포함된 전략 리뷰, 리더십 평가와 신중한 선택, 임무 기대치와 개발 계획 리뷰의 사전 제공, 현실적인 업무와 문화의 사전 검토 그리고 기업문화 적응 파트너십 전략 컨퍼런스 등을 포함해야 한다.

2. 고용 : 후보자가 고용되는 동안, 기업문화 적응 멘토 혹은 코치를 임명해야 한다. 또 예비 미팅을 계획하고 기업문화 적응 조정 과정, 확실한 프로세스를 위해 매니저와 함께 조정 미팅을 계획해야 하고, 자유로운 질문이나 이슈가 제시될 수 있도록 해야 한다. 또한 의미 있는 기업문화 적응 리서치 프로젝트를 정하고 새로운 리더에게 최근에 작성한 직무 설명서를 제공해야 한다.

John E. DiBenedetto

단계적인 고용과정은 비전, 가치, 전략, 브랜드 전략 그리고 핵심 사업에 대한 이해, 연중 행사와 회의 일정 그리고 임무에 대한 재검토, 비즈니스 체득을 위한 연습, 교차기능과 협력적인 파트너십 개발, 상사 - 동료간의 관계 육성, 팀 융화 정책, 재 배치 그리고 공동체 - 가족간의 융화 정책 등을 포함해야 한다.

3. 고용 후: 후보자가 고용된 이후, 리서치 프로젝트와 관련 교육 과정을 논의하는 핵심 임원과 함께 프레젠테이션 보고를 듣고, 편집 · 통합된 후보자 인터뷰 진행, 회견, 하나의 전문가 개발 계획 내에서의 평가 데이터와 기업문화 적응 툴과 프로세스에 입각해 새로운 지도자를 소개하는 등의 방식으로 기업문화 적응 프로그램을 지휘해야 한다.

고용 후 단계별 과정은 목표 설정, 목표 대비 실질적인 성과의 정기적인 재검토 과정, 복수 평가자 피드백, 코칭, 트레이닝 그리고 다른 개발 경험 등을 포함해야 한다.

뉴 리더를 성공적으로 적응시키려면

새로운 리더가 새로운 위치에서 성공적으로 적응하는 것을 도우려면 다음의 7가지 실행 단계를 실천하라.

1. 문서로 된 스코어 카드(날짜, 시간, 과정이 담긴 실행 체크리스트)를 개발하라. 프로세스와 명료한 실질적인 목표의 초기 단계에 스코어 카드를 만들어야 한다.

2. 실질적인 시간구조를 결정하라. 교육을 받고 적응하려는 신임 리더들과 시간 구조에 합의하라.

3. 정보에의 접근을 허용하라. 이것은 비즈니스 리더, 주주 그리고 핵심 조직원에의 자유로운 접근을 허락한다는 내용도 포함한다.

4. 기업 내부 네트워크를 구축하라. 새로운 리더가 새로운 동료와 직속 상사와 만나고 조화를 이루며 어울릴 수 있도록 보장해주라.

5. 기업문화 가이드를 제공하라. 새로운 리더가 기업에 적응할 수 있도록 멘토를 지정해주라.

6. 신임 임원의 업무 개시에 맞춰 개발을 시작하라. 신임 리더들의 성공을 위해 전문가 개발을 초기에 준비하고, 신임 리더에게 필요하고 성공 요소가 될 기술, 지식, 행동 등에 대한 토론하라.

7. 빠르고 이해 가능한 피드백을 제공하라. 멘토 혹은 코치를 지정해주고 오리엔테이션 동안 매니저와 함께 주요 조사결과를 재검토하도록 새로운 리더들을 위한 기회를 제공하라.

John P. Kotter
존 코터

세계적인 리더십 대가, 하버드 비즈니스 스쿨 교수
Award-Winning Expert on Leadership at Harvard Business School

유능한 리더가
변화를 이끄는 비법

위대한 리더의 가장 큰 특징은 학습에 대한 욕구가 크다는 것이다. 그들
은 편안함보다 모험을 계속하기를 원한다. 그들은 사람과 새로운 아이디어에
대해 항상 열려있다. 그들은 수시로 성취할 수 있는 더 큰 목표나 이상을 추
구한다. 그 과정에서 어떤 장애나 갭(gap)이 있으면 그것을 극복하려고 부
단히 연구한다.   - 존 코터 -

변화에 영향을 받지 않는 조직은 없다. 새로운 기술과 경쟁에 대처하기 위한 리더들의 노력이 성과를 거두는 것은 아니지만 그들의 경영방법을 종종 바꿔야 한다. 아직 몇몇 회사만이 변화에 성공했다. 변화에 실패하는 4가지 이유는 다음과 같다.

첫째, 긴급성이나 긴장감을 조성하는 대신 메모를 하는 것이다.

대부분 리더들이 긴급하게 의견을 내세우기 때문에 첫 번째 단계에서 실수를 한다. 리더들은 종종 회의 소집 혹은 보고서 배포에 의해 긴급하게 업무를 처리하거나 리더십을 발휘하면 조직원들을 결속시킬 수 있을 것으로 기대한다. 하지만 그런 방법은 통하지 않는다.

긴급성을 높이기 위해서는 핵심그룹을 모아라. 스스로 자기 만족을 시켜주고 영감을 주는 25가지 요소를 확인해라. 그리고 리더의 아이디어를 실행하기 위한 행동을 계획해라. 그렇게 하면 긴박감을 창조하고 업무 추진력을 향상시킬 수 있는 리더의 기회는 헤아릴 수 없이 많아질 것이다.

둘째, 너무 말을 많이 하거나 적게 하는 것이 문제다.

대부분 리더들은 10가지 중 1가지 요소에 의해 변화된 비전을 제시한다. 그리고 그들이 연설과 메모를 통해 메시지를 전하려고 하는 노력은 설득하려는 것이 아니다. 효과적인 비전은 새로운 전략과 구조가 아니라 새로이 정렬된 행동을 포함해야 한다.

사례를 통한 지도는 고객과 시간을 더 보내는 것, 최고의 자리에서 시간낭비를 하는 것, 심혈을 기울이는 프로젝트를 중단하게 하는 것 등에 부합하지 말라는 것을 의미한다. 조직원들이 그들의 리더를 면

밀하게 바라보는 것은 냉소와 좌절을 부추기는 일관성 없는 행동으로
받아들이는 것은 아니다.

셋째, 전쟁이 끝나기 전에 승리를 선언하는 것이다.
리더는 프로젝트가 완성되거나 초기 목표를 달성했을 때 흔히 새
로운 시대가 도래했다고 선언하거나 축하를 하려고 한다. 성취 결과
를 축하하는 것은 중요하지만 변화의 기간이나 어려움에 대해 자기
자신이나 다른 조직원에게 농담식으로 말하는 것은 큰 문제가 될 수
있다. 일단 당신이 어렵게 시작해서 유망한 결과에 이르면 당신은 장
기적인 비전을 갖게 된 것이다. 몇 달 안에 프로젝트를 매듭지었다고
말하는 것은 넌센스다. 만약 당신이 너무나 빨리 정착한다면 모든 것
을 잃을 수 있다. 향상된 개선을 축하하는 것은 진행 과정을 체크하고
실행력을 유지하는 좋은 방법이다. 얼마나 많은 일을 메모하는가는
여전히 중대한 방법이다.

넷째, 부정한 조직 내에서 악역을 찾는 것이다.
대규모 조직이 도전과 변화에 저항하고 반대하는 중관 관리자들로
채워진다는 보는 것은 옳지 않다. 하지만 리더는 종종 그 이슈에 대해
생각해 볼 필요가 있다. 실제로 변화의 가장 큰 장애는 CEO 밑에서
일하는 부사장, 팀장, 매니저들이다. 리더는 모든 직원을 대표하는 연
합체를 만드는 것이 필요하다. 조직원들은 종종 CEO가 변화를 신나
게 이끌고 새롭고 흥미로운 기회를 약속하는 것을 접한다. 대부분 조
직원들은 그것을 믿기를 원한다. 하지만 중간관리자들은 종종 그들에
게 리더의 말을 믿지말아야 하는 이유를 제시한다.

변화 리더의 3가지 핵심 임무

이러한 공통된 실수는 리더를 변화시키기 위해 3가지 핵심임무를 제안한다.

첫째, 다양한 시간 라인(line)을 관리하라. 리더는 위기감을 만들어내기 위해, 또 조급한 승리의 선언을 피하기 위해 진정한 변화가 몇 년이 걸린다는 것을 선언해야 한다. 동시에 단기간에 성취할 수 있는 승리를 창조해야하며 긴급하고 섬세한 변화가 필요한 사람을 일깨워야 한다. 왜냐하면 시간이 너무 오래 걸리기 때문이다. 최고의 리더는 장기 비전과 단기 성과의 균형을 맞춘다. 그들은 장기와 단기 두 가지 결과를 전달하는 흥미진진함을 갖고 조직에 참여한다.

결과와 비전은 4가지 차원에서 바라볼 수 있다. 저조한 결과와 서툰 비전은 문제를 초래한다. 설득력 없는 비전으로 만들어내는 가시적이고 단기적인 결과는 많은 사람들의 눈을 잠시동안 현혹시킨다. 대개 억지스러운 비전은 몇가지 결과를 낳게 되지만 버려지고 만다. 효과적이고 일관성 있는 비전과 함께 하는 가시적이고 단기적인 결과만이 높은 성공 가능성을 가져 올 수 있다. 조직을 변형시키는 것은 궁극적으로 리더십의 테스트이다.

둘째, 연합체를 만들어라. 오늘날의 리더들은 직원, 파트너, 투자자 그리고 규정자들로부터 지지를 받아야만 한다. 기대치 않은 측면으로부터 혼란스러운 저항이 있을 수 있기에 강한 연합체를 만드는 것이 중요하다. 그러한 연합을 창조하는 데는 3가지 핵심이 있다.

우선 올바른 재능을 발휘하는 것이다. 제휴 형성은 필요한 기술과

John P. Kotter

경험, 마음의 움직임 등의 연합을 의미한다. 20명 정도의 연합을 이끌 매니저라도 무능한 리더는 진정한 변화를 창조하기가 쉽지 않다. 가장 효과적인 파트너는 강한 포지션 파워, 많은 경험, 높은 신뢰성 및 진정한 리더십에 특기가 있는 사람이다.

또한 강한 연합체를 만들기 위해서는 연합체를 전략적으로 성장시켜야 한다. 효과적으로 연합체를 이끌려면 조직원들의 다양한 관점과 목소리가 필요하다. 일단 핵심그룹이 합해지면 연합의 범위와 복합성을 확장하는 것이 도전과제이다. 그것은 종종 사람들과 조직 외부에서 일하는 것을 의미한다. 리더들은 그들의 계획을 제한하지 말고 어디서, 어떻게 지지해야 할지를 알아야 한다. 그것은 성공을 위해 다른 사람에게 신뢰를 주는 것이지만 실패에 대한 비난을 받아 들이는 것일 수도 있다. 또한 그것은 개개인을 진정으로 돌보는 것을 의미하지만 결과에 관해선 현실적이다. 그것은 제휴를 형성하는 가장 좋은 방법을 얻는 것이다.

한편, 개인의 통합이 아닌 한 팀으로서의 일해야 강한 연합을 구성할 수 있다. 당신이 팀 업적을 지지하면 할수록 연합은 점점 건강해지고 목적 성취에 다가갈 수 있을 것이다. 조직이 변화의 스트레스를 받게 되면 리더는 에너지, 전문가적 능력, 신뢰를 끌어 올려야 한다. 변화를 위해선 서로 진실된 일을 하고 비전을 공유하며 목표를 달성할 수 있는 강한 팀을 필요로 한다.

셋째, 비전을 창조하라. 사례를 통한 지도는 비전의 의사소통에 있어 핵심적인 요소다. 당신은 어떻게 비전을 만들 것인가? 사람들은 비전이 디자인, 편성, 실행과 비슷한 장기 계획을 만들어 간다고 가정한다. 미래의 비전을 정의하는 것은 시간표 또는 흐름도에 따라 일어나지 않는다. 그것은 합리적이기보다는 감정적이다. 그것은 애매모호함과 패배에 대한 포용력을 요구한다.

매일 비전에 대해 요구하는 것은 다른 방향에서 사람들을 끌어들인다. 충돌은 불가피하다. 공유된 비전은 긴장을 떨쳐버리지는 않지만 사람들이 서로 소통하고 교환하는 것을 돕는다. 양자택일이다. 내가 이기고 당신이 지는 싸움의 수렁에 빠지는 것이다.

리더는 모든 이해 관계자와 관심 있는 사람들에게 명확하고 호소력 있는 장래 비전을 전달해야 한다. 효과적인 비전은 개인의 기상과 변화하는 상황을 수용할 수 있는 유연한 의사결정을 이끌기에 충분해야 한다.

유능한 리더의 특징

리더는 모든 레벨에 존재한다. 리더는 기업의 최전방에서는 물론 어떤 작은 영역을 책임지기도 한다. 그들의 비전은 더 기본적인 것으로 보일지 모르지만 동기부여를 받은 수 많은 사람들은 그 비전이 기본 이상으로 보일 지도 모른다. 하지만 그들은 동일한 리더십 역할을 실행한다. 그들은 새로운 시각을 갖고 도전적인 위치에서 비전을 바라보는 능력이 탁월하다. 그들은 정렬적으로 주변 장애물을 극복한다. 최고의 리더십을 발휘하는 사람들은 활동영역에 관련된 훈련이나 대의에 깊은 흥미를 가진다. 그런 리더는 다른 사람이 그들이 원하는 목적을 달성할 수 있도록 동기를 부여하고 그들이 더 큰 목적 달성에

John P. Kotter

도전하도록 돕는다.

위대한 리더의 가장 큰 특징은 학습에 대한 욕구가 크다는 것이다. 그들의 편안함보다 모험을 계속하기를 원한다 그들은 사람과 새로운 아이디어에 대해 항상 열려있다. 그들은 수시로 성취할 수있는 더 큰 목표나 이상을 추구한다. 그 과정에서 어떤 장애나 갭이 있으면 그것을 극복하려고 부단히 연구한다.

리더들은 부단히 변화하려고 노력하고 이를 위한 재능과 에너지에 투자한다. 하지만 희망하는 결과를 얻는 리더는 그리 많지 않다. 거기에는 이유가 있다. 오늘날 리더는 대규모 변화에 실전 연습을 많이 하지 않는다. 30년 전 기본적인 재 발명을 했던 조직도 거의 없고 경험도 거의 없다. 더 좋고, 빠르고, 저렴한 상품을 생산하는 현재의 변화의 결과는 30년전에는 믿기 어려운 것이었다. 다음 10년간 리더들은 현저한 변화를 주도할 것이다. 그것은 사회적, 경제적으로 필요한 것이다.

변화를 위한 큰 힘은 핵심적인 일에 새로운 매니저가 되려고 노력하는 것이다. 종종 신선한 전망을 가진 새로운 분야의 매니저와 신임 관리자는 현상을 유지하는 것을 받아 들이지 않는다. 변화를 만드는 것은 80%가 리더십에 달려 있다. 그것은 바로 설립, 방향 설정, 정렬, 동기부여, 영감을 줄 수 있는 리더십이다.

그리고 변화의 약 20%는 계획을 하고, 예산을 세우고, 조직을 편성하며, 문제를 해결하는 관리(management)에 달려 있다. 변화의 노력은 백분율을 반전시킨다. 우리는 유능한 매니저 양성을 계속해야 한다. 또한 위대한 리더도 개발해야 한다.

비즈니스 거장들
리더십을 말하다

초판 1쇄 찍은 날 | 2007년 2월 25일
초판 1쇄 펴낸 날 | 2007년 3월 2일

지은이 | 톰 피터스 외
엮은이 | 유승용
기 획 | (주)엑설런스 코리아
디자인 | 임선영
펴낸이 | 임동선
펴낸곳 | 늘푸른소나무

출판등록 | 1997년 11월 3일 제 1-3112호
주 소 | 서울시 마포구 서교동 351-25 유창빌딩 401호
전 화 | (02)3143-6763~5
팩 스 | (02)3143-6762
이메일 | esonamoo@naver.com

ISBN 978-89-88640-65-4 03320
ⓒ(주)엑설런스 코리아 2007. Printed in Seoul, Korea

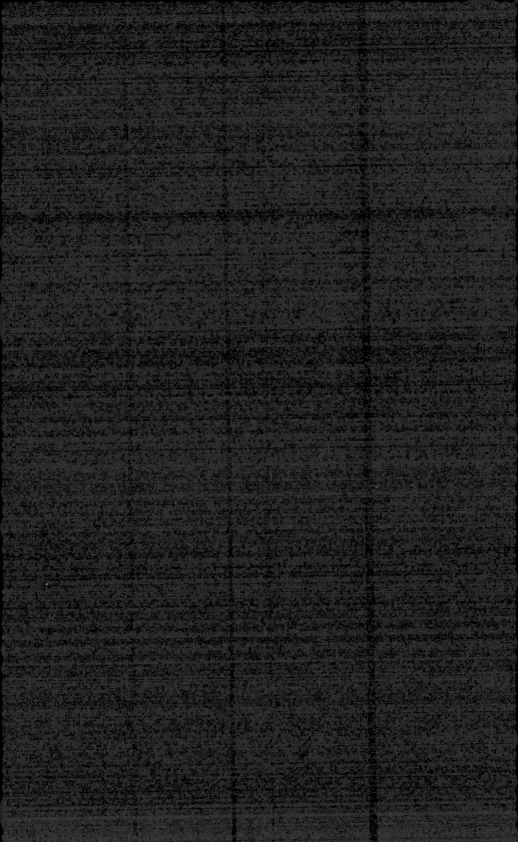